上古传说

有多少你没有听过的

黄帝究竟是男还是女？谁是中国的百姓之宗？

东篱子 ◎ 编著

上古诸神你知道多少？
洪荒时代，
有哪些灵兽与凶兽？

古人为何以犬为图腾？
上古的四凶四灵是什么？
女娲一族你能叫出名字的有多少？
你想要知道的一切，尽在本书中。

中国华侨出版社

图书在版编目（CIP）数据

有多少你没有听过的上古传说 /东篱子编著. —北京：中国华侨出版社，2014.5
ISBN 978－7－5113－4624－7

Ⅰ.①有… Ⅱ.①东… Ⅲ.①中国历史－古代史－通俗读物
Ⅳ.①K220.9

中国版本图书馆 CIP 数据核字（2014）第 107794 号

● 有多少你没有听过的上古传说

编　　著/东篱子
责任编辑/月　阳
封面设计/智杰轩图书
经　　销/新华书店
开　　本/710 毫米×1000 毫米　1/16　印张 16　字数 220 千字
印　　刷/北京一鑫印务有限责任公司
版　　次/2014 年 8 月第 1 版　2019 年 8 月第 2 次印刷
书　　号/ISBN 978－7－5113－4624－7
定　　价/32.00 元

中国华侨出版社　北京朝阳区静安里 26 号通成达大厦 3 层　邮编 100028
法律顾问：陈鹰律师事务所
编辑部：（010）64443056　　64443979
发行部：（010）64443051　　传真：64439708
网　　址：www.oveaschin.com
e－mail：oveaschin@sina.com

前 言

　　你是否想知道，在那混沌初开之后的岁月中，在我们脚下的这片土地上，我们的先祖度过了怎样的漫长岁月？

　　你是否想知道，伏羲、女娲、神农、炎帝、黄帝、少昊、颛顼、帝喾、尧、舜、禹，这些上古传说中的帝王们，他们都经历了哪些逸事，做出了哪些伟大的业绩？

　　中国上古的神话与传说，是一片令人神往的天空。在这里，我们可以看到原始先民们天马行空的想象，他们用这种假象来解释眼前的自然现象，歌颂带领他们与自然界搏斗并获得生存条件的英雄；在这里，我们可以看到他们对于图腾的虔诚信仰，他们从自己的信仰出发想象着彼岸世界，通过对众神的信任和歌颂表达自己对此岸的宽容理解和美好寄托；我们还可以看到上古先民自己的生活经验直接塑造出来的神灵人物、奇灵异兽，这些神、兽有可能被传说成人们日常生活中的好朋友，在许多方面给予他们帮助和指导，也可能是他们的敌人，让他们感受着威胁与恐惧……

中国上古时代丰富多彩的神话与传说，是从远古传来的历史回音，它再现了华夏民族在它童年时代的华贵、强韧及其特有的不平凡，作为中华民族的文化源头，在很大程度上影响了民族精神的形成及其特征。

　　作为炎黄之孙，毫无疑问，我们有必要走近那段历史，走近那亦真亦幻的瑰丽。本书将带着读者朋友们一起穿越时空，回到那遥远的过去，去感受上古先民们的生活，体会他们对于自然、对于生活的感触。

　　本书立旨于此，以《山海经》、《史记》、《拾遗记》、《神异经》、《风俗通义》等多部古典名著为参考，结合民间传说、史学考究，生动地再现了我国夏朝之前的历史画卷，它将带你回到遥远的过去，去看看先祖的家园，也是我们的故园。

　　本书寓知识性、趣味性与可读性于每一段文字之中，其内容涉及上古历史、地理、考古、发明创造、民族风俗、神话传说，等等，力求让读者在开心阅读的同时，达到"习史以明志，知古而鉴今"的效果。那么现在，就让我们一起进入千万年前的那个世界中吧！

目 录

篇一 从上古飘来的帝王范儿

在中国上古史上,有许多关于英雄、帝王的传说,这些远古帝王身上或多或少都具有神的色彩。随着人类社会的发展,他们身上的神格或色彩被渲染得日益浓重。神话传说是历史的影子,是远古先民心目中的历史,其中保存了大量关于远古时期自然、社会、经济等方面的历史,反映了人类从草莽走向文明的进程。那么就让我们一起走近远古时期的几个主要帝王,去了解一下那段神秘而美丽的历史。

一把斧头开天辟地 ………………………………………… 2
抟土造人的创世娲皇 ……………………………………… 7
伏羲是个"发明家" ……………………………………… 11
神农氏遍尝百草 …………………………………………… 16
炎帝很有动物缘 …………………………………………… 21
黄帝性别是个谜 …………………………………………… 25
少昊兴起凤文化 …………………………………………… 32
北方的天帝颛顼 …………………………………………… 37

帝喾子嗣皆不凡	42
大哉尧之为君也	48
天下明德自虞帝	59
大禹传子家天下	64

篇二 上古诸神知多少

　　在中国上古传说中，有大量的对"神"的描述，他们往往是奇形怪状的动物，或兼有人和动物的形体特征，如人面蛇身或人面马身等，这里或许含有自然崇拜或图腾崇拜的意识，反映了人类早期的思维特征。其中有不少想象奇特的神话都深入人心，流传广远。

千变万化西王母	76
蚩尤，永不消逝的战魂	81
刑天舞干戚，猛志固常在	86
祝融烈焰六千年	92
共工怒触不周山	95
句芒乘龙卫九重	103
蓐收尺掌管秋天	106
无所不在的地尊后土	108
猛虎天吴何以为水神	113
陆吾，天帝座下大管家	115
女魃，身穿青衣的旱神	118
为何以犬为风伯	120

篇三　龙蛇一脉

　　黄河流域的土地上，水是黄的，土是黄的，人也是黄的。我们的祖先自古以来就是一个农业民族，祖先华夏民族居于黄土高原，每遇旱灾，即造土龙（蛇）求雨，原本寻常的蛇被神化为华夏民族的保护神，产生了龙图腾崇拜，龙蛇的神话也因此而产生。

青龙生于郊，携虎掌四方 ………………………………… 126
夔龙立廊庙，扶持尧舜济斯民 …………………………… 133
义胆忠肝数应龙 …………………………………………… 136
九阴衔烛耀千秋 …………………………………………… 146
九头相柳，为祸人间 ……………………………………… 152
巴蛇吞象，其大何如 ……………………………………… 155
太华肥遗究竟是个什么"怪物" …………………………… 158
龙生九子，各不成龙 ……………………………………… 160

篇四　你叫不全的上古灵兽与凶兽

　　中国的上古异兽，它们与生俱来具有可怕的资质成长和超强的能力，但因其罕见，想必很多人都是只闻其名，不知其情也不知其形，更不知其真实情况，不过它们在古书中以及坊间却留下了或多或少的记载。下面就让我们一起去看看，小时候老人家讲故事中的那些神话生物到底是个什么样子吧。

玄武缘何作真武 …………………………………………… 166
圣兽麒麟主太平 …………………………………………… 171

吞万物而不泄的神兽貔貅	177
北冥鲲鹏即海鲸	180
上古四凶之浑沌	184
上古四凶之饕餮	186
上古四凶之穷奇	189
上古四凶之梼杌	191
屡被妖化的九尾狐	194
獬豸,分辨正与不正的神奇异兽	197
白泽,使人逢凶化吉的吉祥之兽	199
九头鸟为何由神鸟变妖鸟	201
双飞比翼鸟,恩爱两夫妻	209

篇五　传不完的故事,诉不尽的美丽

　　上古先民们在神秘而悲喜莫测的日常劳动和生活中,积聚了相当多而强烈的情绪体验,于是人们在对世界进行假想时,用一种不自觉的艺术方式加工了自然和社会形式本身,宣泄了种种的情绪,使难以理解的现实呈现出种种戏剧性的属性,这就是我们今天看到的传说,它在很大程度上表达了上古先民们对于美好的向往。

有巢构木	214
燧人取火	215
夸父逐日	217
后羿射日	219
嫦娥奔月	221
巫山神女	224

| 目 录

精卫填海 …………………………………… 226

嫘祖始蚕 …………………………………… 228

嫫母磨镜 …………………………………… 230

彤鱼石烹 …………………………………… 233

隶首作数 …………………………………… 235

伶伦造律 …………………………………… 239

共鼓凿舟 …………………………………… 241

杜康酿酒 …………………………………… 243

篇一
从上古飘来的帝王范儿

在中国上古史上,有许多关于英雄、帝王的传说,这些远古帝王身上或多或少都具有神的色彩。随着人类社会的发展,他们身上的神格或色彩被渲染得日益浓重。神话传说是历史的影子,是远古先民心目中的历史,其中保存了大量关于远古时期自然、社会、经济等方面的历史,反映了人类从草莽走向文明的进程。那么就让我们一起走近远古时期的几个主要帝王,去了解一下那段神秘而美丽的历史。

一把斧头开天辟地

盘古（或称盘古氏或盘古大帝）是中国神话故事中的人物，有人认为道教仙祖鸿钧老祖便是盘古，也有一说盘古是道教中元始天尊的化身。关于盘古的传说有很多版本，但都普遍认同盘古是开天辟地的人物。盘古最早见于三国时徐整著的《三五历纪》。其后，梁任昉撰的《述异记》称盘古身体化为天地各物。《五运历年纪》（撰成年代不详，或亦云为徐整著）及《古小说钩沉》辑的《玄中记》亦有类似记载。

开天辟地

传说在天地还没有开辟以前，有一个不知道为何物的东西，没有七窍，他叫作帝江（也有人叫他混沌），他的样子如同一个没有洞的口袋一样，他有两个好友，一个叫倏，一个叫忽。有一天，倏和忽商量为帝江凿开七窍，帝江同意了。倏和忽用了七天为帝江凿开了七窍，但是帝江却因为凿七窍而死。

帝江死后，他的肚子里出现了一个人，名字叫盘古。帝江的精气变成了以后的黄帝。

盘古在这个"大口袋"中一直酣睡了约一万八千年后醒来，发现周围一团黑暗，当他睁开蒙眬的睡眼时，眼前除了黑暗还是黑暗。他想伸展一下筋骨，但"鸡蛋"紧紧包裹着身子，他感到浑身燥热不堪，呼吸非常困难。

盘古不能想象可以在这种环境中忍辱地生存下去。他火冒三丈，勃然大怒，于是他拔下自己的一颗牙齿，把它变成威力巨大的神斧，抡起来用力向周围劈砍。

盘古这一板斧着实劈得厉害，但见他刚刚一板斧劈将下去，就听到轰隆隆一声天崩地裂般的巨响，随之便见周围的雾状混沌黑暗即刻被砍开一条缝来，从那条缝隙中射来了璀璨耀眼的光明。盘古见之心中大喜，即刻手挥板斧口中高喊连声欢呼起来。然而盘古的欢呼之声未落，便又见到他刚才一板斧劈开的那道透来光明的狭窄缝隙，由于上部雾状混沌黑暗用力下压，已是越来越窄，欲要合拢起来，那刚刚闪现的一线璀璨耀眼的光明，也欲随着那砍开缝隙的弥合就要消失了。盘古见之心中大惊，急弃手中板斧于地，随之举起双臂"嗨"的一声吼叫，便把上部正往下压的雾状混沌黑暗向上用力举将开来，方才使得那条刚被砍开的缝隙没有弥合起来，那从缝隙中射来的璀璨光明没有消失。

然而，盘古虽将上部下压的雾状混沌黑暗举将了上去，保证了他用板斧砍开的缝隙，赢得了从缝隙中射进的璀璨光明，但他高举的双臂却沉重地感受到了上部雾状混沌黑暗向下的巨大压力。由此他知道如若自己将上举的双臂放下来，上部雾状混沌黑暗就会再压下来，将他砍开的那条缝隙弥合在一起而消失。因而他不敢将上举的双臂放下来，而一直用力将双臂向上举着。就这样，盘古用力向上伸举双臂，使得他的浑身骨骼像竹笋拔节一样咯嘣嘣日夜作响，这响声使他的骨骼一日日生长，随着其骨骼的一日日生长，他浑身的肌肉也生长不息。

由于盘古至尊担心天地会重新合在一起，于是叉开双脚，稳稳地踩在地上，高高昂起头颅，顶住天空，然后施展法术，身体在一天之内变化九次。每当盘古的身体长高一尺，天空就随之增高一尺，大地也增厚一尺。

经过一万八千多年的努力，盘古变成一位顶天立地的巨人，而天空也升得高不可及，大地也变得厚实无比。

盘古仍不罢休，继续施展法术，不知又过了多少年，天终于不能再高了，地也不能再厚了。

至此，盘古眼见天和地相距已经十分遥远，不会再合拢在一起，方才放心地向上向下仔细看视。盘古向上部原先的雾状混沌黑暗一看，只见先前的雾状混沌黑暗，已经全部变成了湛蓝透明的天空。随后他又向脚下原先的雾状混沌黑暗看去，只见那原先的雾状混沌黑暗，已经全部变成了沉厚的黄褐色大地。盘古看着这无边无涯、深厚坚固的黄褐色大地和那湛蓝湛蓝的无垠天空，只见光明万里，黑暗隐去，禁不住欣喜万分，高兴得哈哈大笑起来。

啊！太伟大了，自己竟然创造出这样一个崭新的世界！从此，天地间的万物再也不会生活在全部的黑暗中了。

盘古眼见自己开出了高天、辟出了厚地高兴至极，高兴得大笑不止。但这时盘古已耗尽全身力气，由于笑的时间过长，一口气缓不过来，倏然间神崩力溃，使得他高大的身躯顿然间摧山倒壁般"扑通"一声摔倒在了地上，从此再也站不起来，盘古大神就这样死去了。

但盘古至尊并没有死！但见他倒下的身躯突然间迸射出万道金光，随着金光的射出，其身躯的每一个部位都动变起来。

他的左眼睛，在动中飞向了东天，变成了一轮金光灿烂的太阳，悬挂在东方照亮着乾坤天地。他的右眼睛，在动中飞向了西天，变成了一轮银光柔和的月亮，与悬挂东天的太阳遥遥相对。他嘴里呼出的气流，在一片呼啸声里，变成了化育万物的和煦春风。变成了天空中蒸腾的云雾，变成了浓云里瞬息万变的闪光，变成了震耳欲聋的惊雷。他的头发和胡须纷纷飞向四面八方，在高山、大川、丘陵之上，变成了稠密的芳草缤纷的鲜花。他的汗珠，噼噼啪啪迸飞向天际，变成了缀满蓝天的晶亮星斗。他的四肢蠕动生长，变成了拔地冲天的五岳高山。他的筋络蠕动延伸，变成了四通八达的道路。他的血液四溢流淌，

 篇一 从上古飘来的帝王范儿

变成了奔腾不息的千江万河。他的牙齿和骨骼飞散开来,变成了闪光的金属、洁白的美玉、晶莹的珍珠、美丽的玛瑙,变成了地下无穷的宝藏。他的唾液漫天飞洒,变成了滋润万物的甘霖……

盘古与江沽

民间口传古歌《黑暗传》中曾有提及,混沌之时先有"江沽"后有"盘古"。

天体之初只是一团气体,一片混沌,弥漫在黑暗之中,开始没有水,后来出现了一个叫"江沽"的神人,才把水造出来,那时,天萌芽了,长出了一颗露水珠。露水珠却又被一个名叫"浪荡子"的神吞掉了。江沽咬死了浪荡子,尸分五块,落在水中,长起一座昆仑山,也把江沽包了起来,像个鸡蛋壳,一万八千年江沽就变成了盘古。因而在这个意义上说江沽是盘古的父亲。

另有一种传说是,江沽与盘古都是"混沌氏",江沽不一定就是盘古的父亲,但一定是盘古的长辈、父辈。研究史前的人都知道,在远古时期,是只知其母不知其父的。另外,还有其他民间传说中也提到,后来江沽变成了一个害人的东西,于是,盘古把江沽消灭了。

盘古"故乡"

河南省桐柏县被称为盘古文化的根源地。当地的"盘古庙会"被确定为国家第二批非物质文化遗产之一。2005 年 3 月,桐柏被中国民间文艺家协会命名为"中国盘古文化之乡"。2006 年 10 月 30 日,桐柏举办了"全球华人首次祭祀盘古大典",并将每年农历九月初九定为祭祀盘古日。2008 年,桐柏还启动了"盘古创世神话传说群"国家非物质文化遗产的申报工作。

支撑"万代盘古根源桐柏"论点的五个标准是：

一是图腾标准。古籍中盘古神话说"盘古氏龙首……"，显然，古代先民崇拜的是龙，认为祖先盘古就是龙的后代，所以，盘古子孙就以龙为图腾标示，千古传承。有关盘古和龙的传说也很多。桐柏山盘古塑像的头部有两只龙角，与"盘古氏龙首"之说如出一辙，而其他的盘古神话流传区别是凤图腾，鸟、鸡图腾，与龙图腾格格不入。具有龙图腾特征的桐柏盘古神话则比较正宗。

二是地理标准。古籍中关于盘古神话的记载最早莫过于《三五历纪》、《五运历年记》，其中涉及地名的只有一处，为"盘古死后……血为淮渎……"，明显将盘古与淮河发源地相联系。明代学者李梦阳撰文《大复山赋》时，将桐柏山水帘洞以西的一道酷似人形的山脉称为盘古，曰："昔盘古氏作兹焉，用宅……"清代学者贡愈淳作《桐柏山赋》曰："盘古开天而首出……"明确指出桐柏山是阴阳未分、大水茫茫的混沌之时盘古首出开天的地方。唐朝、宋朝编修的《元丰九域志》曰："桐柏山，淮水所出。淮渎庙，盘古庙。"纵观千古典籍，遍查全国盘古神话流传区的方志，唯有桐柏山、淮河源、水帘洞的地理名词与盘古神话密切相关。同时，桐柏山盘古躺卧处还存有一座盘古庙，许多地方还保留着盘古山、盘古洞、盘古斧、盘古井等与盘古神话密切相关的实景地名。

三是民俗标准。桐柏民间流传着许多习俗，可以说是原始盘古神话的遗存。如神话传说中，说人类之初是两条鱼变成了两只猿，这两只猿就是"阴阳之始"的盘古夫妇。盘古崇敬祖先，就有了盘古抱二鱼以示崇敬之说。后来，盘古抱鱼之说就形象地演化成了太极图。人们效仿祖先，就形成了民间挂太极图之风俗。桐柏民间现在还习惯在门头上、窗户上、院落影壁墙上挂太极图，以示吉利，并有希冀祖先庇佑以辟邪之意。桐柏民俗中嫁女送竹竿、玩狮子吞小孩、玩青龙火龙救众生等都包含着耐人寻味的盘古神话故事元素。

 篇一 从上古飘来的帝王范儿

四是敬祖标准。在神话流传区，人们对神话人物崇敬程度的高低是判断神话产生根源地是与否的标准之一。在桐柏，人们对祖先盘古的崇敬程度达到了顶点。如桐柏民间传说中正月初一是盘古的生日，这一天祖先盘古要回来过年，需要清静，所以在桐柏初一到初十是不能进行闹新春的游艺活动的，直到正月初十以后才能开始，否则是犯了大忌的。另外，走遍全国盘古神话流传区，民间称盘古为王、为帝的多，唯有桐柏山居民称盘古爷和盘古奶，这也反映了桐柏山居民敬祖之意的亲切和深刻。

五是"活化石"标准。现在还挂在人们口头上的神话，被专家称为"活化石"。它的数量多少反映出当地人们对盘古神话的知晓度，这也是判断盘古神话传说根源地的依据之一。经过开展民间文学普查工作，桐柏县搜集出上百种盘古神话。在桐柏的大街小巷、村村落落，不管是老年人还是年轻人，不论是干部、工人还是农民，都能讲上一段、说上几句盘古神话，都是盘古开天辟地、捏泥造人、滚磨成亲、造衣服、驯牛、降龙、治水、造酒、造农具等，以桐柏山为中心方圆几百里的区域成为盘古神话"活化石"的丰富蕴藏地。这种特有的文化现象，就是盘古文化根源地的特征。

抟土造人的创世娲皇

女娲是中国历史神话传说中的一位女神。人首蛇身，相传曾炼五色石以补天，并抟土造人，制嫁娶之礼，延续人类生命，造化世上生灵万物。女娲被称为中华民族伟大的母亲，是被民间广泛而又长久崇拜的创世神和始祖神。

女娲的形象为何是人首蛇身

很多人也许都会有此疑问,为何女娲的形象会是人首蛇身?这里面有很多因素。如果大家翻看过各国早期的创世神话就会发现,那里面都有"蛇"的踪迹,在各国文化中,蛇这一形象真的是非常奥妙。

女娲,作为中国神话史上最为人称颂的女神,她的主要功绩就在于造人和补天。而作为女神的这一性别神祇,女娲的生殖能力是被特别所赋予的功能。《山海经·大荒西经》郭璞注:"女娲,古神女而帝者,人面蛇身,一日中七十变。"这里的女娲被赋予了蛇的身躯,不仅是神话的神秘性,还因为蛇本身具有的顽强的生命力和旺盛的生殖力,是永恒生命的象征。

这里之所以要特别提到女娲的人首蛇身,是因为无论中国神话还是西方神话,蛇往往和女性有着密切联系。

在鸿蒙之初,蛇是许多内陆民族的图腾,而女性是社会生产的主导力量,两者的结合被先民们当作祖先来顶礼膜拜。这也就是很多神话中神女们身上都带有蛇的形象的缘由。

抟土造人

盘古开辟了天地,用身躯造出日月星辰、山川草木。那残留在天地间的浊气慢慢化作虫鱼鸟兽,给这死寂的世界增添了生气。

不知道什么时候,世间出现了一个神通广大的女神,叫作女娲。据说,她一天当中能够变化七十次。有一天,大神女娲行走在这片莽莽原野上,看着四周的景象,她感到非常孤独。她觉得在这天地之间,应该添一点什么东西进去,让它生气蓬勃起来才好。

添一点什么东西进去呢?

篇一 从上古飘来的帝王范儿

走啊走啊,她走得有些疲倦了,偶然在一个池子旁边蹲下来。澄澈的池水照见了她的面容和身影;她笑,池水里的影子也向着她笑;她假装生气,池水里的影子也向着她生气。她忽然灵机一动:世间各种各样的生物都有了,单单没有像自己一样的生物,那为什么不创造一种像自己一样的生物加入到世间呢?

想着,她就顺手从池边掘起一团黄泥,掺和了水,在手里揉团着,揉团着,揉团成了第一个娃娃模样的小东西。她把这个小东西放到地面上。说也奇怪,这个泥捏的小家伙,刚一接触地面就活了起来,并且开口就喊:"妈妈!"接着一阵兴高采烈的跳跃和欢呼,表示他获得生命的欢乐。

女娲看着她亲手创造的这个聪明美丽的生物,又听见"妈妈"的喊声,不由得满心欢喜,眉开眼笑。

她给她心爱的孩子取了一个名字,叫作"人"。

人的身体虽然小,但据说因为是神创造的,相貌和举动也有些像神,和飞的鸟、爬的兽都不同。这样,看起来似乎有一种管理宇宙的非凡的气概。

女娲对于她的作品,感到很满意。于是,她又继续动手做她的工作,她用黄泥做了许多能说会走的可爱的小人儿。这些小人儿在她的周围跳跃欢呼,使她精神上有说不出的高兴和安慰。从此,她再也不感到孤独、寂寞了。

她工作着,工作着,一直工作到晚霞布满天空,星星和月亮射出幽光。夜深了,她只把头枕在山崖上,略睡一睡。第二天,天刚微明,她又赶紧起来继续工作。

她一心要让这些灵敏的小生物布满大地。但是,大地毕竟太大了,她工作了许久,还没有达到她的意愿,而她此时已经疲倦不堪了。

最后,她想出了一个绝妙的创造人类的方法。她从崖壁上拉下一条枯藤,伸入一个泥潭里,搅成了浑黄的泥浆,向地面这么一挥洒,

9

泥点溅落的地方就出现了许多小小的叫着跳着的人儿，和先前用黄泥捏成的小人儿模样一般无二。"妈妈"、"妈妈"的喊声，震响在周围。

用这种方法来进行工作，果然简单省事。藤条一挥，就有好些小人儿出现，不久，大地上就布满了人类的踪迹。

大地上虽然有了人类，女娲的工作却并没有终止。她又考虑着：人是要死亡的，死去一批再创造一批吗？这未免太麻烦了。怎样才能使他们继续生存下去呢？这可是一个难题。

后来她终于想出了一个办法，就是把那些小人儿分为男女，让男人和女人配合起来，叫他们自己去创造后代。这样，人类就世世代代绵延下来，并且一天比一天多了。

炼石补天

当人类繁衍起来后，忽然水神共工和火神祝融打起仗来，他们从天上一直打到地下，闹得到处不宁，结果祝融打胜了，但败了的共工不服，一怒之下，把头撞向不周山。不周山崩裂了，支撑天地之间的大柱子断折了，天倒下了半边，出现了一个大窟窿，地也陷成一道道大裂纹，山林烧起了大火，洪水从地底下喷涌出来，龙蛇猛兽也出来吞食人民。人类面临着空前的大灾难。

女娲目睹人类遭到如此奇祸，感到无比痛苦，于是决心补天，以终止这场灾难。她选用各种各样的五色石子，架起火将它们熔化成浆，用这种石浆将残缺的天窟窿填好，随后又斩下一只大龟的四脚，当作四根柱子把倒塌的半边天支起来。女娲还擒杀了残害人民的黑龙，刹住了龙蛇的嚣张气焰。最后为了堵住洪水不再漫流，女娲还收集了大量芦草，把它们烧成灰，埋塞向四处铺开的洪流。

经过女娲一番辛劳整治，天总算补上了，地填平了，水止住了，龙蛇猛兽敛迹了，人民又重新过着安乐的生活。但是这场特大的灾祸

毕竟留下了痕迹。从此天还是有些向西北倾斜,因此太阳、月亮和众星辰都很自然地归向西方,又因为地向东南倾斜,所以一切江河都往那里汇流。

伏羲是个"发明家"

伏羲,又作宓羲、庖牺、包牺、伏戏,亦称牺皇、皇羲、太昊,《史记》中称伏牺。据说他是个大发明家,也是中华民族人文始祖,是我国古籍中记载的最早的王,所处时代约为新石器时代早期,他根据天地万物的变化,发明创造了八卦,成了中国古文字的发端,也结束了"结绳记事"的历史。他又结绳为网,用来捕鸟打猎,并教会了人们渔猎的方法,发明了瑟,创作了《驾辨》曲子,他的活动,标志着中华文明的起始,也留下了大量关于伏羲的神话传说。

雷泽华胥

相传,雷泽神刚烈威猛,专司的工作是行雷布雨,人首龙身,神通广大,居于昆仑山东南吴国西陲大泽之内,只要以手拍腹,便会发出惊天动地的雷声,经久不绝,震耳欲聋,雷泽神得知女娲造人,并按女娲自己的模样造了圣女华胥,便怀抱好奇之心,苦心打探华胥一族所在,终于在昆仑东南相见。为试探心意,在华胥圣女行进的前方,用脚踏出了一个巨大的脚印,最终华胥走进雷泽神的脚印,这一踩,华胥心有所动,便怀孕了,十二年后生下了伏羲。

这种感生神话反映了母系氏族社会的婚姻情况。其实，履迹是先民为了生殖而举行的祭祀仪式。全国各地都有摸子洞、得子泉一类的景观，没有子女的女人摸一摸那个洞或者喝一口泉水就可以怀孕，意思和履迹差不多。在远古时代，代表神灵的神职人员舞于前，适龄女子尾随其后，踏在神职人员的脚印上，亦步亦趋，仪式结束后，相中的人在悠闲之处过性生活，从而怀孕。在大洋洲的岛国中，有一种叫"宴饮"的风俗。土著居民中的适龄男子在夜晚围在一个类似女阴的水潭边舞蹈，同时把长枪投到水潭中。而后约上相好的女人在野外过性生活，繁衍后代。

盘瓠传说：伏羲与神犬合二为一

传说伏羲崇狗，至今淮阳民间仍流传着"伏羲与盘瓠"的神话，大意是有狗称"五色犬"，被扣在金钟内，变成人首狗身，即伏羲氏也。无独有偶，在我国西南地区也有类似的传说。也就是说，有些古代传说中，是把伏羲和神犬合二为一的。

有这样一个传说，说华胥在"雷泽"有感而孕，后来却生下一只小狗。她无奈之下把小狗放到一个盆里，顺河流而下。而在大河下游居住着一个部落，部落首领有一位美丽的女儿。这个部落的人民世代居住在河旁，跟附近的一个部落是世仇，两个部落经常互相攻打。但是现在这个部落的景况很不妙，他们快被敌人打败了。部落首领担心部落在自己手里被毁灭，整日长吁短叹，许下诺言，如果有人可以挽救部落，就把女儿嫁给他。结果在交战当日，部落节节败退之时，这只小狗突然冲了出来，对着敌方的部落大叫三声，结果电闪雷鸣，敌人大败，损失惨重，再不敢来犯。部落首领按照自己的誓言，将美丽的女儿嫁给这只小狗。首领的女儿很不情愿，这时候有一个巫女告诉她，这只小狗是雷神的儿子，只要将它扣在一口锅内八八六十四天，

篇一 从上古飘来的帝王范儿

它就可以变成人身。首领的女儿高兴极了，就照此做了。她很心急地想知道小狗到底是不是会变成人，每天在锅旁绕几十个圈子。到了还有三天的时候，她终于忍不住了，心想，我只看一眼，应该没有关系吧，就掀开了锅盖看。小狗因此没有能够彻底变成人形，而是变成人首狗身。首领的女儿很后悔，但是也没有办法改变了。这只小狗娶了首领的女儿，后来他被人们叫作"伏羲"，做了这个部落的首领。在他的领导下，部落变得很强大。

但是，问题来了，在中国的很多传说中，伏羲都是以女娲兄长身份出现的，女娲是人首蛇身，行走大地，她的兄长是犬形未免说不过去吧？其实，不管哪个传说，伏羲长着人头是毋庸置疑了，无论他的身体到底是犬形还是蛇形，他在人们心目中都是大神，也是传说中三皇之一的人皇，不管本身是什么样子，幻化个后代需要的形状还是唾手可得的。

伏羲画卦

在天水北道区渭南乡西部，有一卦台山，相传这里就是伏羲画八卦的地方。传说在伏羲生活的远古年代，人们对于大自然一无所知。当下雨刮风、电闪雷鸣时，人们既害怕又困惑。天生聪慧的伏羲想把这一切都搞清楚，于是他经常站在卦台山上，仰观天上的日月星辰，俯察周围的地形方位，有时还研究飞禽走兽的脚印和身上的花纹。

有一天，他又来到了卦台山上，正在苦苦地思索他长期以来观察的现象。突然，他听到一声奇怪的吼声，只见卦台山对面的山洞里跃出一匹龙马。说它是龙马，那是因为这个动物长着龙头马身，身上还有非常奇特的花纹。这匹龙马一跃就跃到了卦台山下渭水河中的一块大石上。这块石头形如太极，配合龙马身上的花纹，顿时让伏羲有所了悟，于是他画出了八卦。

13

后来，那个跃出龙马的山洞被人们称为龙马洞，渭水河中的那块大石就叫作分心石。现在去卦台山，你还能看到这些地方。而且，龙马洞里还有石槽和石床的残迹。

至于八卦的功绩，在于它博大精深的文化内涵。而以它为特征的伏羲文化，到现在仍吸引着国内外无数学者在探索、研究。而且，当代的许多学科也都深受其影响，并从中得到启示。据说，德国大数学家莱布尼茨发明二进制，也是受了八卦的启发。

伏羲降龙

有一个传说，说很早以前，西边很远的大山里，有个深水潭，方圆的百姓都靠潭里的水浇地、做饭过日子。有一天夜里，"呼呼"起了大风，刮得树倒屋塌。原来有一条黄龙从别处飞来，钻进了深潭里。这条黄龙很恶，吃人吃畜生，害得这一带百姓没法活，人都往外地逃。

当时，伏羲正在八卦台推算八卦，掐指一算，知道有条黄龙在西方作恶，那儿的百姓有了大灾大难。他拿起青龙拐杖，说声"变"，青龙拐杖变成了一条青龙。伏羲骑着它来到西边。

黄龙见到青龙，扑上前撕咬。两条龙打个天昏地暗，一直打了九九八十一天，青龙受了很重的伤。

眼看青龙就要败了，伏羲用吐沫在青龙身上画了一个八卦。

青龙立刻力气大增，又和黄龙打了七七四十九天，终于将黄龙打倒。

伏羲为了防止黄龙再出来祸害人间，在黄龙身上画了一个八卦，将黄龙变成一座山，将青龙变成一座大青石，压在山顶。从此黄龙再也没有出来过。

 篇一 从上古飘来的帝王范儿

兄妹通婚

在中国古代许多传说中，都流传着伏羲女娲兄妹通婚的故事。如，唐末李元的《独异志》中记载：

上古时代，洪荒遍野，万户灭绝。只有伏羲和女娲兄妹俩居住在昆仑山上，为了繁衍后代，缔造人类，两人产生了结为夫妻的念头。但女娲又有点害羞，兄妹怎么可以结为夫妇呢？不过左思右想，要保存人类的宗脉相传，好像也找不到别的办法。于是两人各自升起堆篝火，并且对天祷告："如果老天认为我们的结合是合理的话，那就请让这两堆火合在一块。"话音刚落，两堆篝火所冒出的青烟已合成一堆。女娲还有顾忌，又说，两人不妨各拣一块石头，从山顶一起往下滚去，如若两块石头也能结合在一起，那才是真正的天意。说也奇怪，两块石头在山坡上翻滚，到了山下竟撞在一块，发出轰天巨响，牢牢地融为一体了。于是两人结为夫妻。但有意思的是，两人成亲后，生下来的竟是一个肉包，伏羲气坏了，用石头把肉包砸了个稀巴烂，没想到砸开的肉渣却纷纷变化成人，于是人就开始繁衍了。女娲最早的形象是人面蛇身的，至今保存的汉代画像上还有女娲、伏羲蛇体交缠的图案。

伏羲贡献

作为华夏民族的人文始祖，有关伏羲贡献的传说比比皆是，其中比较著名的有：伏羲曾教人们织网捕鱼，从而使人类原始的狩猎状态进入到初级的畜牧业生产；他确定了婚嫁制度，创造了历法，发明了乐器，教会了人们制作和食用熟食，结束了人类身披树叶、茹毛饮血的野性状态；当然，最重要的还是他始创了中国古代文化的秘密符号"八卦"，这是一组代表自然界天地水火山川雷电的象形文字，也是中

15

国文字的起源。而其中所蕴含的博大精深的文化内涵，成为古代东方哲学的标志，并吸引着国内外无数学者探索和研究。

随着部落的兼并和迁徙，伏羲所创立和倡导的古代文明沿渭水到黄河流域，与其他民族相融合，形成了以炎黄部落为核心、以伏羲文化为本体的华夏民族。因为伏羲人面蛇身而崇奉的蛇图腾，也由黄土高原蔓延到中原大地，演变成为龙图腾，成为中华民族的象征。伏羲因此成了全世界华人的始祖。

神农氏遍尝百草

神农氏生于姜水，葬于湖南茶陵。神农氏本为姜水流域姜姓部落首领，是传说中的农业和医药的发明者。远古人民过着采集和渔猎的生活，他发明制作木耒、木耜，教会人民农业生产。这反映了中国原始时代由采集渔猎向农耕生产进步的情况。又传说他遍尝百草，发现药材，教会人民医治疾病。神农与伏羲、女娲并称三皇。

神农和炎帝是不是一个人

《世本·帝系篇》首把炎帝和神农氏放在一起称"炎帝神农氏"，谓炎帝即神农氏，炎帝身号，神农代号。汉高诱注《淮南子·时则训》，提到赤帝时又把赤帝与神农氏合起来，说赤帝即炎帝，少典之子，号为神农，南方火德之帝。《左传》、《国语》和《礼记》曾提到烈山氏能够播植百谷百蔬。东汉郑玄注《礼记》和三国韦昭注《国语》，都说烈山氏为炎帝。《水经注》卷三十二又把烈山氏和神农氏相并，说谬水西南经过厉乡南，水南有重山，就是烈山，山下有一个洞穴，相传是神农氏的诞生处，所以《礼记》称神农氏为烈山氏。而有关烈（厉、列）山氏称号的缘起，又有二说。《路史》认为，烈山原字当作列山或厉山，因神农氏"肇迹"于列山，故以列山、厉山为氏。刘城淮的《中国上古神话》则认为炎帝为人神，放火烧山很猛烈，故为烈山氏。

《史记·五帝本纪》则隐喻炎帝与神农氏并非一人，说黄帝时，神农氏的时代已经衰落，诸侯之间互相侵伐，暴虐百姓，神农氏不能征讨，于是黄帝"修德振兵"，讨伐危害最大的炎帝和蚩尤，把他俩伐灭后威望大振，于是代神农氏而有天下。而神农氏不事征伐，这与《庄子·盗跖》说神农氏"无有相害之心"、《商君书·画策》说神农氏"刑政不用而治，甲兵不起而王"相符合。而炎帝则"侵伐诸侯"，英勇善战的黄帝，竟然要与他"三战，然后得其志"。此外，《史记·封禅书》分列炎帝和神农氏为二人，徐旭生的《中国古史的传说时代》也主张炎帝、神农氏为二人。

至于神农氏与炎帝是否为一人，可谓公说公有理，婆说婆有理，长期以来一直未能定论，在这里我们且将其作不同的人分述。

心系黎民，辨五谷，分草药

传说，上古时候，五谷和杂草长在一起，药物和百花开在一起，哪些粮食可以吃，哪些草药可以治病，谁也分不清。黎民百姓靠打猎过日子，天上的飞禽越打越少，地下的走兽越打越稀，人们就只好饿肚子。谁要是生疮害病了，无医无药，不死也要脱层皮啊！

老百姓的疾苦，神农氏瞧在眼里，疼在心头。怎样给百姓充饥？怎样为百姓治病？神农氏苦思冥想了三天三夜，终于想出了一个办法。

第四天，他带着一批臣民，从家乡出发，向西北大山走去。他们走哇，走哇……腿走肿了，脚起茧了，还是不停地走，整整走了七七四十九天，来到一个地方。只见高山一峰接一峰，峡谷一条连一条，山上长满奇花异草，大老远就闻到了香气。神农他们正往前走，突然从峡谷蹿出来一群狼虫虎豹，把他们团团围住。神农氏马上让臣民们挥舞神鞭，向野兽们打去。打走一批，又拥上来一批，一直打了七天七夜，才把野兽都赶跑了。那些虎豹蟒蛇身上被神鞭抽出一条条一块块伤痕，后来变成了皮上的斑纹。

　　这时，臣民们说这里太险恶，劝神农氏回去。神农氏摇摇头说："不能回！黎民百姓饿了没吃的，病了没医的，我们怎么能回去呢？"他说着领头进了峡谷，来到一座茫茫大山脚下。

　　这山半截插在云彩里，四面是刀切崖，崖上挂着瀑布，长着青苔，溜光水滑，看来没有登天的梯子是上不去的。臣民们又劝他算了吧，还是趁早回去。神农氏摇摇头："不能回！黎民百姓饿了没吃的，病了没医的，我们怎么能回去呢？"他站在一个小石山上，对着高山，上望望，下看看，左瞅瞅，右瞧瞧，打主意，想办法。后来，人们就把他站的这座小山峰叫"望农亭"。然后，他看见几只金丝猴，顺着高悬的古藤和横倒在崖腰的朽木爬过来。神农灵机一动，有了！他当下把臣民们喊来，叫他们砍木杆，割藤条，靠着山崖搭成架子，一天搭上一层，从春天搭到夏天，从秋天搭到冬天，不管刮风下雨，还是飞雪结冰，从来不停工。整整搭了一年，搭了三百六十层，才搭到山顶。传说，后来人们盖楼房用的脚手架，就是学习神农氏的办法。

　　神农氏带着臣民，攀登木架，上了山顶了，嘿呀！山上真是花草的世界，红的、绿的、白的、黄的，各色各样，密密丛丛。神农氏喜欢极了，他叫臣民们防着狼虫虎豹，他亲自采摘花草，放到嘴里尝。为了在这里尝百草，为老百姓找吃的，找医药，神农氏就叫臣民在山上栽了几排冷杉，当作城墙防野兽，在墙内盖茅屋居住。后来，人们就把神农氏住的地方叫"木城"。

18

白天，他领着臣民到山上尝百草，晚上，他叫臣民生起篝火，他就着火光把它详细记载下来：哪些草是苦的，哪些热，哪些凉，哪些能充饥，哪些能医病，都写得清清楚楚。

有一次，他把一棵草放到嘴里一尝，霎时天旋地转，一头栽倒。臣民们慌忙扶他坐起，他明白自己中了毒，可是已经不会说话了，只好用最后一点力气，指着面前一棵红亮亮的灵芝草，又指指自己的嘴巴。臣民们慌忙把那红灵芝放到嘴里嚼嚼，喂到他嘴里。神农吃了灵芝草，毒气解了，头不晕了，会说话了。从此，人们都说灵芝草能起死回生。臣民们担心他这样尝草，太危险了，都劝他还是下山回去。他又摇摇头说："不能回！黎民百姓饿了没吃的，病了没医的，我们怎么能回去呢？"说罢，他又接着尝百草。

他尝完一山花草，又到另一山去尝，还是用木杆搭架的办法，攀登上去。一直尝了七七四十九天，踏遍了这里的山山岭岭。他尝出了麦、稻、谷子、高粱能充饥，就叫臣民把种子带回去，让黎民百姓种植，这就是后来的五谷。他尝出了三百六十五种草药，写成《神农本草经》，叫臣民带回去，为天下百姓治病。

神农氏尝完百草，为黎民百姓找到了充饥的五谷、医病的草药，来到回生寨，准备下山回去。他放眼一望，遍山搭的木架不见了。原来，那些搭架的木杆，落地生根，淋雨吐芽，年深月久，竟然长成了一片茫茫林海。神农氏正在为难，突然天空飞来一群白鹤，把他和护身的几位臣民接上天廷去了。从此，回生寨一年四季香气弥漫。

为了纪念神农氏尝百草、造福人间的功绩，老百姓就把这一片茫茫林海取名为"神农架"，把神农氏升天的回生寨改名为"留香寨"。

头顶一颗珠

一次，神农氏在深山老林采药，被一群毒蛇围住。毒蛇一起向神农氏扑去，有的缠腰，有的缠腿，有的缠脖子，想致神农氏于死地。神农氏寡不敌众，终被咬伤倒地，血流不止，浑身发肿。他忍痛高喊："西王母，快来救我。"王母娘娘闻听呼声后，立即派青鸟衔着她的一颗救命解毒仙丹在天空中盘旋窥瞰，终于在一片森林里找到了神农氏。毒蛇见到了王母的使者青鸟，都吓得纷纷逃散。

青鸟将仙丹喂到神农氏口里，神农氏逐渐从昏迷中清醒。青鸟完成使命后翩然腾云驾雾回归。神农氏感激涕零，高声向青鸟道谢，哪知，一张口，仙丹落地，立刻生根发芽长出一棵青草，草顶上长出一颗红珠。神农氏仔细一看，与仙丹完全一样，放入口中一尝，身上的余痛全消，便高兴地自言自语："有治毒蛇咬伤的药方了！"于是，给这味草药取名"头顶一颗珠"。后来，药物学家给它命名为"延龄草"。

茶香弥久，无奈断肠

还有这样一个传说，说茶最早也是神农氏发现的，但那个时候神农氏是把茶当作一种解毒的药材来使用的。故事是这样的：

神农氏有一个水晶般透明的肚子，吃下什么东西，人们都可以从他的胃肠里看得清清楚楚。那时候的人，吃东西都是生吞活剥的，因此经常闹病。神农氏为了解除人们的疾苦，就把看到的植物都尝试一遍，看看这些植物在肚子里的变化，判断哪些无毒哪些有毒。

当他尝到一种开白花的常绿树的嫩叶时，嫩叶就在肚子里从上到下、从下到上到处流动洗涤，好似在肚子里检查什么，于是他就把这种绿叶称为查。以后人们又把查叫成茶。神农氏长年累月地跋山涉水，尝试百草，每天都得中毒几次，全靠茶来解救。

但是最后一次，神农氏来不及吃茶叶，还是被毒草毒死了。据说，那时候他见到一种开着黄色小花的小草，那花萼在一张一合地动着，

 篇一 从上古飘来的帝王范儿

他感到好奇,就把叶子放在嘴里慢慢咀嚼。一会儿,他感到肚子很难受,还没来得及吃茶叶,肚肠就一节一节地断开了,原来是中了断肠草的毒。

炎帝很有动物缘

炎帝是我国上古时代姜姓部落首领,又称赤帝,号烈山氏或厉山氏,位于黄河上游、渭河地区。据《史记》等古籍追记,炎帝姓"伊耆",一说即神农氏(或神农氏的子孙)。相传其母名女登,一日游华阳,被神龙绕身,感应而孕,生下炎帝。传说炎帝人身牛首,头上有角。炎帝生于烈山石室,长于姜水,有圣德,以火德王,故号炎帝。炎帝少而聪颖,三天能说话,五天能走路。其族人最初的活动地域在今陕西的南部,后来沿黄河向东发展,与黄帝发生冲突。在阪泉之战中,炎帝被黄帝战败,炎帝部落与黄帝部落合并,组成华夏族,所以今日中国人自称为"炎黄子孙"。目前史学界同时支持另一种说法,即黄帝活动于黄河下游,泰山西侧,炎帝活动于黄河下游,泰山东侧,两部落为了争夺统治权,在阪泉即逐鹿(两者是指同一地点,皆在泰山周围)决战,黄帝战胜并流放炎帝于南方(后召回)。

关于炎帝的传说,民间流传的有很多,不知你是否都曾听过?

山鹰遮荫鹿喂奶

传说炎帝出生的时候,门口忽然出现了九口水井,井里的水十分

21

干净，有点甜，且九口井里的水都是互相联通。

这突如其来的现象引得大家议论纷纷。女登认为只有硬石头才不怕火烧水淹，于是她给孩子取名"石年"，意思是年年像石头一样，易养成人。

女登带着小炎帝一起上山找东西吃，为了行动方便，她每次上山都会将睡着的小炎帝放在一块能晒到太阳的草地上，让他休息。谁知时间久了，小炎帝一觉醒来不见母亲，肚子又饿，便大哭起来。哇哇的哭声有时像小鹿叫有时又像小鹰啼。山里的白鹿和山鹰以为是自己的孩子在呼叫，都急急忙忙赶来。母鹿用自己的奶水喂他，山鹰张开翅膀为他遮荫。此后，每当石年在山上哭时，都能得到山鹰和白鹿的照顾。

狮子狗盗谷种

传说有一天炎帝梦到天堂栽着一种称为"稻"、籽实叫"谷"的植物，可吃、可藏、可种，这正是炎帝要找的食物。但是天堂在哪里呢？怎样才能把谷种搞回来呢？炎帝犯了难。

第二天，他发现狮子狗在自己身边转来转去，神情很是不安，像有什么话要说。炎帝便对狮子狗说："你知道我要去天堂找谷种吗？"狮子狗叫了两声，点了点头。炎帝又说："你知道天堂在哪里吗？"狮子狗又叫了两声，点了点头。炎帝大喜，忙说："你能为我去取回谷种吗？"狮子狗没等炎帝说完，就飞似的跑出去了。

狮子狗不停地奔跑，跑了一天一夜，终于来到天堂，果然见到一块晒谷坪里摊着金光闪闪的稻谷。在不远处，有几个凶神恶煞的天神把守着。狮子狗在一旁琢磨：晒坪的谷子不多，向他们要是不会给的，只有盗。但怎样才能盗到谷种呢？突然间，它发现旁边有个池塘，于是悄悄下到池塘里洗了个澡，把浑身的毛泡得水淋淋的，然后，冷不

 篇一 从上古飘来的帝王范儿

防地蹿到晒谷坪的谷子上,打了个滚,将稻谷沾在身上,便急忙往回跑。狮子狗这一跑,被守谷的天神发现了,天神大吼一声,穷追不舍。天神赶不上狮子狗,于是急中生智,在狮子狗的前方用手一画,随即变出一条大河。狮子狗慌忙中无路可走,便跳下大河游过去了。

狮子狗回到家中,将身子抖了抖,水珠四溅,就是没有谷子,急得汪汪直叫。炎帝一看,就知道狮子狗用身子沾回了谷子,但是谷子又给河水冲走了。他细心地在狮子狗身上寻找,终于在高高翘起的尾巴上找到了几粒谷种。原来狮子狗过河的时候,尾巴翘在水面上,谷粒没有被水冲掉。

炎帝把这几粒谷子播种到地里,长出了稻苗,结出了谷子。经过反复栽培,稻谷越种越多,后来成为人们的主要食物来源。人们为酬谢狮子狗盗谷种的功劳,所以每当过"尝新节",首先祭祀炎帝,然后给狮子狗一碗新米饭,一块粉蒸肉吃,最后才是自己"尝新"。在给狮子狗吃肉和饭的时候,还要观察,如果狮子狗先吃饭,就是暗示今年的米价高;先吃肉,则暗示今年养猪合算。

麻与布是怎样来的

远古时的先民,不论男女,都穿兽皮来保护和遮掩身体。可是,到了夏天,赤日炎炎,兽皮穿在身上,实在热得难受。

没有办法,大家只好把野兽的皮割成很细小的条条,用它来把树叶串联起来围在腰上过日子。树叶容易烂,穿不了多久就要更换,很是麻烦。一天,炎帝在山上砍柴,发现一种植物的皮软绵绵的,很是结实,他就砍下几株来,把皮剥下来,用它来把柴火捆得紧紧的。他回到家里,把柴火解开后,拿着这树皮仔细地端详着。原来这树皮的里层有一种白色的纤维,所以柔软结实。用手一撕,它还可以分成一条一条的。他看着、撕着,很是高兴,便要人们用它来代替皮带串联

树叶。大家称赞不已，异口同声地说："它比皮带好用得多，既方便，又省力，要粗要细可以随意分撕。"后来，人们在使用过程中，又渐渐发现可以把它搓成更加光滑结实好用的绳子。

由于树叶容易烂，烂了又要用这种树皮或这种树皮搓成的绳子补缀新的树叶，这样补了又补，渐渐变得叶少绳多，如此多次，这种树皮绳子横七竖八、密密麻麻的，不好再补了，他们也不想再补了，就把它连成一种绳子结织似的东西披在身上，围在腰间。这就是人类最早结织的衣服。

用这种树皮绳子连缀起来的衣服，穿了好多年，大家感到太稀、太粗，想要改善，又想不出办法来时，炎帝发现一年轻女子坐在大树底下的草地上，一边乘凉，一边聚精会神地把这种树皮撕成一条一条的细缕，缠在手指上穿来穿去，织成密密的小块玩儿。他觉得这很新鲜，心里默想：如果像她这样再多织一些，把它连缀起来，穿在身上，不是一件好的衣服吗？于是，他就仿照着织，织了很多小块后，再用骨针连起来，穿在身上，觉得挺舒服。这样，他就告诉人们，如此这般地做起衣服来，并给这种植物取了一个名字，叫作"苎麻"。

后来，又经过好多好多年，人们在反复实践中才发明了织布机，把苎麻撕得细细的，再织成细密的麻布，从此，麻类植物便成了人类日常生活不可缺少的东西了。

被扰乱的葬礼

传说炎帝死后，族人按照他生前的交代，准备将他的遗体安葬在有温泉的资兴汤市。

于是选好吉日良辰举行葬礼。那天，很多人送葬，几十个运送遗体的人坐十条木排，溯洣水而上。沿河，户户点火，表示哀悼。

当木排来到鹿原坡，正准备上岸改走旱路时，忽然天上乌云滚滚，

篇一 从上古飘来的帝王范儿

大风大雨，河里跃出一条金龙向炎帝遗体点头哀吟。接着轰隆一声，江边的一块巨石裂开了，一个大浪将炎帝遗体卷进石头缝里去了。送葬的人个个吓得要死，不知如何是好。

天帝听到这个消息以后大怒，认为炎帝劳苦功高，不应该葬在水里，大骂金龙不知好歹，决定要处罚它。于是把金龙化为石头，龙脑变成龙脑石，龙爪变为龙爪石，龙身变为白鹿原，龙鳞变为原上的大树，护卫炎陵。对运送的人，玉皇认为他们上山下水吃了亏，将他们变成福主神，保护地方安宁。打杂的檀官、梅山也不例外，叮嘱他们凡是好安身的地方，就把身安下来。

他们慌里慌张，以为要他们到安仁去，所以他们都跑到安仁去了。后来安仁境内不论田头地角，路边河边，到处都有檀官、梅山庙。

只有鸣锣开道先上岸已走到参子坳的那些人，见炎帝遗体总不来，就派人爬到山顶上去打望，其余的人坐的坐，睡的睡，站的站，就地等候。由于等久了，打黄阳伞的人，变成了黄阳山。两个打望的变成了两块大石头。那些坐着、站着、睡着就地等候的人全部变为石头。传说今天黄阳山上那些横七竖八的石头就是他们所化。

黄帝性别是个谜

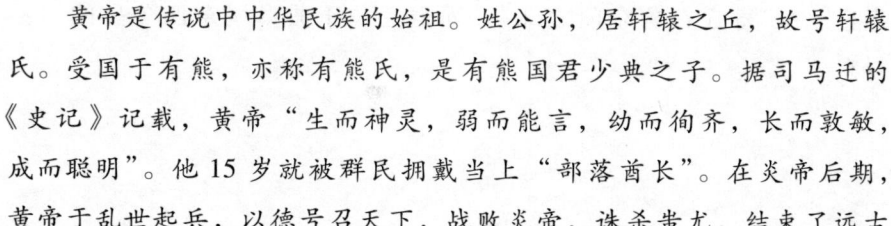

黄帝是传说中中华民族的始祖。姓公孙，居轩辕之丘，故号轩辕氏。受国于有熊，亦称有熊氏，是有熊国君少典之子。据司马迁的《史记》记载，黄帝"生而神灵，弱而能言，幼而徇齐，长而敦敏，成而聪明"。他15岁就被群民拥戴当上"部落首长"。在炎帝后期，黄帝于乱世起兵，以德号召天下，战败炎帝，诛杀蚩尤，结束了远古

25

战争，统一了中华民族，成为中华民族第一帝，中华文明时代从此开始。由于黄帝为中华民族创造了丰富灿烂的文化，为中华民族进入文明时代做出了杰出贡献，且历史上尧、舜、夏、商、周，都是黄帝的后裔，故后世都将黄帝尊奉为中华民族的祖先。

出生地之说

《史记·五帝本纪》记载："黄帝者，少典之子，姓公孙，名轩辕，黄帝居于轩辕之丘。"至于具体出生地点，史学界并没有统一的观点。古为有熊国都城，其父少典为有熊国国君，但也有个别人认为在其他地方。

传说一，黄帝出生于中国西北黄土高原的沮源关降龙峡。在传说中黄帝的母亲是黄土高原上的一名少女，一天傍晚（也有说是夜晚）突然看见北极光，然后就怀孕，生下了黄帝。

传说二，在公元前4856年前，在今河南新郑的轩辕丘有个龙图腾的国家，君主名曰少典氏。他是伏羲帝和女娲帝直系的第七十七帝，他的夫人有二，一是任姒（女登，炎帝之母，有传说炎帝、黄帝乃是胞兄弟），二是附宝，她们是姐妹，是有硚氏之女。在今新郑市区北关的轩辕丘的有熊国的宫殿里，传来了婴儿出生时呼吸大自然之气时的"哇哇"哭啼声。这一说法得到包括中国古都学会在内的部分民间机构的认可。

传说三，黄帝出生于山东省曲阜市周围。据古史记载"黄帝生于寿丘"、"寿丘在鲁东门之北"，而寿丘位于曲阜城东四公里的旧县村东。

篇一 从上古飘来的帝王范儿

生平之说

传说有一天晚上,附宝见一道电光环绕着北斗枢星。随即,那颗枢星就掉落了下来,附宝由此感应而孕。怀胎24个月后,生下一个小儿,这小儿就是后来的黄帝。黄帝一生下来,就显得异常的神灵。生下没多久,便能说话。到了15岁,已经无所不通了。后来他继承了有熊国君的王位。因他发明了轩冕,故称之为轩辕。又因他以土德称王,土色为黄,故称作黄帝。

相传黄帝即位的时候,有蚩尤兄弟18人,号称是神带的后裔。这18人全都是兽身人面,铜头铁额,不食五谷,只吃河石。他们不服从黄帝的命令,残害黎庶,诛杀无辜。又制造兵杖刀戟大弩,与黄帝为敌。黄帝遂顺民意,征召各路诸侯兵马讨伐蚩尤。历经15旬后,也未能打败蚩尤,只好退兵。为此,黄帝忧心忡忡,日夜盼望能有贤哲辅佐他,以灭蚩尤。有一天晚上,他梦见大风吹走了天下的尘垢。接着又梦见一个人手执千钧之弩驱羊数万群。醒来后,心觉奇怪。暗想,风,号令而为主;垢,是土解化清,天下难道有姓风名后的人吗?千钧之弩,是希望力能致远,驱羊数万群,是牧人为善,难道有姓力名牧的人不成?于是便派部下在天下到处访寻这两个人。结果在海隅找到了风后,在泽边找到了力牧。黄帝以风后为相,力牧为将,开始大举进攻蚩尤。在涿鹿郊野,两军摆开阵势大战。蚩尤布下百里大雾,三日三夜不散,致使兵士辨不清方向。黄帝便令风后造指南车。与此同时,西王母也派玄女前来,教他三宫秘略、五音权谋之本。风后据之又演化出遁甲之法,在冀州又重新开战。蚩尤率领魑魅魍魉,请风伯、雨师纵风下雨,命应龙蓄水以攻黄帝。黄帝请来天下女魃于东荒止雨,而北隅诸山黎士羌兵驱应龙至南极。最后,杀死了蚩尤,分尸葬于四处,使之不得完尸。

后来，又有神农氏之后榆冈与黄帝争天下。黄帝用周鸟鹗、鹰鹯为旗帜，以熊罴虎豹为前驱，与榆冈战于版泉之野。历经三战，打败了榆冈。后来，又亲率兵马征伐各方不肯臣服的诸侯。前后共经52战，天下始归一统。于是黄帝划分州野，制礼兴乐，教化百姓。同时还发明各种器具用物，方便日用。其中，大臣曹胡发明了上衣，伯余造了下衣，於则做了鞋子。百姓们从此不再穿兽皮树皮。黄帝还依浮叶飘于水上的道理作了舟船，共鼓又配上舟楫行于水上。又根据转蓬的道理发明了车辅，便利了交通。黄雍父发明了舂，黄帝接着又令人制作了釜甑，使得百姓可以蒸饭煮粥。以后又造屋室，筑城邑，使百姓不再巢居穴处。黄帝又与岐伯作内外经，使百姓疾患得以治愈。他还确定了天下万物的名称，划分星度为28宿。以甲乙十天干纪日，以子丑十二辰来纪月，而六旬为一甲子。如此又有时空观念。史称当时的百姓"甘其食，美其服，乐其俗，安其居"，一派太平景象。

"轩辕"由来之说

有传说，黄帝本是南方一位有知识有技巧的跛足青年，西陵氏族神巫歧伯通过占卜从广西地区找来准备作为首领的候选人，但西陵氏族的人，嫌他是一跛子，坚决不同意他竞选新首领。只有嫘祖看上了他的聪明才智，与他成为了好朋友。后来，西陵氏族中来了一位能人的消息被北边一个氏族知道了，于是，他们趁西陵氏族不备时把他抢虏走了。跛足青年因腿脚不便，发明了以为代步的车。后将车改制为战车，氏族自有了大车后就不用害怕其他部落剽悍的骑兵了，使部族作战，攻无不克，战无不胜，因此便被部落推为领袖，称为轩辕黄帝。轩辕黄帝领导部族着力改革，改变游牧民族杀伐好战的习性，力主养性爱民，以仁德服天下，不好战伐，只对那些残害百姓、不服王化的部落进行讨伐，因此，远近有80多个部落闻风归顺。黄帝得了天下后，便娶了贤德能干

 篇一 从上古飘来的帝王范儿

的西陵嫘祖为妻,二人巡视天下,教民农桑,嫘祖不幸死于途中。于是嫘祖便被后人当作"先蚕"与"道路之神"祭祀。

问道升仙之说

传说,有一天,黄帝正在洛水上与大臣们观赏风景,忽然见到一只大马衔着卞图放到他面前,黄帝连忙拜受下来。再看那鸟,形状似鹤,鸡头,燕嘴,龟颈,龙形,骈翼,鱼尾,五色俱备。图中之字是慎德、仁义、仁智六个字。黄帝从来不曾见过这鸟,便去问天老。天老告诉他说,这种鸟雄的叫凤,雌的叫凰。早晨叫是登晨,白天叫是上祥,傍晚鸣叫是归昌,夜里鸣叫是保长。凤凰一出,表明天下安宁,是大祥的征兆。后来,黄帝又梦见有两条龙持一幅白图从黄河中出来,献给他。黄帝不解,又来询问天老。天老回答说,这是河图洛书要出的前兆。于是黄帝便与天老等游于河洛之间,沉璧于河中,杀三牲斋戒。最初是一连三日大雾。之后,又是七日七夜大雨。接着就有黄龙捧图自河而出,黄帝跪接过来。只见图上五色毕具,白图蓝叶朱文,正是河图洛书。于是黄帝开始巡游天下,封禅泰山。他听说有个叫广成子的仙人在崆峒山,就前去向他请教。广成子说:"自你治理天下后,云气不聚而雨,草木不枯则凋。日月光辉,越发的缺荒了。而佞人之心得以成道,你哪里值得我和你谈论至道呢?"黄帝回来后,就不再问政事。自建了一个小屋,里边置上一张席子,一个人在那里反省了3个月。而后又到广成子那里去问道。当时广成子头朝南躺着,黄帝跪着膝行到他跟前,问他如何才得长生。广成子绝然而起说:"此间甚好!"接着就告诉他至道之精要:"至道之精,窈窈冥冥,至道之极,昏昏默默。无视无听,抱神以静。形将自正,必静必清;无劳妆形,无摇妆精,方可长生。目无所见,耳无所闻,心无所知,如此,神形合一,方可长生。"说完,广成子给了他一卷《自然经》。

29

黄帝向广成子问道后，又登过王屋山，得取丹经，并向玄女、素女询问修道养生之法。而后，回到缙云堂修炼，他采来首山铜，在荆山下铸九鼎，鼎刚刚铸成，就有一条龙，长须飘垂来迎黄帝进入仙境。黄帝当即骑上龙身，飞升而去。有几个小臣，也想随他升仙，便匆忙间抓住了龙须。结果龙须断了，这些小臣又坠落到地上。据说龙须草便是那些龙须变的。

四面八目与浑无面目

传说，黄帝升仙以后，最初的神职是主司风雨雷电，后崛起而升任中央大帝。他天生四张面孔，能同时注意东南西北四方动静，天上人间的任何事情都逃不过他的眼睛。

一次，钟山之神烛阴的儿子、人面龙身的鼓，勾结人首马躯的凶神钦，将一个叫作葆江的神诱骗至昆仑山的南坡暗杀了，并且毁尸灭迹，企图掩盖罪行。整个谋杀过程全被黄帝清清楚楚地看在眼里，为了伸张正义，他派遣天杀星下凡，千里缉凶，在钟山东面的瑶崖追及那两个恶徒，一齐处斩，为可怜的葆江报了仇，雪了恨。

又一次，蛇身人面的天神贰负，受其家臣危的唆使，杀害了也是人面蛇身的国主窫。这件事仍让黄帝看到了，他命令四大神捕擒下贰负主仆，将贰负绞决，弃尸于鬼国东南；用危自己的头发作绳索反绑他的双手，再用镣拷锁住右脚，拴在西方疏属山顶的大树上，判了他无期徒刑。

除了四张脸以外，黄帝另有一种变相：整体形状恰似一只充满空气的牛皮囊，颜色金黄，隐隐闪烁赤光，长有六条腿、四片翅膀，却混混沌沌，找不到眼睛和脸庞。

该精明时，四面八目，明察秋毫；该糊涂时，浑无面目，大智若愚。黄帝的高妙处、厉害处正在于此，别的神灵是想学也学不来的。

篇一　从上古飘来的帝王范儿

性别之说

在我们的心目中，黄帝理所当然是男性。然而，近年一些学者提出黄帝本为女性的说法，令人疑云顿生。据传，黄帝有25个儿子，得到姓氏的只有14个。黄帝住在轩辕之丘时，娶西陵氏之女嫘祖为妻。嫘祖生育两个孩子，后代都继承了帝业。一子玄嚣，玄嚣就是帝喾的祖父，帝尧是玄嚣的重孙。一子昌意，昌意就是颛顼帝的父亲。从黄帝到帝喾，颛顼、帝尧都曾统治天下，威名远扬，位列五帝之位。《史记》上清清楚楚地记载着黄帝一脉子孙繁衍的历史，黄帝确实应该是男性，怎么又有黄帝是女性的说法呢？持此说法的学者认为上古时代的确是母系氏族在先。黄帝部族的首领带领部落成员种植、征战，威震天下，这样的功绩，女首领也照样可以成就。因此，黄帝也可能是女性。还有一种说法认为黄帝的"帝"字，就已经说明了问题。王国维的《观堂集林》卷六《释天》认为，帝者蒂也，如花之花蒂形状。郭沫若也认为，"帝"字象征花蒂，如花之子房孕育种子，一粒种子再繁殖千万子孙。帝有生育之德。《礼记·郊特性》也说："因其生育之功谓之帝。"那么，能生育万物、繁衍后代的"帝"，理所当然是女性了。《左传·僖公九年》中的"顺帝之则"注释道："帝，后也。"意指帝即是后。"后"字，甲骨文里有时写作"毓"（通生育的育），形状颇似生育时的样子。上古时多有"帝后"连称的，实指一人。能够亲自生养小孩子的，只能是女性。

《史记·天官书》记载："黄帝主德，女主象也。""德"的本义是"种植、生殖"，黄帝行使生殖之职，自然是女性氏族首领才做得到的，黄帝当是女性。

传说是传说，猜测归猜测，至于黄帝到底是男是女，自然是见仁见智了。

少昊兴起凤文化

少昊，昊又作"皞"、"皓"、"颢"，又称青阳氏、金天氏、穷桑氏、云阳氏，或称朱宣。相传少昊姓己，名挚（亦作质），生于穷桑（今山东省曲阜北），建都于曲阜。传说他能继承太昊的德行，故称少昊或小昊。他曾以鸟作官名，并设有管理手工业和农业的官。活动于山东西南部一带，擅长治水与农耕。

少昊相传是黄帝之子，远古时羲和部落的后裔，华夏部落联盟的首领，同时也是东夷族的首领，中华民族的共祖之一，从伏羲（太昊）到少昊的羲和部落到皋陶、伯益的东夷部落联盟，一直是中国早期华夏族的主干部分，为早期华夏文明奠定了坚实的基础，华夏文化传承自羲和文化，羲和文化是华夏文化的主要源泉。少昊国是凤凰的国度，少昊时期是凤文化繁荣鼎盛时期，凤文化和龙文化是中华华夏文化的两大支柱，中华民族既是龙的传人，又是百鸟之王——凤的传人。中国汉族的姓氏大多源自少昊（玄嚣），少昊是中国嬴姓及秦、徐、黄、江、李、赵、梁、萧、马等数百个汉族姓氏的始祖。被后世尊为"大华夏显宗康皇帝"或"白帝"。

神话了的身世

在神话传说中，少昊是西方天神，他的父亲是太白金星，他的母亲是天山的仙女皇娥。少昊之所以被称为"穷桑氏"，是因为少昊的母亲在天上织布，在筋疲力尽的时候，常常到西海之滨的一棵大桑树

 篇一 从上古飘来的帝王范儿

下休憩玩耍。也正是在这棵树下面,她认识了太白金星。

聪明美丽的皇娥每天在天宫中用五颜六色的彩丝织布,常常到深夜也不知疲倦。有时为了轻松一下,她便乘着木筏,荡漾在浩瀚的银河中自娱自乐。

有一天,皇娥又乘木筏沿着银河溯流而上,最后来到西海边的穷桑树下,把木筏停下。此树高达万丈,根深叶茂,花繁枝茂。叶子是红的,果实是紫色的。据说,这棵树一万年才结一次果实,吃了这种果实,寿命比天还高。

当皇娥正在穷桑树下浮想联翩的时候,忽然看见一位英俊的小伙子从天上徐徐而降。她好奇地打量着小伙子,见小伙子面如满月,眼如晨星,浑身上下隐隐发着光亮,十分潇洒,禁不住看得呆了。小伙子潇洒地来到皇娥跟前,深施一礼,道:"皇娥仙女你好!我是白帝的儿子,愿和你交个朋友。"

皇娥惊奇地道:"啊,你就是启明星,也叫金星?原来就是你呀!我常常坐在这里,仰望东方天空的启明星,心里说,这颗星多亮、多美、多勤快啊,每天都把白天带给人间。"她说到这里,耳热心跳,连忙收住话头,羞红了脸。

启明星的脸微微一红,动情地说:"我也是这样!我升到天空时,常常第一眼就看到你,就觉得你太美丽了。我向别的星星一打听,才知道你就是心灵手巧的皇娥。你织的七彩锦和你自己一样美。我每天夜里都听到你的织布声,悦耳动听的声音使我夜不能寐。每日早上,我都盼你出现在银河边。"

启明星一口气敞露了心扉,发觉自己太激动了,连忙收住了话头,红着脸不好意思地看着皇娥。皇娥害羞地低下了头,双手拂弄着垂下的黑发,掩饰着心房的狂跳。启明星微笑着,将手一伸,召来了一把银光闪闪的琴。他双手抱琴,依着穷桑树,弹奏出美妙的乐曲。皇娥立刻被这琴声给吸引住了,情不自禁地跟着启明星的乐曲轻轻地唱起

33

了歌。启明星的琴声在情切切地向皇娥倾吐着爱慕之意，皇娥的歌声也在绵绵地向启明星诉说着倾慕之情。歌声、琴音婉转悠扬，吸引着鱼儿成群结队地浮游在水面上，激动得花儿竞相开放。凤凰飞来了，在空中翩翩起舞。百灵鸟飞来了，放开歌喉为皇娥和启明星伴唱。他们的心越贴越近，双双走上了木筏，并用桂树的树条做筏桅，用芳香的熏草拴在桂树树头上当作旌旗，还刻了一只叫玉鸠的鸟，摆放在桅顶，以辨别方向。

木筏在银河里飘荡。皇娥伴着悠扬缠绵的琴声，情不自禁地吟唱。美妙的琴声和优美的歌声融为一体。皇娥和启明星依偎在一起，沉浸在爱情的幸福中。鱼儿撒欢追逐在木筏旁边，凤凰在幸福情侣的欢笑中飞翔。皇娥和启明星就这样尽兴地漂游着，不久，他们的爱情结晶——儿子少昊诞生了。在少昊诞生的时候，天空有五只凤凰，颜色各异，是按五方的颜色红、黄、青、白、玄而生成的，飞落在少昊氏的院里，因此他又称为凤鸟氏。少昊开始以玄鸟即燕子作为本部的图腾，后在穷桑即大联盟首领位时，有凤鸟飞来，大喜，于是改以凤鸟为族神，崇拜凤鸟图腾。不久迁都曲阜，并以所辖部族以鸟为名，有鸿鸟氏、凤鸟氏、玄鸟氏、青鸟氏，共24个氏族，形成一个庞大的以凤鸟为图腾的完整的氏族部落社会。

这个传说自然当不得真，但耐人寻味的是，这个故事把这段罗曼史故事安插到了皇娥和太白的身上。皇娥就是常羲，也就是月亮，而太白就是金星，五大行星之一，是夜空中除了月亮之外最明亮的星体，两者原本都是天上的星星。这个皇娥和太白同舟游荡的故事，也许是天文学上常见的"金星伴月"现象的反映。

但是，我们知道，古人善于将英雄的出身赋予一个神圣的意义，英雄的出身总是与神话有关。

篇一　从上古飘来的帝王范儿

奇特的鸟图腾崇拜

传说少昊具有神奇的禀赋和超凡的本领,少年即被送到东夷部落联盟里最大部落凤鸿氏部落里历练,并取凤鸿氏之女为妻,成为凤鸿部落的首领,后又成为整个东夷部落的首领。他先在东海之滨建立一个国家,并且建立了一套奇异的制度:以各种各样的鸟儿作为文武百官。具体的分工则是根据不同鸟类的特点来进行。凤凰总管百鸟,然后再有燕子掌管春天,伯劳掌管夏天,鹦雀掌管秋天,锦鸡掌管冬天。除此之外,他又派了五种鸟来管理日常事务。孝顺的鹁鸪掌管教育,凶猛的鸷鸟掌管军事,公平的布谷掌管建筑,威严的雄鹰掌管法律,善辩的斑鸠掌管言论。另外有九种扈鸟掌管农业,使人民不至于淫逸放荡。五种野鸡分别掌管木工、漆工、陶工、染工、皮工等五个工种,一句话,各种各样的鸟儿都鸟尽其材,物尽其用,各司其职,协调活动。因此,一到开会的时间,百鸟齐鸣,一时间,莺歌燕语,嘈嘈杂杂。有轻盈灵巧的麻雀,有五彩斑斓的凤凰,有普普通通的喜鹊,也有引人注目的孔雀。而一国之君少昊就根据诸鸟的汇报来论功行赏,论过行罚,一切都显得那么井井有条。百鸟们无不感激少昊的慈爱和德政,无不佩服少昊的智能和才华。

关于这段传说,吴玉丽教授在《从古文字看先民的美意识与图腾崇拜》一文也有提及,她说:"百鸟之王少昊,名挚,是一只鸷鸟,更是鸟崇拜最典型的氏族部落,在其氏族部落内,各氏族全以鸟为名,《左传·昭公十七年》:"我高祖少皞挚之立也,凤鸟适至,故纪于鸟,为鸟师而鸟名。凤鸟氏,历正也;玄鸟氏,司分者也;伯赵氏,司至者也;青鸟氏、司启者也;丹鸟氏,司闭者也。祝鸠氏,司徒也;鴡鸠氏,司马也;鸤鸠氏,司空也;爽鸠氏,司寇也;鹘鸠氏,司事也;五鸠,鸠民者也。五雉的五工正、利器用、正度量、夷民者也。九扈,

35

为九农正、扈民无谣者也。"自称为少昊后代的郯子把上述传说归化为历史，固然不足为信，但作为反映少昊之国丰富多彩的鸟图腾崇拜，则是确信无疑的。而且，根据考古发现并证实，鸤鸠为布谷，爽鸠为鹰，鹘鸠为乌、枭、雕。当时，以鸷鸟为图腾的少昊之国，征服并包容了分别以凤鸟、玄鸟、伯赵鸟、青鸟、丹鸟、五鸠、五雉、九扈等鸟类为图腾的大小部落（氏族），并给各部落（氏族）首领按其势力和特氏分别授予不同权限和职能的官衔，共同管理天下政事。

大海里飘起的琴声

少昊见百鸟之国到处呈现繁荣向上的景象，十分欣慰。他为了百鸟之国更加兴旺发达，便请来年幼聪敏、很有才干的侄儿颛顼帮助料理朝政。颛顼不负众望，干得很出色，深得叔父的赏识。少昊见侄子常常累得嫩脸上挂着汗珠，于心不忍，就将父亲传下来的那张琴搬出来，手把手教颛顼弹奏，以便使侄子提神和娱乐。

颛顼聪慧好学，很快就成为抚琴高手。他的精湛琴艺赢得了百鸟的齐声喝彩，自然而然地超过了叔父少昊。几年后，颛顼长大成人，便要回到自己的国家，最后他成为了北方的帝王。颛顼一离开，少昊便觉得空荡荡的，心里别提有多寂寞了。每当看到那琴，只能给他增添思念和烦恼。他觉得物在人已去，离愁难消。于是，他便拿起琴扔进了东海。从此，每当更深夜静、月朗星稀的时候，那平静的海面便飘荡着婉转悠扬、凄凄切切的琴声，让人流连忘返，惊叹不已。

少昊墓之谜

目前位于山东曲阜的少昊墓地，拥有典型的苏美尔神庙结构，即在台式金字塔的顶部架设神庙。该陵墓外部全部以青石堆叠。宋代大

 篇一　从上古飘来的帝王范儿

中祥符五年（1012年），此地兴建了景灵宫，但金字塔究竟建于何时，目前已无从考证。中国古代墓葬从未出现过此类金字塔样式，这个所谓的"少昊之墓"究竟是什么来历，至今没有令人信服的结论。

北方的天帝颛顼

颛顼是我国古代神话传说中的北方天帝。历史记载，颛顼本姓姬，是轩辕黄帝的孙子，昌意之子，生于若水（今四川省渡口一带），实居穷桑，其母女枢因感"瑶光"而生，10岁而佐少昊，20而登帝位，初封高阳（今河北高阳县东），都于帝丘（今濮阳县西南），号为高阳氏，列为五帝之一，是一位有文治之功的帝王。在位期间创制九州，使中国首次有了版图界线；建立统治机构，定婚姻，制嫁娶，研究男女有别，长幼有序；针对巫术盛行之风，下令民间禁绝巫教；改革甲历，定下四季和二十四节气，后人推戴他为"历宗"。

颛顼自幼聪敏睿智，有圣人风度。年仅10岁时，颛顼便成为氏族酋长，率领他的氏族东迁到少昊东夷部落所在地穷桑地区（今山东曲阜一带），并得到叔父少昊的信任。颛顼氏族与少昊部落中的黄夷等子氏族结成婚姻氏族，颛顼成为少昊的得力助手和辅弼大臣。8年之后，少昊去世，年仅20岁的颛顼以华夏族人继承了少昊的部落联盟领袖之位。不久，颛顼又将氏族内迁中原，他自己又承继祖父黄帝所担任的中原华夏部落联盟的大首领。这时，颛顼一人身兼华夏与东夷两个部落联盟的领神，促进了华夏与东夷的大融合。许多少昊的子孙氏族都跟随颛顼从山东半岛内迁中原，有的继续保持与颛顼氏族的婚姻关系，有的甚至被融合加入了颛顼氏族，黄夷就是这样一支氏族。史

37

书上说，颛顼即位后，"惟天之合，正风乃行，其音若熙熙凄凄锵锵"（《吕氏春秋·古乐》）。颛顼很喜欢这些声音，于是令飞龙依效八风之音，创作古乐叫《承云》。其实，八风就是八种凤鸟，正是东夷各种鸟氏族的象征。看来颛顼颇得东夷鸟族民心，鸟夷才会欢欣鼓舞。颛顼去世后，葬在北方附禺之山。《山海经·大荒北经》说："东北海之外，大荒之中，河水之间，附禺之山，帝颛顼与九嫔葬焉。爰有……鸢鸟、皇鸟……青鸟、琅鸟、玄鸟、黄鸟……皆出卫于山。"可见，以皇鸟、黄鸟为图腾的黄夷也和许多东夷鸟族跟随颛顼来到了北方，并守卫颛顼的墓丘。颛顼死后，被人们尊为北方之神。在五行术中，北方与黑、水相配，因此典籍又称颛顼为黑帝、水神。

生前死后心系黎民

传说中，内黄西南一带有个黄水怪，经常口吐黄水淹没农田、冲毁房屋。颛顼听说后就决心降服它，可黄水怪神通广大，二人激战九九八十一天不分胜败。颛顼便上天求女娲神帮忙。女娲借来天王宝剑交给颛顼并教他使用方法。颛顼用天王宝剑打败了黄水怪。为了给人间造福，他用天王宝剑把大沙岗变成了一座山，取名付禺山，又用剑在山旁划一道河，取名硝河。从此这里有山有水，林茂粮丰，人们过上了好日子。

颛顼在当地人民心中的位置很高，被尊称为"高王爷"。传说颛顼生前惩治黄水怪，死后仍可退水救民。相传，有一天高王爷显灵，变成一位白发苍苍的老人坐在高王庙的台阶上闭目养神。不久天降大雨，洪水滚滚而来，田毁庄淹。洪水流到白发老人的面前不再向前流了，从水中钻出了两个非人非兽的怪物。白发老人一挥手，怪物乖乖地沉下水去，随后，洪水慢慢地退走了。高王庙一带避免了一场洪水灾。

李氏祖先——大业

相传，颛顼生有儿子大业，大业生子女华，女华再生子皋陶，传说皋陶也叫咎繇，是上古东夷族首领少昊氏的曾孙，生于曲阜（今属山东省），曾继任东夷族的首领，因曲阜为偃地，所以被赐为偃姓。父系氏族社会后期，尧为部落联盟领袖，曾选拔皋陶帮助治理天下；舜继尧为部落联盟领袖后，任命皋陶为大理。大理也叫作"士"，是古时掌管刑狱的官，后来又称为理官。皋陶以善理刑狱著称于世，曾制定墨、劓、剕、宫、大辟5种刑罚，根据犯罪者所犯罪行的性质、情节等进行公平处理，使天下人信服，因而安定了社会秩序。禹继舜为部落联盟领袖后，认为皋陶最贤能，准备让皋陶做自己的继承人，可是还未来得及禅让，皋陶就病逝了。

皋陶的子孙，世袭大理之职，到了商代，便以官职命名本族姓氏，称为理氏。为什么称为氏而不称为姓呢？原来先秦时的姓与氏，既有着十分密切的关系，又是两个不同的概念。姓起源于原始社会的母系氏族制时期，与先民们的图腾崇拜有关。母系氏族公社初期的人，以为每个氏族都与某种动物、植物有某种血缘关系，往往以此作为本氏族的名称，即氏族的徽号，这就是图腾。"图腾"系印第安语，意为"他的亲族"。有些图腾，后来转化为人的姓。由于那时的子女只知道母亲而不知父亲是谁，所以姓是代表有共同血缘关系的氏族称号，也就是说，一个氏族名下的成员都出自一个母系祖先。"姓"字最早的形体是由"人"和"生"组成，意思是人所生，因生而为姓；后来变为由"女"与"生"组成，意思是女子所生为姓，生而有姓。因此，中国早期的许多古姓，如姬、姒、妫、姜、嬴等，都带有"女"字。氏起源于父氏族社会，是姓衍生的分支，为古代贵族标志宗族系统的称号，也就是说，只有贵族才能称氏。姓是决定能不能通婚的依据——同姓不能结婚，氏是用来区别贵贱的。战国时期，随着奴隶制宗法制度的崩溃，姓与氏已无什么区别，姓氏成为表明个人及所生家族的符号。从此以后，或说姓，或说氏，或兼说姓氏，都是一个意思，即实际是专指姓。

商朝末年，纣王暴虐无道，沉湎女色，使诸侯和百姓都很怨恨。皋陶后裔有个叫理征的人，出于一片忠心，直爽地说出纣王的错误，劝他改正，结果惹恼了纣王而被杀害。理征的妻子契和氏听到消息后，便带着年幼的儿子利贞外出逃难。契和氏本是陈国（今河南省淮阳）人，想逃回娘家，又怕连累娘家人，于是便往豫西逃，当走到今河南西部伊河流域的"伊侯之墟"（也就是伊侯曾经居住过而后已经荒废了的地方）时，母子二人饥饿难忍，疲惫不堪，尤其是小利贞，饿得奄奄一息。可是，这一带荒无人烟，又怎能找到食物呢？幸好契和氏发现附近的树上结有一些"木子"，于是便采下来吃。就这样，母子二人靠吃野果保全了性命。然后，他们又到豫东，在离淮阳不太远的苦县（治所在今河南鹿邑县东）安家落户。为了感激"木子"的保命之功，同时也为了躲避纣王的追缉，又因理、李同音通用的缘故，自利贞开始改理氏为李氏。

颛顼性别之辩

自古以来的史书一般都认为颛顼是男性。《大戴礼记·帝系》则讲得更有根有据，说颛顼娶有妻子女禄。因此，现代人所编写的古代神话也就继承了这种说法。

但是，也有人认为颛顼是女性。有人说，颛顼即高阳氏，为楚族的远祖。在古代，受后人典祠的主婚媾之神——高禖，一般都由部族的高祖妣担任。如夏人的高祖妣是女娲，殷族的高祖妣是简狄，周族的高祖妣是姜嫄等。从记载来看，高禖（高祖妣）均无夫生子，可见其均

 篇一 从上古飘来的帝王范儿

为女性,而颛顼正是楚族的高祖妣。《山海经·大荒西经》说:"有鱼偏枯,名曰鱼妇。颛顼死即复苏,风道北来,天乃大水泉,蛇乃化为鱼,是为鱼妇。"很多人认为,颛顼死后所化成的"鱼妇",就是传说中的"美人鱼",其上身为美妇人,下身为鱼,这又是颛顼为女性的一个例证。此外,古本《竹书纪年》、《世本》和《大戴礼记·帝系》均说"颛顼产(伯)鲧"。既能生子,理所当然是女性。据此《颛顼为女性考》的作者龚维英认为:"在母系氏族社会里,女性的神祇与人王(酋长)应该是很多的,但在中国古代神话中却只有女娲、西王母等寥寥几位,其原因就是因为在父权制度代替了母权制度后,为了彰明父权的永恒性,女性神祇亦纷纷转化为男性。因此,史籍中的男性颛顼正是要迎合男性社会的需要而被改造了的女性神祇。"(见《华南师院学报》1981年第3期。)

关于颛顼的性别问题,争议早已有之。1935年,闻一多先生在《清华学报》(第十卷第四期)上发表了《高唐神女传说之分析》一文,对楚人先祖为女性问题曾作过一番研究。他说:"夏商周三民族都以其先妣为高禖,想来楚民族不会是例外。因此,我认为楚人所祀为高禖的那位高唐神,必定也就是他们那'厥初生民'的始祖高阳,而高阳则本是女性。"但闻先生把颛顼与高阳判为两人,认为楚人的先妣"不是帝颛顼,而是他的妻子女禄"。那为什么会出现视男为女的情况呢?因为在母系社会,是男子出嫁到女家并取用女方的姓氏,转变到父系社会后,人们只认为一切主权都是操纵在男子手中的,因此闹出了"把'生民'的主权也移归给男人"的滑稽来。闻先生是坚持颛顼是男性的(见《闻一多全集》第1卷)。对于《山海经·大荒西经》中所说的颛顼死后化为"鱼妇"之事,著名神话学家袁珂也作了解释,他说,颛顼化为"鱼妇","意思大约是说鱼做了他的妻子,救活了他的性命吧"(《中国神话传说》上册)。

但时至今日,在颛顼性别的结论上,仍各执一端,其关键在于:

颛顼与高阳是否为一人？女禄为颛顼妻的记载是否可信？"鱼妇"是不是"美人鱼"？判明这些问题，颛顼的性别自会释然。

帝喾子嗣皆不凡

帝喾，姓姬，号高辛氏，是黄帝曾孙，玄嚣孙子，父亲叫矫极，颛顼是他的堂房伯父。相传帝喾生于穷桑，帝喾少小聪明好学，十二三岁便有盛名，十五而佐颛顼，封有辛地方（今河南商丘），实住帝丘（今濮阳），三十而得帝位，迁都亳邑（今河南偃师县西南），在位七十年，享寿百岁，死后葬于商丘市睢阳区南25公里的高辛集（另一说法帝喾死后葬于濮阳顿丘城南台阴野之秋山）。

帝喾即帝位后，"聪以知远，明以察微。顺天之义，知民之急。仁而威，惠而信，修身而天下服"。他在位期间，天下大治，人民安居乐业。著名文学家曹植曾作《帝喾赞》以颂之："祖自轩辕，玄嚣之裔，生言其名。木德治世。抚宁天地，神圣灵宾，教讫四海，明并日明。"后世赞曰：木德而王，是为青帝。

帝喾系和颛顼系是黄帝家族著名的两大系属，中国当代汉族姓氏多数来自这两大系属。国学大师范文澜先生在《中国通史简编》中写道："汉以前人相信黄帝、颛顼、帝喾三人为华族祖先，当是事实。"

高辛氏的由来

传说，高辛氏原来不叫高辛氏，他姓姬名俊，从小就十分聪明，遇事很有办法。颛顼在位时，九个国家来争夺中原，造成天下大乱，

 | 篇一 从上古飘来的帝王范儿 |

颛顼起初只知道硬打硬拼，结果老是不能战胜敌人。后来，他听说姬俊聪明多智，就请姬俊帮助他出点子。姬俊说："九个国家齐来攻打我们，我们如果跟他们硬打硬拼，必然顾此失彼。难以取胜。"颛顼说："依你之见呢？"姬俊说："九国敌人都想独吞我们的地盘，他们彼此之间必然互不相让。我们若能叫他们之间互相打起来，不就好平灭了吗？"颛顼一想：对呀！姬俊想这个办法就是好。于是就派人分别到九国敌人中挑拨他们的关系，很快使他们彼此发起了战争。后来，颛顼没费多大气力就平灭了九国之乱。颛顼看姬俊有能耐，就把他封在"辛"这个地方掌管一切。那时，这儿经常闹水灾。水来了，老百姓就往另一地方迁徙。而重新迁徙的地方又闹了水灾，老百姓便又重新迁回来。这样迁来迁去，老是不能安居乐业。姬俊又想了一个办法：带领大家把住处的地势加高。但是加高的速度却赶不上水涨的速度。头天加高的，第二天又被水淹没了。夜里，姬俊睡不着，便跑到天上跟天帝辩理说："天既然生了人，为什么又故意与人们为难，不叫人们活下去呢？"天帝辩不过他，便派天神下来，一下子把"辛"这个地方的地势抬到了水面以上。这儿的老百姓再也不被洪水赶得乱跑了。从此，"辛"便被称为"高辛"，姬俊便被称为"高辛氏"。

后来，颛顼见高辛氏的确才高智广，能给人民办好事，就把自己的皇位让给了他。从此，高辛氏代替颛顼做了天子，称号帝喾王。因为帝喾王对人民仁爱，所以人们都敬重他。他死后人们把他葬在高辛这片土地上，这便是高辛氏与帝喾陵的由来。

子嗣皆不凡，人丁最兴旺

传说帝喾有四妃，长妃叫姜原，是有邰国君的女儿。相传姜原在娘家时，因出外踏上巨人脚印而怀孕，因无夫生子，所以把生下的孩子三次弃于深巷、荒林与寒冰上，均得牛羊虎豹百鸟保护不死，所以

43

起名叫"弃",后来长大喜欢农艺,教人种五谷,被尊为后稷,成为周民族的祖先。

次妃简狄,是有娀国君的女儿。相传简狄在娘家与其妹子建疵在春分时到玄池温泉洗浴,有燕子飞过,留下一卵,被简狄吞吃,后怀孕生契,便是商族的祖先。

三妃庆都,相传她是大帝的女儿,生于斗维之野(大概在今河北蓟县),被陈锋氏妇人收养,陈锋氏死后又被尹长孺收养。后庆都随养父尹长孺到今濮阳来。因庆都头上始终覆盖一朵黄云,被认为是奇女,帝喾母闻之,劝帝喾纳为妃,后生尧。现濮阳有庆祖,原名叫庆都,立有庆都庙,此地名是否与庆都来濮阳有关,未见史书记载。

四妃常仪,聪明美丽,发长垂足,先生一女叫帝女,后生一子叫挚。挚与尧都继承了王位,做了帝王。

关于帝喾还有这样两个传说:

帝喾有一个妃子,是邹屠氏的女儿。当初,在黄帝战胜了蚩尤之后,就把天下所有的坏人流放到了寒冷荒凉的北方,把好人搬到了邹屠这个地方,让他们聚居在一起。邹屠氏女便是这些好人当中最好的一个人,她像雪一样的圣洁,走起路来从不沾地,更不要说染上什么尘土了。她总是轻轻地像飘在空中的云彩一样,很恬静地来回飘动,经常遨游在伊水和洛水的上空,时常飘落下来,在水边嬉戏,无忧无虑。帝喾遇到这样非凡美丽的女子,当然没有错过,就把她娶了来。邹屠氏女跟帝喾才过了不久,就做着很奇怪的梦,每次做梦都是同样内容,并且每做完一次梦就生下一个儿子。一连做了八个梦,邹屠氏女生下了八个神奇的儿子。这八个儿子,从出生时起就精通音律,善于奏乐,各有各的专长。他们长大了之后,成了天上的八个乐神。

帝喾还有这样两个儿子,阏伯和实沉。这两兄弟十分不和睦,只要一见面,无缘无故就大打出手,每次都是头破血流,还不断寻衅厮杀。帝喾不管怎样劝说教育这两个儿子,可是他们仍然我行我素,把

 | 篇一 从上古飘来的帝王范儿 |

父亲的话当成耳边风，只要帝喾一走开，他们两个就是水火不容，拼个你死我活。帝喾为此伤透了脑筋，没有任何的办法，最后不得不把他们分开。于是，帝喾把阏伯派往商丘，让他主管东方的商这颗星星，又派实沉到西边的大夏去管西边天空的参这颗星星。参与商在天空中正好遥遥相对，而且永远不能同时出现在一块。一个升起的时候，另外一个就落下去了。

他们此起彼落，再也不能见面，也就再也不会争吵了。

在上古帝王中，帝喾一脉最为人丁兴旺。特别是500年的商朝、800年的周朝，400多年的汉朝是帝喾后裔繁衍发展的高峰。这段时期正是中华姓氏产生发展的黄金时期，所以在中华姓氏中帝喾后裔姓氏分支繁多。据考证，帝喾一脉中，子契繁衍400多个姓氏，子后稷繁衍1000多个姓氏，子尧繁衍60多个姓氏，帝喾后裔繁衍古今姓氏有据可查的合计达1500多个。粗略统计当今全国300个大姓，帝喾后裔有王、刘、杨、周、吴等131种姓氏，其后裔主要散布在长江南北地区，大约占全国总人口的43%。

平房王，结三苗

传说高辛氏女嫁盘瓠（五色犬），而繁衍后代。历史的真实是：盘瓠即盘古族，是以灵犬为图腾的古老氏族。在伏羲时为东夷的畎夷，属太昊的裔支。参与了蚩尤、少昊东夷联盟对黄帝族作战，蚩尤兵败时，畎夷为蚩尤通风报信，并掩护蚩尤撤退。后来也受到黄帝氏族的打击，失去领地，与娵訾氏或邹屠氏相依，受到保护，成为高辛氏的外戚。后来文献或传说中的畎夷、犬封、犬戎、狗王、犬王、狗明王、盘王、狗皇、高皇、盘瓠王等都为盘古氏，盘瓠之后裔。

高辛氏时，防王（房王）吴将军是吴地的首领或是封豨氏、防风氏在吴地防国的国王。封豨氏又称豨韦氏、豕韦氏、室韦氏，凤即东夷中的风夷,稀、风两方合婚的子裔为防风氏,防姓又为方夷。防风有凿齿之俗（古称凿齿民）。当时,防王政权是与高辛氏并立的两个政权。防王文化已是极为发达的良渚玉器文化。其图腾是以封豨和阳鸟凤凰为主。太湖地区的防王向北方发展或者是"问鼎中原",当时就有了"防王作乱,数侵边境"之事,此时,高辛氏已迁都舞阳,被防王追击,又再迁淮阳宛丘,防王在舞阳建吴城。于是又才有高辛氏募天下,以千金、万金和家女换防王吴将军首级之说。

因此,在濮水的盘瓠氏应征,带领獒犬潜入吴台防王吴将军大营诈降,乘防王大醉,獒犬取防王头献与高辛,高辛以其第三女配盘瓠,封定界侯,封地在大茅山。濮伯布洛陀率众南下,防王吴军大败,布洛陀攻下会稽,重新有了领地,开始垦荒岭南,艰苦创业。传说"盘瓠负帝女入南山"缘于此。

由于畎夷布洛陀助高辛氏建奇功,因此,到南方后被免除徭役赋税,族众自称为"勉（免）"、"莫徭"、"没徭",其居地名瑶山（今浙江余杭良诸徭山）,裔民称"瑶民"、"摇民"。由于平地已为防风氏开发占领,故畎夷盘瓠氏只有去开辟山野丘陵地。畎夷盘瓠民由于免交租赋,又不受关梁限制,所以氏族很快发达兴旺起来,后来从会稽又向西南发展,又进入长江中游的湖北、湖南、江西而汇集于长沙武陵地区,与蚩尤氏、祝融氏共同开创了屈家岭文化和大溪文化,形成了古三苗国大联盟,雄据江南。对同时代的尧、舜、禹政权是一个很大的威胁,这才引发了尧、舜、禹时代的对夷、濮、越的大规模战争。

关于宋朝的传说

帝喾祠修建于汉,在元明又经多次修复。其殿宇雄伟壮观,松柏苍郁,碑碣林立。庙堂内中央有一口古井。梁上绘有彩龙,彩龙映入井中,栩栩如生。相传大旱之年求雨多有灵验,所以被人们誉为"灵井"。

篇一 从上古飘来的帝王范儿

相传赵匡胤不得志时，去北方投奔郭威，路过帝喾陵，抽签问卜，当有天子命。后来他果然在商丘当了归德节度使而发迹。赵匡胤登基后，因商丘是西周时的宋国，又是后来的宋州，而定国号为"宋"。

功业垂千古，造福亿万民

一、五正之制：以勾芒氏（即重氏）为木正，以祝融氏（重黎氏）为火正，以蓐收氏为金正，以玄冥氏为水正，以后土氏为土正。勾芒氏专事天文历法，主祭东方和春季之神；祝融氏主事农业，主祭南方和夏季之神；蓐收氏为少昊氏古老的一支，主管刑罚，主祭西方和秋季之神；玄冥氏，主事水利，主祭北方和冬季之神；后土氏，女娲氏的一个主要支部，地位高于前四者，可以说是统管。

二、定节气：帝喾以前，人们虽有一年四季的概念，但只是日出而作，日落而息，从事农艺畜牧没有一个科学的时辰顺序，严重制约了农业发展和人们生活质量的提高。因此，帝喾"爻策占验推算历法，穷极变化，颁告天下"。《大戴礼·五帝德》说他"夜观北斗，尽观日，作历弦、望、晦、朔、迎日推策"，或"观北斗四时指向，以定节气；观天干以定周天历度"，科学探索天象，物候变化规律，划分四时节令，指导人们按照节令从事农畜活动，极大地促进了社会生产力的发展，使华夏农业出现一次伟大的革命，农耕文明走进了一个崭新的时代。

传说帝喾还能操纵星辰，用以掌握时间季节的变化，指导人们的生产生活。帝喾非常喜好音乐，他叫乐师咸黑制作了九招、六列、六英等歌曲，又命乐垂作鼙鼓、钟、磐等乐器。宫女跳舞时，穿着五彩衣裳，伴奏这样优美的曲子，奏起各种乐器，把天上的凤凰、大翟等许多名贵的仙鸟都吸引来了，跟这些宫女们一起蹁跹起舞。

帝喾时代可谓上古时期的太平盛世。他的治国方略是："德莫于博爱于人，政莫高于博利于人。政莫于大信，治莫于大仁。"强调以诚信、仁德使天下治。所以《史记》说他"普施利物，聪以知远，明以察微，顺天之义，知民之急，仁而威，惠而信，修身而天下服……日月所照，风雨所至，莫不服从"。帝喾作为一代帝王，不仅能养性自律，大公无私，而且倡导诚信，明察善恶，为天下人所景仰，为历代帝王所推崇，时至今日，仍有积极意义。

大哉尧之为君也

史载，帝喾传位于挚，尧本名放勋，与挚异母兄弟。放勋15岁时被封为唐侯，他在唐地与百姓同甘共苦，发展农业，妥善处理各类政务，把唐地治理得井井有条，不仅受到百姓的拥戴，而且得到不少部族首领的赞许。可是帝挚却没什么突出的政绩，各部族首领也就亲放勋而疏远挚。帝挚九年，挚亲率官员到唐将帝位禅于放勋，放勋即帝位，帝号尧，因初封于唐，即以唐为朝代号，这是中国历史上第一个朝代号，后人称其为唐尧。唐尧即位后，顺应了人类文明的发展，为政勤慎俭朴，定历法，施德政，抗天灾，建国制，选贤能，政绩卓著。

唐尧当政初期，天文历法还很不完善，百姓经常耽误农时，因此尧就组织专门人员总结前人的经验，令羲、和两族掌天文，根据日月星辰运行等天象和自然物候来推定时日，测定了四季，又以月亮一周期为一月，太阳一周期为一年，一年定为三百六十六天，这是有记载的我国最早的历法，奠定了我国农历的基础。

尧当政后生活依然非常俭朴，住茅草屋，喝野菜汤，穿用葛藤织就的粗布衣，时刻注意倾听百姓们的意见。他在简陋的宫门前设了一张

 篇一 从上古飘来的帝王范儿

"欲谏之鼓",谁要是对他或国家提什么意见或建议,随时可以击打这面鼓,尧听到鼓声,立刻接见,认真听取来人的意见。为方便民众找到朝廷,他还让人在交通要道设立"诽谤之木",即埋上一根木柱,木柱旁有人看守,民众有意见,可以向看守人陈述,如来人愿去朝廷,看守人会给予指引。由于能及时听到民众的意见,尧对百姓的疾苦就非常了解。

尧执政初期,还没有基本的国家制度,国家只是部落联合体,非常松散,不利于国家的统一管理,所以在尧积累了一定的施政经验后,开始建立国家政治制度,其中很重要的一条就是按各种政务任命官员,在我国历史上第一次建立较为系统的政治制度,为奴隶制国家的产生奠定了基础。

关于帝尧的传说,历史记载非常之多。

赤龙之子

传说帝尧母亲庆都是伊耆侯的闺女,成婚以后仍留住娘家。这年春正月末,伊耆侯老两口儿带着庆都坐上小船游览观光于三河之上。正午时分,忽然刮起一阵狂风,迎面天上卷来一朵红云,在小船上形成龙卷风,仿佛这旋风里有一条赤龙在飞舞。老两口儿惊恐万状,可再看女儿庆都,却若无其事地冲着那条赤龙笑呢。傍晚时,风住云散,赤龙也不见了。第二天搭船返回途中,又刮起大风,卷来红云又出现了那条赤龙,不过形体小了些,长约一丈。因为它并未肆虐加害于人,老两口儿也就不怎么害怕了。

晚上,老两口儿睡了,可庆都却睡不着。她闭着双眼还不由得抿着嘴发笑。朦胧中阴风四合,赤龙扑上她身,她迷糊了。醒来时身上还留下腥臭的涎水沫子,身旁留下一张沾满涎水沫的画儿,上面画着一个红色的人像,脸形上锐下丰满,八采眉,长头发,上书:亦受天

49

佑。她将这图画藏了起来，从此以后，庆都就怀孕了。她住在丹陵，过了十四个月，生下一个儿子。庆都拿出赤龙留下的图文一看，儿子生得和图上画的人一模一样。帝喾闻报庆都为他生了儿子，本该高兴，岂料他的母亲恰在这个儿子降生的时候去世了。帝喾是个孝子，为母亲的去世哭得成了泪人儿，哪里还会有高兴的心情呢。他为母亲一连服孝三年，也顾不上庆都和儿子的事。庆都带着儿子住在娘家，直把儿子抚养到10岁才让他回到父亲的身边。这个孩子就是后来的帝尧。所以帝尧小时先随外祖父家的姓为伊祁（耆）氏，后又称陶唐氏。

母子力除黑风妖

传说平阳北有一条涝河，它发源于浮山东北的牛首山下，古代这里多黑风，刮得山黑水黑，故牛首山又称为乌岭或黑山，涝水也称为黑水了。黑水和城西河水马台河汇合以后，到郭行一带峡谷水流湍急，洪水季节，河水猛涨，横溢两岸，常常造成灾害。传说黑水上有个黑风女妖作怪，兴风作浪，涝水狂涨，淹没附近的良田村庄。女妖走时（干旱季节），如发地震，地动山摇，涝河干涸，滴水不留。帝尧为了解除百姓疾苦，带领一班人马前往治水消除妖灾。尧一行来到郭行，女妖已走，遍地干旱，人困马乏，连一滴水也找不到。大家正愁着缺水的事，尧的坐骑一匹大白马，仰首长嘶，用蹄子在一块方形的岩石上，哒、哒、哒，连刨三下，石头上火星四溅，崩出一个马蹄形石坑，那马又低下头，鼻子冒气低鸣了三声，立即一股子清水从石缝中冒出来，哗、哗、哗，一阵儿便成了一个清水泉，大家一见，喜出望外，争相品尝这甘甜的清凉水。这就是马刨泉（尧陵一景）的来历，至今泉边石头上的马蹄印仍依稀可见。帝尧一行解了焦渴正往前走，忽然黑风刮起，飞沙走石，天昏地暗，大雨倾盆，河谷口一带山崩，堵住了水路。郭行口往上，洪水汪洋，眼看村子被淹。尧立即组织当地百姓和他的随从护卫人员一起,在谷口挖土刨石,扒开一个口子,放蓄积的洪水流走,为郭行一带的百姓免除一场大水灾。洪水泄去以后,河水奔流,两岸往来不便,尧决定在河道上架起一座石桥,并要求三日内建成。大伙奋战三天三夜,第四天凌晨,石桥巍然屹立在黑水河上。尧王和大伙一起欢呼胜利。突然间,风起云涌,下起瓢泼大雨,顿时洪水奔腾,大浪翻滚,猛冲新桥,女妖在空中露出狰狞的面孔嘲笑。尧无奈之际,将金丹灵珠吐出来赶走女妖,将灵珠安放在桥上镇住石桥。从此,不管有多大的洪水,也淹不了、冲不垮这座石桥,尧却由于吐出灵珠,大伤元气,病倒在床。

黑风女妖未除,帝尧放心不下。在郭行村边,涝河旁边有个山丘,人称姻堆里。姻堆里下部,有一山洞,一直通到霍山脚下,黑风妖便钻在这个山洞里。原来这个洞清风徐徐,沁人心脾,百姓劳动过后,多来这个洞口歇凉,浑身清爽,人称清风洞。自从这个洞钻进黑风妖以后,时而兴风作浪,毁坏村庄田园;时而化为牛头马面,口吐黑风,伤害人畜;时而化为妖女,深吸一口气,将人吸进肚里,弄得附近的人日夜不宁,四散逃离,田园荒芜,阻断交通。民谣说:"清风洞变成黑风洞,黑风洞里宿妖精;倒吸一口气,人畜不见影。凉爽地变成吃人坑,弄得路断行人,民不聊生。"帝尧闻报,带病与大家商议降妖除害。尧母见儿子积劳成疾,十分心痛,便自告奋勇愿降妖除害,为儿分忧。这天是六月初十日,尧母手执桃符,面对太阳注目凝神,深吸三口气,转向洞口,用神咒封住洞口,又在洞口日夜守候了三个月。说也奇怪,黑风妖再也没敢出来作怪。后来从霍山一带传来消息,说有一股黑风从霍山脚下洞口中冲出去,化为乌有。从此,黑风洞又恢复清风洞的名称,逃走的人们,又陆续回到家园。人们托帝尧母子的洪福,过上了安宁日子,帝尧老母告别百姓要回平阳,方圆数十里的男女老少都来跪在地上,苦苦哀求老人家留下住些日子,大家也想尽一点报答心意。尧母决定留住些天,与百姓同享欢乐。百姓们高兴地尊称尧母为尧姑,将姻堆里改名为姑德里,修建一座"尧姑庙",每年六月初十日,方圆各村百姓献牲歌舞,永世纪念尧母恩德,帝尧也骑马按期来观看歌舞,离庙五里以外就下马步行,后人便称这个村为下马庄,拴过马的石头称拴马桩。尧还到东山一带(今浮山县)巡视,步行到尧姑庙五里以外才上马,后人称这个上马垫脚的石块为上马台,村称马台村。

姑射山中结仙缘

相传,鹿仙女生得肌肤若冰雪,体态娇艳,俨然绰约处子。她心地善良,好济困扶危,为民除害。仙洞沟附近黑龙潭中,潜伏一条黑龙,经常兴风作浪,惊扰行人,还溯河而上到鹿沟一带伤害鹿群。鹿仙女顾念百姓的安全和鹿群的生存,决心制服黑龙。一天她来到黑龙潭边,向黑龙挑战,黑龙从潭中奋身腾跃而起,张牙舞爪,直奔仙女。鹿仙女伸手向黑龙一指,黑龙一下子瘫软地陷在河滩上,向鹿仙女求饶,表示愿终身为仙女效劳。鹿仙女饶它不死,将它关押在黑龙洞里,变为自己驾乘的坐骑。从此,黑龙对仙洞沟一带生灵的危害始得解除。

帝尧受命于危难之时,先是"十日并出",禾稼焦枯,继而洪水泛滥,淹没田园,各地部落方国,割据称雄,独霸一方。帝尧依靠后羿等部落方国领袖的支持,削平群雄,重新统一中原,率领群众与水旱灾害作斗争,万民称颂。一天,他到仙洞牧马坡巡视,同牧民谈论畜牧之道,牧民们顺便也讲述了鹿仙女为民除害的故事。正说之间,忽见一位仙女凌空飘然向仙洞而去,众牧民惊喜地指给帝尧说,那就是被称为姑射神女的鹿仙女。帝尧回尧都以后,鹿仙女的形象一直浮现于他的脑海里,萦绕在他的心头。夜里梦见鹿仙女飘飘然从天而降,凝目含笑,向他走来,与他并肩携手,互诉衷情,驾云凌空同游。帝尧微服到姑射山访察,走到仙洞,远远看见林边草坪上有一个青年女

 篇一 从上古飘来的帝王范儿

子翩翩起舞,婀娜多姿,忽儿腾空,忽儿遁地,穿石如入虚,履空如平地,身边有一只小鹿陪伴着她。帝尧心想,她一定是鹿仙女了,于是箭步上前,向她打躬施礼。不意她竟未答话,抽身躲到一棵松树后边,面含娇羞地装作用木梳梳头。待尧将走近时,她将木梳往这株树上一扎,又转到另一株树后边嬉笑着。帝尧也嬉笑着追赶,不觉来到一个僻静处,猛然从山谷蹿出一条巨蟒,口吐红信,目光瞵瞵,昂首向尧扑来,帝尧后退不及,被地上的草丛绊倒。在这危急时刻,鹿仙女见状,折身一个箭步跳到帝尧身前护挡住他,倾手一指,只见那巨蟒浑身颤抖,瘫痪在地,按照指令,回身向山谷退去。这蟒是由黑虎仙幻化而成,意欲加害帝尧。帝尧惊恐之余,一再拱手感激鹿仙女救命之恩。二人相随回仙洞途中,互相倾诉衷情,情投意合。

当晚帝尧留住仙洞。第二天鹿仙女领着帝尧游山观景,鹿仙女指着闪闪发光的大镜石说:"我常常对着它照面整容。"走到涧沟下的石台边,鹿仙女说她"常坐在这台上梳理头髻,大家传为我的梳妆台"。她向对面岸上的层层石阶一指,说她经常从那里拾阶而上,人称仙梯。她说她经常骑黑龙去后沟的龙须瀑沐浴戏水,她又说:"我喜欢这神奇的大自然,喜欢自由自在地生活,但从见到你以后,我打内心里敬佩你匡扶天下的大志,甘愿扶助你光大帝业。"帝尧听后,十分欣慰,表示愿作比翼鸟和鸣齐飞。二人遂订立婚约,择定吉期成婚。帝尧与鹿仙女双方结鸾俦于仙洞之中,以洞为新房,对面的蜡烛山上光华耀眼,照得南仙洞如同白昼一般。后来人们便称这新婚之夜为"洞房花烛夜"。

帝尧婚后忙于治理国事,鹿仙女也经常关照牧马场的事。第二年鹿仙女生了一个男孩,尧很高兴,为他起名为"朱"。鹿仙女抚育儿子,渐渐成长。听说一只巨蟒在牧马滩吞食牧民,她想一定又是那黑虎仙在兴妖作怪。于是决心降服那只恶蟒。她从牧马滩追赶那蟒,跟踪来到梳妆台下,那蟒正要回身,鹿仙女纵身一跃,用剑直刺入那蟒

53

的喉咙，巨蟒被刺身亡，黑虎脱身而去，后来那里留下了巨蟒窟。黑虎仙愈加忌恨鹿仙女，想方设法要加害鹿仙女。鹿仙女只得向天帝告发。天帝派天兵天将捉拿黑虎仙，将黑虎仙压在乎阳东南的山丘之下，是为卧虎山。天帝同时又罚鹿仙女与帝尧割断尘缘，鹿仙女无奈，将幼年的朱儿送还帝尧，从此，隐居深山。帝尧派人四处查找，不见踪影，亲上姑射山去找，没日没夜地呼唤，也不见回音。帝尧另娶散宜氏女为妻，生了七男二女。朱儿后封于丹地（浮山），故称丹朱邑。后来人们感念鹿仙女功德，在南仙洞黑龙洞左旁的一个小洞窟中为鹿仙女塑像纪念，千百年来香火不绝。

遍访贤人托天下

关于帝尧访贤的传说有很多，古籍中记载最多的当属访许由。许由一字巢父，为当时的名士。他崇尚自然无为，不贪求名利富贵，坚持自食其力，生活简朴，无求于世。他得知帝尧要来访他，便躲出去了。恰巧啮缺碰到他，问他要到哪里去？他说："为逃避帝尧。"啮缺又问："为什么呢？"许由说："尧这个人啊，轰轰烈烈实行仁义，我怕他要被天下人耻笑，后世会有人吃人的事发生。老百姓嘛，不难笼络他们。爱护他们，他们就和你亲近；给他们利益，他们就会为你所招徕；表扬他们，他们就会勤奋；做他们厌恶的事，他们就要逃散。爱护百姓，使百姓得利是出于仁义，那真诚实行仁义的事，借仁义取利的多。这样仁义的行为，不仅不能真正实行，而且还会成为虚伪的工具。这种想用一个人的决断来使天下获利的事，不过是一刀切罢了。尧只知道贤人可以利天下，而不知贤人也可能害天下。只有那不重用贤人的人，才知道这个道理。"过了一段时间，帝尧去拜访许由，朝拜许由于沛泽之中。尧对许由说："太阳出来了，火把还不熄灭，在光照宇宙的太阳光下要它放光，不是多余的吗？大雨下过了，还去浇

 篇一 从上古飘来的帝王范儿

园,不是徒劳吗?作为天子,我很惭愧,占着帝位很不适宜,请允许我将天下嘱托于先生,天下必然太平。"许由对帝尧说:"你治理天下,已经升平日久,既然天下已经治理好了,还要让我代替你去做一个现成的天子,我为了名吗?名,是实的从属物,我对那个虚名不感兴趣。鹪鹩即使在深林里筑巢,也不过占上一枝就够了;鼹鼠就是跑到黄河里去喝水,也不过喝满肚子就足了。你就回去吧!天子于我没有什么用处。厨子就是不做供品,祭祀也不会去代替烹调的。"许由于是到箕山之下,颍水之阳,耕田而食,非常快活,终身不贪求帝位。传说,尧以天下让许由,许由以为耻辱不堪入耳,到河里去洗耳朵,后有洗耳河之名。有人牵牛去河里饮水,碰见许由洗耳,问明原因之后,便说:"你洗了耳朵把这里的水弄脏了,我不想让我的牛喝这污水。"他就牵着牛到河的上游去了。

帝尧还曾去拜访一个名叫子州支父的人,请教过后觉得此人可以托天下,要以天下让子州支父。子州支父答道:"将天下让给我倒可以,只是不巧,我现在正患有幽忧之病,正准备好好治一治,不能够接受。"帝尧也不好勉强,但十分敬重其为人。

造围棋以教丹朱

相传,尧平息协和各部落方国以后,农耕生产和人民生活呈现出一派繁荣兴旺的景象。但有一件事情却让帝尧很忧虑,散宜氏所生子丹朱虽长大成人,十几岁了却不务正业,游手好闲,聚朋嚣讼斗狠,经常招惹祸端。大禹治平洪水不久,丹朱坐上木船让人推着在汾河西岸的湖泊里荡来荡去,高兴得连饭也顾不上吃了,家也不回了,母亲的话也不听了。散宜氏对帝尧说:"尧啊,你只顾忙于处理百姓大事,儿子丹朱越来越不像话了,你也不管管,以后怎么能替你干大事呀!"帝尧沉默良久,心想:要使丹朱归善,必先稳其性,娱其心,教他学

55

会几样本领才行。便对散宜氏说："你让人把丹朱找回来，再让他带上弓箭到平山顶上去等我。"

当时丹朱正在汾河滩和一群人戏水，忽见父亲的几个卫士，不容分说，强拉扯着他上了平山，把弓箭塞到他手里，对他说："你父帝和母亲叫你来山上打猎。"丹朱心想：射箭的本领我又没学会，咋打猎呢？丹朱看山上荆棘满坡，望天空白云朵朵，哪有什么兔子、飞鸟呢？这明明是父亲母亲难为自己！"哼，打猎我就是不学，看父母能把我怎么样！"卫士们好说歹劝，丹朱就是坐着动也不动。一伙人正吵嚷着，帝尧从山下上来了。看到父帝气喘吁吁的样子，丹朱心里不免有些心软，只好向父帝作揖拜跪，唱个喏，道："父帝这把年纪要爬这么高的山，让儿上山打猎，不知从何说起？"帝尧擦了把汗，坐到一块石上，问："不肖子啊，你也不小了，十七八岁了，还不走正道，猎也不会打，等着将来饿死吗？你看山下这么广阔的土地，这么好的山河，你就不替父亲操一点心，把土地、山河、百姓治理好吗？"丹朱眨了眨眼睛，说："兔子跑得快，鸟儿飞得高，这山上无兔子，天上无飞鸟，叫我打啥哩。天下百姓都听你的话，土地山河也治理好了，哪用儿子再替父亲操心呀。"帝尧一听丹朱说出如此不思上进、无心治业的话，叹了一口气说："你不愿学打猎，就学行兵征战的石子棋吧，石子棋学会了，用处也大着哩。"丹朱听父帝不叫他打猎，改学下石子棋，心里稍有转意，"下石子棋还不容易吗？坐下一会儿就学会了。"丹朱扔掉了箭，要父亲立即教他。帝尧说："哪有一朝一夕就能学会的东西，你只要肯学就行。"说着拾起箭来，蹲下身，用箭头在一块平坡山石上用力刻画了纵横十几道方格子，让卫士们捡来一大堆山石子，又分给丹朱一半，手把着手地将自己在率领部落征战过程中如何利用石子表示前进后退的作战谋略传授讲解给丹朱。丹朱此时倒也听得进去，显得有了耐心。直至太阳要落山的时候，帝尧教子下棋还是那样的尽心尽力。在卫士们的催促下，父子俩才下了平山，

56

在乎水泉里洗了把脸,回到平阳都城。

　　此后一段时日,丹朱学棋很专心,也不到外边游逛,散宜氏心里踏实了些。帝尧对散宜氏说:"石子棋包含着很深的治理百姓、军队、山河的道理,丹朱如果真的回心转意,明白了这些道理,接替我的帝位,是自然的事情啊。"孰料,丹朱棋还没学深学透,却听信先前那帮人的坏话,觉得下棋太束缚人,一点自由也没有,还得费脑子,犯了以前的老毛病,终日惹事生非,甚至想用诡计夺取父帝的位置,散宜氏痛心异常,大病一场而逝。帝尧十分伤心,把丹朱迁送到南方,再也不想看到丹朱,还把帝位禅让给经过他三年严格考察认为有德有智有才的虞舜。虞舜也学帝尧的样子,用石子棋教子商均。以后的陶器上便产生围棋方格的图形,史书便有"尧造围棋,以教丹朱"的记载。今龙祠乡晋掌村西山便有棋盘岭围棋石刻图形遗迹。

考察舜帝而禅位

　　尧的传说最为人们称道的,是他不传子而传贤,禅位于舜,不以天子之位为私有。尧在位70年,感觉到有必要选择继任者。他早就认为自己的儿子丹朱凶顽不可用,因此与四岳商议,请他们推荐人选。四岳推荐了舜,说这个人很有孝行,家庭关系处理得十分妥善,并且能感化家人,使他们改恶从善。尧决定先考察一番,然后再行决定。

　　尧把自己的两个女儿娥皇、女英嫁给舜,从两个女儿那里考察他的德行,看他是否能理好家政。舜和娥皇、女英住在沩水河边,依礼而行事,二女都对舜十分倾心,恪守妇道。

　　尧又派舜负责推行德教,舜便教导臣民以"五典"——即父义、母慈、兄友、弟恭、子孝这五种美德指导自己的行为,臣民都乐意听从他的教诲,普遍依照"五典"行事。

　　尧又让舜总管百官,处理政务,百官都服从舜的指挥,百事振兴,无一荒废，并且显得特别井井有条，毫不紊乱。

尧还让舜在明堂的四门，负责接待四方前来朝见的诸侯。舜和诸侯们相处很好，也使诸侯们都和睦友好。远方来的诸侯宾客，都很敬重他。

最后，尧让舜独自去山麓的森林中，经受大自然的考验。舜在暴风雷雨中能不迷失方向，依然行路，显示出很强的生活能力。

经过三年各种各样的考察，尧觉得舜这个人无论说话还是办事，都很成熟可靠，而且能够建树业绩，于是决定将帝位禅让于舜。他于正月上日（初一），在太庙举行禅位典礼，正式让舜接替自己，登上天子之位。尧退居避位，28年后去世，"百姓悲哀，如丧父母。三年，四方莫举乐，以思尧"，可见人们对他的怀念之情极为深挚。

儒墨之宗

在先秦时期，以儒家和墨家两个学派最有势力，号称"显学"，两家都以尧舜为号召。从那时起，尧就成为古昔圣王，既是伦理道德方面的理想人格，又是治国平天下的君主楷模。孔子说："大哉尧之为君也！巍巍乎！唯天为大，唯尧则之。荡荡乎，民无能名焉。巍巍乎其有成功也，焕乎其有文章！"孔子对尧的赞美，随着儒家在中国文化传统中的地位渐趋重要，而亦日益深入人心。后来儒家即以"祖述尧舜，宪章文武"为标志；到唐代韩愈以至于宋明理学，大倡"道统"之说，尧遂成为儒家精神上的始祖。在整个封建时代，从未有人怀疑过尧在历史上的存在和他的业绩。

篇一 从上古飘来的帝王范儿

天下明德自虞帝

帝舜，传说中的父系氏族社会后期部落联盟首领，中国历史传说中的古帝王之一。相传称号有虞氏，姓姚，名重华，字都君，谥曰"舜"。因国名"虞"，故又称虞舜。他选贤任能，举用"八恺"、"八元"等治理民事，放逐"四凶"，任命禹治水，完成了尧未完成的盛业。传说他巡狩四方，整顿礼制，减轻刑罚，统一度量衡。要求人民"行厚德，远佞人"，"直而温，宽而栗，刚而毋虐，简而毋傲"，孝敬父母，和睦邻里。在其治理下，政教大行，八方宾服，四海咸颂舜功，因而《史记·五帝本纪》称"天下明德皆自虞帝始"。相传他去世于南巡途中苍梧之野，葬于江南九嶷山。舜帝姚重华的子孙以吴兴姚氏为正统嫡裔血脉。西汉朝谏议上大夫、京易学博士（即大学士）姚平是舜帝69世嫡孙。姚平是吴兴姚氏振兴发达之始祖。清朝三朝元老重臣并嘉庆朝与道光朝二朝礼部尚书姚文田是舜帝131世嫡系孙。今舜帝血脉已繁衍至一百四十几代，姓又衍生几十个姓氏，全世界舜裔子孙近2.7亿，遍及天下。

凤鸟化身

相传，舜是古代东方先民的首领，凤是东方先民的图腾。一天夜里，舜父梦见一只凤衔着一粒谷种来喂他，并说："我是来给你做子孙的。"于是，舜母怀孕，生了一个目生双瞳的孩子——舜。舜长大后，便在历山下耕作。当时，黄河流域有大象，舜便驯化大象用于耕耘。他还教人制陶器和捕渔狩猎，发展生产。舜名扬天下，招来人忌妒。一个恶徒曾请舜去修谷仓，暗地却放火烧仓，但舜在大火中化作一只凤鸟扶摇飞去。

孝闻天下

相传舜在20岁的时候，名气就很大了，他是以孝行而闻名的。因为能对虐待、迫害他的父母坚守孝道，故在青年时代即为人称扬。过了10年，尧向四岳（四方诸侯之长）征询继任人选，四岳就推荐了舜。尧将两个女儿嫁给舜，以考察他的品行和能力。舜不但使二女与全家和睦相处，而且在各方面都表现出卓越的才干和高尚的人格力量，"舜耕历山，历山之人皆让畔；渔雷泽，雷泽上人皆让居"，只要是他劳作的地方，便兴起礼让的风尚；"陶河滨，河滨器皆不苦窳"，制作陶器，也能带动周围的人认真从事，精益求精，杜绝粗制滥造的现象。他到了哪里，人们都愿意追随，因而"一年而所居成聚（聚即村落），二年成邑，三年成都（四县为都）"。尧得知这些情况很高兴，赐予舜絺衣（细葛布衣）和琴，赐予牛羊，还为他修筑了仓房。

舜得到了这些赏赐，瞽叟和象很是眼热，他们又想杀掉舜，霸占这些财物。瞽叟让舜修补仓房的屋顶，却在下面纵火焚烧仓房。舜靠两只斗笠作翼，从房上跳下，幸免于难。后来瞽叟又让舜掘井，井挖得很深了，瞽叟和象却在上面填土，要把井堵上，将舜活埋在里面。幸亏舜事先有所警觉，在井筒旁边挖了一条通道，从通道穿出，躲了一段时间。瞽叟和象以为阴谋得逞，象说这主意是他想出来的，分东西时要琴，还要尧的两个女儿给他做妻子，把牛羊和仓房分给父母。象住进了舜的房子，弹奏舜的琴，舜去见他，象大吃一惊，老大不高兴，嘴里却说："我思舜正郁陶！"舜也不放在心上，一如既往，孝顺父母，友于兄弟，而且比以前更加诚恳谨慎。

禅位与篡位之说

后来尧让舜参预政事,管理百官,接待宾客,经受各种磨炼。舜不但将政事处理得井井有条,而且在用人方面有所改进。尧未能起用的"八元"、"八恺"早有贤名,舜使"八元"管土地,使"八恺"管教化;还有"四凶族",即帝鸿氏的不才子浑敦、少皞氏的不才子穷奇,颛顼氏的不才子梼杌、缙云氏的不才子饕餮,虽然恶名昭彰,但尧未能处置,舜将"四凶族"流放到边远荒蛮之地。这些措施的落实,显示出舜的治国方略和政治才干。

经过多方考验,舜终于得到尧的认可。选择吉日,举行大典,尧禅位于舜,《尚书》中称为舜"受终于文祖"。

不过另有两种传说:

一说舜大权在握以后,将尧囚禁起来,还不让其子丹朱与他见面,舜自己做了天子,类似于后代的宫廷政变,篡权夺位。

一说舜摄政28年,尧才去世。舜于三年的丧事完毕之后,便让位给尧的儿子丹朱,自己退避到南河之南。但是,天下诸侯都去朝见舜,却不理会丹朱;打官司的人也都告状到舜那里,民间编了许多歌谣颂扬舜,都不把丹朱放在眼里。舜觉得人心所向,天意所归,无法推卸,遂回到都城登上天子之位。不过,传说中舜的都城与尧的都城不在一个地方。

酒壶化作三分石

三分石,又名三峰石,在宁远县城南百里处,它是九疑山的最高峰。相传是舜的葬身之地,故又名舜峰。

三分石如三支玉笋,鼎足而立。峰间相距各5里。峰势险绝,直插云霄。古人有诗云："一峰浮黛插云霄,石作三分结构牢,云外有人攀玉笋,山中何处觅仙桃。"《九疑山志》载:"三峰并峙如玉笋,如珊瑚,其上有仙桃石、棋盘石、步履石、马迹石,又有香炉石,有足有耳,形质天然。其间有冢,以铜为碑,字迹泯灭不可认,或疑为舜冢。"

三分石是如何来的呢?相传舜帝南巡之时,有一天登上此峰,考察山川形胜。中午时分,他和侍从们在峰头野餐,不觉醉酒。酒壶遗忘在峰头上。有一只大鹏恰巧飞临此山,见有一壶酒,便俯冲下来,用锐利如钩的尖嘴一啄,当下石壶分成三块,化作三峰石。那剩下的玉液,化成了长流不息的泉水,这就是潇水之源。

如今三峰石上果然清泉喷涌,垂崖倾泻如白练悬空,若烟若雾,水流激石,惊浪雷奔。当中一脉,为潇水之源泉,俗称"父江",西流至九疑山下。

瓦棺贝冢

舜王碑,人称"舜王龙碑",上刻七个大字"帝舜有虞氏之陵",原在三分石上,后迁至大阳溪边的舜庙之侧。迁移之因,也有一个传说。

皋陶墓相传帝舜时九疑山出了九条孽龙,盘踞在"蟠龙洞"、"九疑岩",危害百姓生灵。帝舜闻之南巡,走了三湘四水,看了五岭三山,终于来到九疑山间。他带领百姓大战三年,斩杀了九疑岩里的四条龙;接着大战三年,斩杀了蟠龙洞里的四条龙。又大战了三年,方斩杀了三峰石天湖池里的老蛟龙。帝舜连续苦战了九年,积劳成疾,终于病倒在三峰石下。在他临终之时,大臣皋陶问他有何吩咐,他说:"不可厚葬,只要三峰石下选一黄土高地,瓦棺布衣掩埋即可。"最后他手指三峰石上的天湖池,龙驾归天了。舜死后,人们刻了块3000斤重的龙碑立在三峰石下。

皋陶心想，此地太险恶，迁到大阳河边为好。启灵这天，碑太重，三十个壮汉都抬不动。这时，几只白鹤从天空飞临，两头大象从地上走来。大象用鼻子卷起墓碑就走，白鹤在前面引路。当走到熊家山黄龙洞前时，突然，从洞里出来一个白发老人，笑着说："生在帝王城，死在九疑山，白鹤来引路，大象来抬丧。"说完摇身变成一条黄龙，张牙舞爪，不让葬在这里。大象只好又向前走，过了马蹄坳，穿过大桑塘，来到一座大石岩前。这大石岩十分奇特，高300丈，直上青天。岩形状似龙，龙角、龙眼、龙须、龙牙俱全。山下西边有两口龙泉。白马仙人还将峰顶用乱石堆了一顶王冠，一条玉带放在山上。这真是龙潜凤栖之地。大象将龙碑一放，碑即入地3尺，端端正正立在中间。于是，将帝舜龙体下了石坎，砌上瓦棺，成群白鹤从四面八方衔来紫蚌壳，放满瓦棺，这就是"瓦棺贝冢"的由来。

皋陶结庐为庵，一直守护在舜陵前。死后化作一棵青松，长在墓边石岩上，像一位将军威然屹立，侍卫着长眠地下的舜帝。

南风歌

舜生活阅历丰富，本人多才多艺，犹擅诗歌，也很爱音乐，他的古琴弹得好极了。有一次，他登上熏风楼，面对浩渺的百里盐池，弹唱着自己谱写的《南风歌》。这首歌表露了浓厚的民本思想，成为千古绝唱。

南风之薰兮，可以解吾民之愠兮。

南风之时兮，可以阜吾民之财兮。

译成现代汉语是：

南风多么和煦啊，可以解除老百姓的痛苦。

南风多么及时啊，可以增加老百姓的财富。

舜帝到了晚年，因见自己的儿子不肖，便把天下禅让给禹。

大禹传子家天下

相传，禹为鲧之子，又名文命，字高密。相传生于西羌（今甘肃、宁夏、内蒙南部一带），后随父迁徙于崇（今河南登封附近），尧时被封为夏伯，故又称夏禹或伯。他是中国第一个王朝——夏朝的始祖，同时也是奴隶社会的创建者。他的传说故事，从古至今流传于民间。

禹的传说，原来含有较多的神话因素；在长期流传中，有关他的神话传说大部分被"历史化"了。禹这个神话传说人物渐渐成为符合儒家观念的帝王典范。禹的传说中出现了更多政治性活动的情节，如他派人度量大地，召集臣民开会议事，赏功罚罪，求贤任能，等等。人们并为他制造了显赫的家谱世系，这就使禹这个神话传说人物逐渐离开了他的本来面目。然而，在民间，大禹仍然主要是一位具有神异色彩的治水英雄。

鲧布息壤

禹的父亲鲧，是尧时期封在"崇"（在今陕西祁县东）这地方的"伯"，所以又叫他作"崇伯鲧"或"有崇伯鲧"。鲧与三苗同样都是颛顼的臣子，三苗被贬去南方，而鲧也被罢免。直到洪水泛滥时，帝尧才重新任命他。当时，黄河流域发生了很大的水灾，庄稼被淹了，房子被毁了，老百姓只好往高处搬。尧召开部落联盟会议，商量治水的问题。他征求四方部落首领的意见：派谁去治理洪水呢？首领们都推荐鲧。尧对鲧不大信任。首领们说："现在没有比鲧更好的人才啦，你试一下吧！"尧才勉强同意。然而过了九年，滚滚洪水并未因此退

却。帝尧认为鲧治水不利,就将鲧殛于羽山。

但在神话上鲧却是一匹白马,这白马,是黄帝的孙儿。他的父亲叫骆明,骆明的父亲便是黄帝。我们知道黄帝羽化成仙,做了天帝,鲧当然是上界的一位显赫的天神了。

滔天的洪水是怎样发生的,神话上并没有讲清楚,推想起来,大概因为下方人民不信正道,造作种种恶事,触怒了天帝,这才特地降下洪水来警告世人的。

但是不管人们造作了多少罪恶,他们遭受了洪水的灾害,总是很可怜。他们在水潦和饥饿的熬煎中,吃没有吃的,住没有住的,还要随时提防毒蛇猛兽的侵害,还要用衰弱的身体来和疾病抗战。在大洪水的时代,那一串悲惨绝望的日子是多么可怕呀!

天上有众多的神,可是真心哀怜人民的痛苦的,只有一个大神鲧。他要把人民从洪水中救拔出来,使他们仍旧过快乐平安的日子。他对他祖父这种严酷的措施,丝毫不感到满意。我们推想,也许起初他曾经不止一次地向他的祖父祈请过、谏劝过,想得到他祖父的恩准,赦免人民的罪恶,把洪水收回天廷,但是在愤怒中的天帝,并没有理会鲧的这些话语,或者反而给他一顿申斥,认为他是丧心病狂呢。

恳请和劝谏无用,大神鲧决心自己想法来平息洪水,为人民解除痛苦。可是滔天的洪水,泛滥了整个世界,能用什么法子去平息呢?这使他忧愁而烦闷,以他的神力,似乎还难以办到。

正在愁闷当中,恰巧有一只猫头鹰和一只乌龟互相拖拉着走过来,问鲧为什么闷闷不乐,鲧就把愁闷的缘故告诉它们。

"要平息洪水,并不是难事啊。"猫头鹰和乌龟齐声说。

"那么怎样办呢?"鲧急急地问。

"你知道天廷中有一种叫作'息壤'的宝物吗?"

"听说过,却还不知道究竟是什么东西。"

"'息壤'就是一种生长不息的土壤,看去也没有多大一块,但只

65

要弄一点来投向大地,马上就会生长加多,积成山,堆成堤,用这宝物来堵塞洪水,还怕洪水不能够平息吗?"

"呵,那么这宝物藏在哪里,你们知道吗?"

"这是天帝的至宝,它藏放的地方,我们哪能知道!——你难道要想偷取它出来?"

"是的,"鲧说,"我决心这么办了!"

"你不惧怕你祖父严酷的刑罚?"

"让他去罢。"鲧说,然后忧郁地一笑。

被当作天帝至宝的息壤,不用说是封藏得极其秘密而严固,并且定然还有猛勇的神灵看守着。可是不知道怎么一来,终于给专心致志要想拯救人民出灾祸的大神鲧偷取到手了。

鲧得到了息壤,马上去到下方,替人民堵塞洪水。这东西果然灵妙,只须少许一点,就可以积山成堤,叫汹涌的洪水没法逞凶,还叫它在泥土中干涸。大地上渐渐看不见洪水的踪迹了,看见的只是一片高低不平的新的绿野。住在树梢上的人民从窠巢里爬出来,住在山冈上的人民从洞窟里走出来,他们枯瘦的脸上都绽开了笑容,他们的心里都腾跃着对于大神鲧的感谢和欢呼,他们又都准备在这苦难的大地上重建新的基业。可是不幸的是,到洪水快要平息的时候,息壤被窃的事终于被天帝知道了。我们可以想到那统治着全宇宙的威严的天帝会怎样的发怒啊:他痛恨天国出了这样的叛逆子孙,他马上毫不犹豫地派了火神祝融下来,把鲧在羽山地方杀死,夺回了剩余的息壤。正所谓是"为山九仞,功亏一篑",因此洪水又漫延回来,泛滥在大地各处,人民的希望成了泡影,仍然遭受到寒冷和饥饿的威胁。人们既痛惜大神鲧的牺牲,更悲哀他们自己的不幸。

禹王生于乃父中

传说中,鲧死后尸体三年不腐烂,后来不知道是谁,有说就是祝

融，用吴刀剖开了他的尸体，说时迟，那时快，鲧腹刚被剖开，突然从中蹦出一条虬龙，龙头为长了角的男孩，嘴中鼓气，手指前方，远观似龙，近观为童，生机勃勃，直冲云天。天神吓了一跳，望着小龙，满脸惊恐，目瞪口呆。这条从鲧肚子里横空出世的龙形男孩，就是以后的治水英雄大禹。而鲧的尸体则化为黄龙，飞走了；一说是化为黄能，所谓黄能是一种已经绝迹的动物，类似于熊，但是有三只脚，在《山海经》中有记载。

大禹继承了父亲的遗志，开始治水，不知道为什么，这次的治水非常的成功，天帝不仅没有从中捣乱，还派了大神应龙相助。这位应龙也是非常著名的龙神，在《山海经》中也有记载，代表了雨神的意思。传说只要在地上画上应龙的样子，就可以招来雨水。这时他则帮助大禹挖河开山，在治理的过程中，伏羲、河伯也纷纷襄助大禹，后来在东汉几乎成为国学的谶纬学鼻祖的河图洛书，传说也是在这个时候由神龟所献的。依靠疏导和围堵两个方法的结合，洪水终于被制服了，人们拥戴治水有功的大禹做了他们的王。

凿破龙门泄水去

传说大禹带领万民挑走了积石山的乱石，疏川浚河，经历千辛万苦，排除千难万险，终于来到龙门山。龙门山像屋脊一样横亘绵延，挡住了黄河的去路。大禹登上山顶，看到了他的父亲鲧错开河道的遗迹，又看到无边无际的洪水淹没了山脚下广大的农田，便决心开凿龙门，让滔滔的河水从龙门奔流而过。大禹在龙门山相公坪召集能工巧匠商议开凿龙门之事，大家纷纷赞成大禹的主张。

大禹一声令下，臣民一起动手，大家挥舞起石斧、石刀、骨铲、木耒，齐心协力，开山凿石。大禹身先士卒，奋力大干。他足踩之处，立即下陷，手到之处，坚石变软。他们辛辛苦苦挖了一天，好容易挖

67

了个大缺口，想不到隔了一夜，第二天又长平了。大家并不气馁，继续狠挖。这天挖的缺口既宽又深，但第三天又长平了。一连几天都是这样，大禹只好暂时停工，打算向附近居住的百姓了解情况。

这天，大禹刚刚回到相公坪，迎面走来了一个身穿黄布袍的老人。大禹向老人深施一礼，问道："请问老者，这龙门山却怎么挖了又能长平呢？"老人神秘地向脚下一指，说："此山乃龙门山也。"老人把"龙"字咬得特别重。大禹听了恍然大悟。原来这阻挡黄河入海的大山是一条巨龙，大禹刚要拜谢，那老人却不见踪影了。大禹这才知道是见了山神爷。

大禹又召集臣民，说明真情，发动大家不分昼夜，不避风雨，连续不停地开凿，不让巨龙有一分一秒的喘息机会。这样一来，巨龙终于被拦腰斩断了，黄河之水像久困的猛兽一样，冲出石门，浩浩荡荡，一泻千里。从此，黄河流域百姓才得以安居乐业。

龙门山黄河古道两侧刀劈斧削般的石崖就像两扇石门，大禹给它取名"龙门"。后人为永记大禹凿龙门的绩功，管它叫"禹门"。禹门口河心巨石上的坑坑洼洼，据说就是当年大禹凿龙门的遗迹。

擒锁龙蛟入玉壶

禹王凿龙门那会儿，把那条恶龙拦腰斩断了。恶龙临断气时，唤来了它那恶贯满盈的"蛟儿"，要它毁坏黄河河岸，叫洪水再次泛滥成灾，让它伺机兴风作浪。

六月到了，黄河又发大水。只见那黄浪滚滚触龙门，奔流到海不复回。突然间，河水掀起几丈高的滔滔巨浪，浪头却不再前进。本来由北向南流的河水竟然向东西两岸横冲直撞，直冲得岸边的高土崖大块大块地向下倒塌，一片片良田、一个个村庄淹没在黄河水里，人畜死伤，不计其数，父老兄弟，叫苦连天。

 篇一 从上古飘来的帝王范儿

同百姓患难与共的大禹和难民们一块儿站在黄河岸边。他望着眼前这片凄惨景象,脸上罩满愁云。于是,他就向身边的一位白须老石匠打问黄河崩崖的缘由。老石匠说:"保险又是恶蛟作怪。"大禹问他如何制服恶蛟。老石匠抬头一看,认出他面前站着的人就是万民爱戴的大禹,便说:"禹能治水,必能锁蛟。"大禹一听,即向老石匠深深一拜,说:"若要锁住蛟,还需当地佬。"老石匠也拜倒在禹王面前,说:"锁蛟急如火,我愿献石锁。"言罢,二人相扶同起,共同商讨锁蛟大事。这时,虽然有了大石锁,但用什么缠缚蛟身呢?要知道,那时人还不会种麻搓绳呀!正在作难时,难民中有人说:"龙门山上长的葛条,可以绑蛟。"时至今日,还有人用葛条抬大老瓮哩!

大禹辞别众人,到龙门山请当地人割来葛条,又命水手把木排放入黄河洪水中。他第一个跳上木排,带上十几名水性好的壮士,乘风破浪,直奔向恶蛟掀起的几丈高的浪峰上。这恶蛟一见大禹带人破浪而来,气得像蛇吞了蛤蟆一样,肚子圆鼓鼓的。它使尽全力,一甩尾巴,只见滔滔恶浪向大禹所乘木排冲打而来。恶蛟张嘴伸舌,正要伤害大禹,大禹却利用靠近恶蛟的机会抛出九十九条葛条,冷不防把个恶蛟缠绑得死死的。恶蛟还想挣扎,哪知葛条湿水,越勒越紧。这阵儿,黄河的巨浪便"哗"的一声退了下去。河岸不崩了,良田村庄保住了。禹王和水手们把这作恶多端的孽蛟用大石锁锁在龙门出口河心的巨石上。大禹上岸后,要拜谢献石锁的白须老石匠,可到底再没找见这位老人,他想:这大概是山神显灵,便朝龙门山三拜九叩。

天长日久,葛条腐烂,恶蛟便被锁着流入大海。后来,听人说蛟长成了庞然大物,但仍被锁在海底,这就是古小说中所说的"海底蛟龙"。

鲤鱼自此跃龙门

东海中一大群金背鲤鱼、白肚鲤鱼、灰眼鲤鱼,听说禹王要挑选

69

能跃上龙门的风流毓秀之才管护龙门,便成群结队,沿黄河逆流而上。

还没望见龙门的影子,那一条条灰眼鲤鱼便被黄河中的泥沙打得晕头转向,就拐过头来,顺流而下,不费吹灰之力又游回黄海。不幸,正碰上张着大口的鱼鳖海怪,便呜呼哀哉了。

但金背鲤鱼和白肚鲤鱼摆成一字儿长蛇阵,轮流打前锋,迎风击浪,日夜兼程,终于游到了龙门脚下。它们把头伸出水面,仰望龙门神采:只见那神奇的龙门两旁,各有一根合抱粗的汉白玉柱。玉柱上雕着活灵活现的石龙。龙身缠着玉柱,盘旋而上,直到百丈柱顶。龙门中水浪滔天,银亮的水珠飞溅到龙头之上,恰成"二龙戏珠"的奇异彩图。背景是蓝天白云,映衬着龙门两侧的石刻对联:"长长长长长长长,朝朝朝朝朝朝朝。"这景色胜过那蓬莱仙境。

鲤鱼们看罢美景,就向禹王报名应试。禹王一见,大喜,说:"鱼龙本是同种生,跃上龙门便成龙。"

鲤鱼们一听,立即鼓鳃摇尾,使尽平生气力向上跃去,没想到刚跳出水面一丈多高,就跌了下来,摔在水面上,老痛老痛的。但它们并不灰心丧气,而是日夜苦练甩尾跳跃之功。就这样直练了七七四十九天,一下能跃七七四十九丈高。但要跃上那百丈龙门,还差得很远。

大禹见鲤鱼们肯苦练硬功夫,就点化它们说:"好大一群鱼!"有条金背鲤鱼听了禹王的话大有所悟,对群鱼说:"禹王说'好大一群鱼',不是启发我们要群策群力跃上龙门吗?"群鱼齐呼:"多谢禹王!"

鲤鱼们高兴得摇头摆尾,一条条瞪眼、鼓鳃,用尾猛击水面,只听"膘膘"的击水声接连不断。一跃七七四十九丈高,在半空中一条为一条垫身,喘口气儿,又是一跃七七四十九丈高。只差两丈了,禹王用手扇过一阵清风,风促鱼跃,众鱼一条接一条地跃上了它们日夜向往的龙门。

却说有条为众鱼换气垫身的金背鲤鱼,眼看同伴们都跃上了龙门,唯独自己还留在龙门脚下。它寻思道:我何不借水力跃上龙门。

 篇一 从上古飘来的帝王范儿

恰巧黄河水正冲在龙门河心的巨石上，浪花一溅几十丈高，这金背鲤鱼猛地蹿出水面，跃上浪峰，又用尾猛击浪尖，鱼身一跃而起，没想到竟跃到蓝天白云之间。一忽儿又轻飘飘地落在龙门之上，如同天龙下凡。大禹一见，赞叹不已，随即在这条金背鲤鱼头上点了红，霎时，鱼龙变化。金背鲤鱼变成一条吉祥之物——黄金龙。大禹命黄金龙率领众鲤鱼管护龙门。怪道老人传说，过去在黄河上捞鱼的人如果捞到头顶有红的鲤鱼，就立即放回黄河中。学校招生出榜，姓名上点红的做法就来源于此。

韩城自古读书人多，便把"童生进仕"喻为"鱼跃龙门"。韩城城里还设立过"龙门书院"。文庙大门照壁上有砖雕的"鱼跃龙门图"。

禹北埋下锁蛟井

禹州市北关村东头，有一口锁蛟井。传说那是大禹治水征服水怪，恶蛟就锁在这眼井里，故名锁蛟井。

相传古时候，这里住着一对年过六旬的老夫妻，膝下无儿无女，收养了一个五年前被颍河水冲下来的孤儿。孩子倒也聪明伶俐，讨人喜欢。老两口儿娇生惯养，视若掌上明珠。只是这孩子的性格很是怪僻，他不学文，也不习武，生性好耍水。自从到老汉家这几年他啥事也不干，天天都跑到河里戏水玩耍。老两口儿日夜为他操心，生怕孩子有个三长两短，对不起街坊和他的亲生爹娘。很多事情，只好顺着他的心愿。

有一年，寒冬腊月三九寒天，刺骨的北风刮着，满河上下都结了冰，他还跳在水里玩。正好大禹察看水情发现了他。当初以为是孩子落水了，脱下鞋子就去救他。他救起孩子定睛一看，发觉这孩子不是人，是蛟龙变成了孩子模样。他立即派人看好孩子，然后去找孩子的父母亲。

71

大禹扮作一位过路行人来到老人家里，与老人攀谈起家务。谈到儿子，老汉长叹一声，说他半辈子收养了一位义子却啥事不干，天天泡在河里。说话期间，已到中午。老汉留大禹在家吃饭，大禹也没有客气。当饭端上桌子动筷子时，孩子从门外走回来。他看见大禹，二话没说就往门外跑。大禹使了个定身法，遂即又从碗里抽出一根面条，叫了一声"变"！面条立即变成了一丈二尺长的铁链，将小孩儿脖子缠了起来。大禹厉声喝道："小畜生还装什么样子，快快现出你的原形吧！"话音刚落，小孩眨眼间已变成了约两丈长的蛟龙盘踞在院子里，口如血盆，眼似灯盏，张牙舞爪，腥臭难闻。此时老两口儿也瘫软在地上不会说话。

　　大禹忙上前搀起老人说："老人家不必惊慌，有我在此，它不敢吃人，也不敢耍花招。我实话告诉你们，它不是人，是天上银河里的一条草蛇，故意咬伤了铁拐李，还咬伤了玉帝的女儿，怕坐天牢，逃到凡间已经数百年。它心狠手辣，变化多端，有七十二个心眼，八十二根转轴，又能呼风唤雨，聚水成湖，淹没村庄良田，祸患百姓。它怕我捉拿它，因此变化成人，躲藏在你家。"

　　说罢，他把锁住的蛟龙押到一口八角井边。临入井时，那蛟龙苦苦哀求说："叫我啥年啥月出来呢？"大禹说："太阳西出，石头开花，玉皇大帝来请你！"

　　不知过了多少春秋，有一位新上任的州官来到锁蛟龙的井上，一心想看看井里的蛟龙是什么嘴脸。他一弯身子，乌纱帽掉在地上，他顺手拾起挂在井边石柱上。蛟龙在井里看见帽上的红缨，以为石头真的开花了，两眼圆睁，心花怒放，浑身抖动，水花乱翻，仰头使劲往外出。在场的人都听到了井里呼呼的响声。州官一看，吓得魂不附体，瘫软在地上，衙役们忙上前去摘下石柱上的帽子。蛟龙一看石头花没有了，才又老老实实缩下身子蹲在井里。

　　从此，洪水再也没有泛滥成灾。颍河千里一派丰收景象。

 篇一 从上古飘来的帝王范儿

饮马湾畔拔利剑

龙洞山下有水湾一处叫"饮马湾",传说是大禹的马饮水之处。马喝足后扬蹄一踏,在石上留下了一方蹄印。此蹄印奇怪得很,不管天多旱也常年有水,不管水多大也不外溢。叫作饮马湾的地方其实是一块巨大的石头平台,上面有一道很深的石沟和一个马蹄印,但是它的传说却十分迷人。当年大禹治水时为了追赶蛟龙路过这里,因为追龙心切,日行千里到了龙洞山脚下,大禹骑的马又累又渴已无力登山。大禹只好到小河边饮马,可是河水太浅,大禹的马喝不够。大禹情急之下拔出利剑,对着河中的一块巨大的平石用力劈去,这样平石就留下了一道槽型的沟。水临时流入其中供马喝,故旁边刻有"临流"二字。马在槽中喝足了水,力气大增,奋力一跃,便在石槽旁边留下了大大的马蹄印。因大禹在这里饮过马,后人便称这里为饮马湾。更神奇的是,这块平石上的石沟深地势低,但河水流经石沟却从不存水,而平石旁边的马蹄印中,不管天有多旱,它都"印中有水"。有人戏说,是因为大禹的马将沟里的水喝干了,所以沟中无水,而马蹄印中之所以常年有水则是马的汗水。

天下尽归夏王朝

在大禹治水的过程中,还发生了一些与他的家庭有关的事情,其中最著名的就是三过家门而不入的故事,表现了大禹的公而忘私精神,可是他的妻子的结局却不好,传说中,大禹经常叫他的妻子涂山氏在中午去送饭,有一次她去得早了,却发现一头巨大的熊在用爪子开山,原来这就是她的丈夫,涂山氏大惊之下往回逃去,大禹发现后紧紧追赶,涂山氏却变成了一块山石,不愿再与大禹生活,当时她已经怀孕了,大禹无奈之下叫道:"归我子。"石头裂开,大禹的儿子从

石头中蹦了出来。于是他的父亲便为他取名为启,就是开启而生的意思,这个启就是中国第一个王朝夏的开国之君。

关于启接替禹为王,历史上也有不同说法。

一说禹临死前,把益选为继承人。禹死后,益假意把帝位禅让给禹的儿子启,认为大家也会拥护他为帝。谁知启不按常理出牌,见益把帝位禅让给他,就毫不客气地接受了,而别的部落首领则纷纷去朝贺启。益很委屈,大骂启不按剧本演戏,率部去攻打启,反倒被早有准备的启给杀死了。启这种有违禅让的做法引起了有扈氏的不满,他联合其他部落组成六军攻打启,同样遭到失败。

另外一种说法是,禹统治下的中国日趋繁荣起来,这时的禹已不想将自己辛苦开创的繁荣盛世拱手让与他人,尤其是看过尧、舜的子嗣因没有继承父业而穷困潦倒、境况凄惨以后,禹更加坚定了"为子孙谋福"的想法。

不过,禹深知"防民之口,甚于防川"的道理,他不想落人口实,他要让儿子顺理成章地接替自己的位置,让天下人心服口服。

于是,禹精心运作了一番,他先是推荐素有名望、年龄颇高的皋陶接替自己的位子。禹此举自有他的算盘——皋陶年龄那么大,或许自己还没死呢,他便死了,天下人自然说不出什么。果不其然,皋陶先于禹辞世。随后,禹又推荐与自己同朝为官的老臣伯益接位,另一方面却在不动声色地为自己的儿子培植势力。

最后,禹突然间让位给伯益。伯益仓促接位,根本没有任何过渡时间。在当时,信息传递得极为缓慢,伯益没有准备,是故根本无法建立足够的威信。威信不足,自然无法让民众心悦诚服,聪明的禹无疑又给儿子启铺下了一条后路。

结果,如禹所愿,伯益因为没有治理的资本,而被启取而代之。启开创了中国历史上第一个真正意义上的帝国——大夏王朝,中国历史正式进入继承制的阶段。

篇二
上古诸神知多少

　　在中国上古传说中，有大量的对"神"的描述，他们往往是奇形怪状的动物，或兼有人和动物的形体特征，如人面蛇身或人面马身等，这里或许含有自然崇拜或图腾崇拜的意识，反映了人类早期的思维特征。其中有不少想象奇特的神话都深入人心，流传广远。

千变万化西王母

西王母，亦称王母娘娘、金母、瑶池金母，人名叫作瑶琼，传说中的女神。原是掌管刑罚和灾疫的大神，后于流传过程中逐渐女性化与温和化，而成为年老慈祥的女神。相传王母住在昆仑山的瑶池，园里种有蟠桃，食之可长生不老。

在晋朝葛洪的《枕中书》中，王母则成了天地人的共祖：混沌未开之前，有天地之精，号"元始天王"，游于其中。后二仪化分，元始天王居天中心之上，仰吸天气，俯饮地泉。又经数劫，与太元玉女通气结精，生天皇西王母，天皇生地皇，地皇生人皇。

关于西王母的传说，从先秦到明清，由《山海经》到《穆天子传》、《汉武帝内传》，再到元明清杂剧、小说、宝卷，她的形象经历了从掌管瘟疫、刑杀之神到握有长生不死药的吉神、天界女仙之首，再到化育万物的创世女神的多次转变。不同历史时期出现的不同形象和信仰使西王母成为中国文化中的一位"千面女神"。

千变万化的形象

在《山海经》中，"西王母其状如人，豹尾虎齿，善啸，蓬发戴胜，是司天之厉及五残。"大概意思是：西王母的外形"像人"，长着一条像豹子那样的尾巴，一口老虎那样的牙齿，很会用高频率的声音吼叫,满头乱发,还戴着一顶方形帽子,是上天派来负责传布病毒和各种灾难的神。可见外形很恐怖,而且是位散发灾疫的煞神!她住在"昆仑之丘"的绝顶之上,有三只叫作"青鸟"的巨型猛禽,每天替她叨来食物和日用品。

然而到了《穆天子传》中,西王母的言行却又像是一位温文儒雅的统治者。当周穆王乘坐由造父驾驭的八骏周游天下,西巡到了昆仑山区,他拿出白圭玄璧等玉器去拜见西王母。第二天,穆王在瑶池宴请西王母,两人都清唱了一些诗句相互祝福。

再到《汉武帝内传》,西王母成了容貌绝世的女神,并赐汉武帝三千年结一次果的蟠桃。

魏晋南北朝时期,人们把西王母神话传说和周穆王西征、汉武帝西巡的历史事实联系起来,西王母形象人格化,神话传说故事化,其中周穆王和西王母在瑶池相会的故事广为流传,影响很大。源自神话传说的西王母形象逐渐完善而丰满起来。随着西王母的形象变化,其信仰也被道教汲取,西王母成为道教中"女仙之首"、最受尊奉的女神仙,在天上掌宴请各路神仙之职,在人间管婚姻和生儿育女之事。唐宋之后,西王母开始成为杂剧、小说的主人公。小说、戏曲中的西王母形象,延续人形化吉神的概念,成为母仪天下的天界女神形象。

另外,在民间信仰中,西王母的形象进一步人格化,明清小说开始对西王母加以"人间皇后"的想象,西王母成为民间信仰中一位慈母般的女神,时时向人间流露出慈母一般的关怀,这与以往道教体系中的西王母形象并不一样,是明清以来西王母形象的一个新的特点。

西王母信仰之所以经久不衰,其主要原因在于她融入道教文化后拥有的"长生不老"、"送子"等神职。中华民族自古重视生命的延续与存在,长生不老、子孙后代的兴旺、人生的太平是广大民众最基本的愿望。西王母信仰则极大地迎合了崇拜者长寿、传宗接代等愿望,因此受到普通民众的推崇与喜爱。

一场浪漫的约会

传说,西周时期,有个穆王,姓姬名满。他和其他古代帝王一样,在位时都是定期到全国各地巡狩、视察一番。他周游天下,极为浪漫,亦真亦幻,极富传奇色彩。据说,他有八匹骏马,名字很古怪,叫作赤骥、盗骊、白义、逾轮、山子、渠黄、骅骝、绿耳。他还养了六条凶猛的狗,名字也很稀奇,有重工、彻山等。巡狩期间,他带着四个著名的御者,整天驾着车,带着狗,一会儿射鸟,一会儿猎兽,一会儿钓鱼,过着逍遥自在的生活。《穆天子传》记述了周穆王的一次有趣的西巡。那是穆王十三年,他亲率七萃之士,驾八骏之乘,以柏夭为先导,造父为御者,长驱万里,开始了以开拓北方和西方为目的的西巡。一路上,他经历了许多稀奇古怪、妙趣横生的人和事。他喜好打猎,在渗泽地方,他不但猎到了许多獐狍野鹿,还捕获了纯白色的银狐和纯黑色毛的貉;在阳纡山下,为了祭奠水神河伯,他把珍贵的碧玉和猪、马、牛、羊沉入黄河,表示虔诚。上了昆仑山,他观览了黄帝当年住过的宫殿,还给雷神丰隆的墓培了土;在春山,他观赏了许多珍禽怪兽:赤豹、白虎、熊黑,还有能用巨爪掀起犬羊的猛禽。继续西行,他到了赤乌国,据说这里出美人,长得如花似玉,貌似天仙。赤乌国王献给他两个美女,穆王大为高兴,立即把她俩封为嬖人。到了群玉山,真是目不暇接,遍地宝玉。他下令在这里停留四天,叫大家都去采玉;最后到了帕米尔——西王母之邦,会见了西王母。西王母是天下少有的大美人。周穆王为了见她,特地选了个甲子吉日,

 篇二 上古诸神知多少

并带上了奇珍异宝作为礼物：白色的圭、黑色的璧、一百匹锦缎、三百匹白绸。西王母愉快地接受了他的礼物，并把他当成最尊贵的客人。第二天，周穆王大摆宴席，请西王母一道饮酒行乐。穆天子设宴的瑶池，如同仙境，亭台楼阁，雕梁画栋，假山喷泉，奇花异草，处处令人流连忘返。周穆王和西王母沉浸其中，欢愉无比，他们一会儿刻石纪功，一会儿植树留念，缠缠绵绵，卿卿我我，如同一对初恋情人。不料，国内来人传报徐偃王叛乱，于是，周穆王不得不告别西王母，御驾东征。在告别的宴会上，两位相见恨晚的国君一唱一和，以诗来互相抒发依依惜别的情感。西王母先赋诗一首：白云在天，山陵自出，道里悠远，山川间之。将子无死，尚能复来？意思就是：白云在天空中飘荡，哪一座山啊都不是它停留的地方！重重的山啊路途遥远，道道的水啊艰险漫长，它们把我们阻隔两地！啊，假如你平平安安渡过了难关，你还愿不愿意再回到我的身旁？表达了她对周穆王的惜别与期望。周穆王马上答诗一首，说：予归东土，和治诸夏。万民平均，吾顾见汝。比及三年，将复而野。意思是说：我不得不回到我东方的国土，我一定能联合起各地的诸侯，平定叛乱。我要尽快地解救百姓的苦难，为了见到你，我再旋风一般回头！我向你保证，最多三年，三年一到，我就会再跨进你的国都！西王母听到穆王这样坚定、深情的回答，又高声吟道：徂彼西土，爰居其野，虎豹为群，乌鹊与处。嘉命不迁，我惟帝女，彼何世民，又将去子？吹笙鼓簧，中心翱翔，世民之子，惟天之望。这首长诗的意思，翻译成现代诗则是：啊，不！你长途跋涉来到我这遥远的西方，可我这里是这样的简陋、荒凉！只有鹊儿鸟儿唧唧喳喳地同我住在一起，而凶猛的虎豹在我们四周游逛。只要你美好的誓言不再改变，我也永远是你贴心的娇娘。啊，那是一些什么样的百姓啊，竟使你忍心离我去为他们奔忙？这管弦笙歌

79

吹唱的是我的愁苦，我的心早已悬在半空飘飘荡荡！啊，你这个爱民如子的君主啊！我只有遥望着长空把你怀想……他们就这样地唱和着，缠绵悱恻，直到离别。后来，周穆王平定了叛乱，至于有没有再如约西行，就不得而知了。

西王母是否确有其人

近年来，史学界对西王母是神话人物还是确有其人，一直争论不休。

著名学者赵宗福先生在他的《昆仑神话》一书中写道："《山海经》里的西王母是一位会号叫而不说话的凶神。"也有学者认为："西王母有可能是一位以虎、豹为图腾的部落或部落联盟的女性氏族首领。"大多数历史学家的观点则更趋同于后者。

对于西王母的研究，无论如何也绕不过《穆天子传》。

太康二年间，一个名叫不准的盗墓贼纠集几个恶徒挖掘战国时期魏襄王的陵墓时，在陪葬品中发现了一部用竹片写成的书籍，这就是《穆天子传》。《穆天子传》以小说般的笔法，记录了西周五世国君周穆王的生平。专家推断，《穆天子传》至少成书于战国之前。

《穆天子传》中清晰地记载了周穆王西征时与西王母对歌，并向西王母敬献礼物的情节。

赵宗福先生考证，周穆王是周武王曾孙周昭王的儿子，名叫姬满。这就意味着，《穆天子传》记录的相关情节有可能是真实的。

而司马迁在《史记》上的一段话，更加让这一观点的拥护者坚信，历史上西王母确有其人。《史记·周本纪》中记载："穆王十七年，西巡狩，见西王母。"

东晋学者郭璞也曾断言:"所谓西王母者,不过西方一国君。"

所以说,很有可能西王母不但是一个历史人物,还是一位氏族部落或是部落联盟的女首领。

蚩尤,永不消逝的战魂

蚩尤是上古黄河下游东夷部落的杰出首领。据野史《龟甲记事》记载:蚩尤出生于黄河下游的一个氏族首领的家庭,因受深埋于庭下的盘古斧神气的影响而拥有天生神力,出生时一声哭啼便惊起山潭中休眠的三条孽龙,族人预言此子日后必成大器。

蚩尤在涿鹿之战中与黄帝交战而闻名。蚩尤在战争中显示的威力,使其成为战争的同义词,尊之者以为战神,斥之者以为祸首。秦始皇亲祭蚩尤,为八神之一的战神,后世帝王、武将出征之前常祭拜蚩尤以求庇佑。

蚩尤的活动年代大致与华夏族首领炎帝和黄帝同时。黄帝战胜炎帝后,在今河北涿鹿县境内展开了与蚩尤部落的战争——涿鹿之战,蚩尤战死,东夷、九黎等部族融入了炎黄部族,形成了今天中华民族的最早主体。

蚩尤形象

传说蚩尤有八只脚,三头六臂,铜头铁额,刀枪不入,善于使用刀、斧、戈作战,不死不休,勇猛无比。历史学专家贺云翱表示"铜头铁额的形象说最初出现在汉代纬书《龙鱼河图》中，战神这一称号传说也是黄帝封给蚩尤的，《史记》中还有民间祭祀蚩尤的记录。从考古发现来看，最早的铜头铁额蚩尤形象是在东汉时的画像石上出现，像上的蚩尤，四肢和头上都有武器，这个形象真的体现了战神形象，但实际上良渚文化还没有铁，至今甚至也没有发现良渚文化时期完整的铜器，因此证明这个铜头铁额的说法起源很晚"。

大战炎、黄二帝

　　大约在四千多年以前，我国黄河、长江流域一带住着许多氏族和部落。黄帝是传说中最有名的一个部落首领。以黄帝为首领的部落，最早住在我国西北方的姬水附近，后来搬到涿鹿（今河北省涿鹿、怀来一带），开始发展畜牧业和农业，定居下来。跟黄帝同时的另一个部落首领叫作炎帝，最早住在我国西北方姜水附近，据说跟黄帝族是近亲。炎帝族渐渐衰落，而黄帝族正在兴盛起来。

　　这时候，有一个九黎族的首领名叫蚩尤，十分强悍。传说蚩尤有八十一个兄弟，他们全是猛兽的身体，铜头铁额，吃的是沙石，凶猛无比。他们还制造刀戟弓弩各种各样的兵器。蚩尤常常带领他的部落，侵掠别的部落。

　　有一次，蚩尤侵占了炎帝的地方，炎帝起兵抵抗，但他不是蚩尤的对手，被蚩尤杀得一败涂地。炎帝没法，逃到涿鹿请求黄帝帮助。黄帝早就想除去这个各部落的祸害，就联合各部落，准备人马，在涿鹿的田野上和蚩尤展开一场大决战。

　　关于这次大战，有许多神话式的传说。据说黄帝平时驯养了熊、罴、貔、貅、貙、虎六种野兽，在打仗的时候，就把这些猛兽放出来

 篇二 上古诸神知多少

助战（有人认为，传说中的六种野兽实际上是以野兽命名的六个氏族）。蚩尤的兵士虽然凶猛，但是遇到黄帝的军队，加上这一群猛虎凶兽，也抵挡不住，纷纷败逃。

黄帝带领兵士乘胜追杀，忽然天昏地黑，浓雾迷漫，狂风大作，雷电交加，使黄帝的兵士无法追赶。原来蚩尤请来了风伯、雨师助战。黄帝也不甘示弱，派大将应龙出战。应龙能飞，能从口中喷水，它一上阵就飞上天空，居高临下地向蚩尤阵中喷水。刹那间，大水汹涌，波涛直向蚩尤冲去。风伯和雨师，一个刮起满天狂风，一个把应龙喷的水收集起来，反过来两人又施出神威，刮风下雨，把狂风暴雨向黄帝阵中打去。应龙只会喷水，不会收水，结果，黄帝大败而归。

不久，黄帝重整军队，重振军威，再次与蚩尤对阵。黄帝一马当先，领兵冲入蚩尤阵中。蚩尤这次施展法术，喷烟吐雾，把黄帝和他的军队团团罩住。黄帝的军队辨不清方向，看不清敌人，被围困在烟雾中，杀不出重围。就在这危急关头，黄帝灵机一动，猛然抬头看到了天上的北斗星，斗柄转动而斗头始终不动，他便根据这个原理发明了指南车，认定了一个方向，黄帝这才带领军队冲出了重围。

这样，黄帝和蚩尤一来二去打了七十一仗，结果是黄帝胜少败多，黄帝心中非常焦虑不安。这一天，黄帝苦苦思索打败蚩尤的方法，不知不觉昏然睡去，梦见九天玄女交给他一部兵书，说："带回去把兵符熟记在心，战必克敌！"说罢，飘然而去。黄帝醒后，发现手中果真有一本《阳符经》。打开一看，只见上面画着几个象形文字"天一在前，太乙在后"。黄帝顿然悟解，于是按照玄女兵法设九阵，置八门，阵内布置三奇六仪，制阴阳二遁，演习变化，成为一千八百阵，名叫"天一遁甲"阵。黄帝演练熟悉，重新率兵与蚩尤决战。

为了振奋军威，黄帝决定用军鼓来鼓舞士气。他打听到东海中有

83

一座流波山，山上住着一头慢兽，叫"夔"，它吼叫的声音就像打雷一样。黄帝派人把夔捉来，把它的皮剥下来做鼓面，声音震天响。黄帝又派人将雷泽中的雷兽捉来，从它身上抽出一根最大的骨头当鼓槌。传说这夔牛鼓一敲，能震响五百里，连敲几下，能连震三千八百里。黄帝又用牛皮做了八十面鼓，使得军威大振。

为了彻底打败蚩尤，黄帝特意召来女儿女魃助战。女魃是个旱神，专会收云息雨。平时住在遥远的昆仑山上。

黄帝布好阵容，再次跟蚩尤决战。两军对阵，黄帝下令擂起战鼓，那八十面牛皮鼓和夔牛皮鼓一响，声音震天动地。黄帝的兵听到鼓声勇气倍增；蚩尤的兵听见鼓声丧魂失魄。蚩尤看见自己要败，便和他的八十一个兄弟施起神威，凶悍勇猛地杀上前来。两军杀在一起，直杀得山摇地动，日抖星坠，难解难分。

黄帝见蚩尤确实不好对付，就令应龙喷水。应龙张开巨口，江河般的水流从上至下喷射而出，蚩尤没有防备，被冲了个人仰马翻。他也急令风伯、雨师掀起狂风暴雨向黄帝阵中打去，只见地面上洪水暴涨，波浪滔天，情况很紧急。这时，女魃上阵了，她施起神威，刹那间从她身上放射出滚滚的热浪，她走到哪里，哪里就风停雨消，烈日当头。风伯和雨师无计可施，慌忙败走了。黄帝率军追上前去，大杀一阵，蚩尤大败而逃。这一仗，黄帝擒杀蚩尤兄弟二十七人。

但蚩尤不甘失败，又请来夸文助战，战争双方势均力敌，黄帝久战不胜，这时，黄帝得到了玄女传授的兵法，又得到了削铁如泥的昆吾宝剑，从此，行军布阵，变化多端，令蚩尤难以捉摸，蚩尤抵抗不过黄帝千变万化的军阵，大败而逃。但蚩尤的头跟铜铸的一样硬，以铁石为板，还能在空中飞行，在悬崖峭壁上如履平地，黄帝怎么也捉不住他。追到冀州中部时，黄帝灵感突现，命人把夔牛皮鼓使劲连擂

 篇二 上古诸神知多少

九下,这一下,蚩尤顿时魂丧魄散,不能行走,被黄帝捉住了。

永不消逝的战魂

史书上说,蚩尤兵败后,被应龙斩杀于"凶犁之谷",也就是今天巴西东部的圭亚那高原。

另有一说是,蚩尤在冀州中部被擒杀,又叫"绝辔之地"。蚩尤被杀后,身首异处,分解为二,因此那地方又叫作"解",就是如今山西的解县。附近有个盐池,叫作解池,池里盐水为红色,人们都说那就是蚩尤被杀流下的血。蚩尤被分解开的尸首分别葬于山东的寿张县和巨野县,修造了两座高七丈的坟墓。寿张县埋葬的大约是蚩尤的头,古时的人们会在十月祭祀他,据说这个时候,他的坟头往往会有一股红色的雾气冒出,像一匹红色的旌旗,人称"蚩尤旗"。后来,冀州人掘地掘出像钢铁一样的骷髅骨,大家都说这是蚩尤的骨头。

蚩尤死后,他生前所戴的枷铐被扔在荒山上,变成了一片枫树林,树叶的颜色鲜红,就像是蚩尤枷铐上的斑斑血迹。

也有记载说,蚩尤并没有被杀,黄帝降服了蚩尤后,派他当了军事统帅,控制八方。蚩尤死后,天下大乱,黄帝遂命人画蚩尤像四处张贴,大家都说蚩尤没死,于是,天下又安定下来。死了的蚩尤仍然如此威风,可见,蚩尤在人们的心目中是一个不死的战神。

到后来,历代的帝王也都把蚩尤尊奉为"战神",顶礼膜拜。西周军队出征,蚩尤、黄帝是并列的膜拜对象。秦始皇、汉武帝东游齐地,祭祀"八神主",蚩尤位列第三。汉朝刘邦揭竿而起时,黄帝、蚩尤一并祭祀,胜利之后,却只把蚩尤祠迁到长安,反而把黄帝冷落一旁。直到公元979年,宋太宗征河东,还在出征前一日祭祀蚩尤。

刑天舞干戚，猛志固常在

　　刑天，又称形天，是《山海经》里提到的一位无头巨人，原是炎帝的手下。自炎帝被黄帝在阪泉之战打败之后，刑天便跟随在炎帝身边，定居在南方。当时，蚩尤起兵复仇，却被黄帝铲平，因而身首异处。刑天一怒之下便手拿着利斧，杀到天庭中央的南天门外，指名要与黄帝单挑独斗。最后刑天不敌，被黄帝斩去头颅。而没了头的刑天并没有因此死去，而是重新站了起来，并把胸前的两个乳头当作眼睛，把肚脐当作嘴巴，左手握盾，右手拿斧。因为没了头颅，所以他只能永远地与看不见的敌人厮杀，永远地战斗。而在陶渊明的《读山海经》中有"精卫衔微木，将以填沧海。刑天舞干戚，猛志固常在。同物既无虑，化去不复悔。徒设在昔心，良辰讵可待"的句子，来赞颂刑天的精神。

　　到了后世，刑天成为勇猛将士的象征，各朝各代之中，更是被比喻作战斗之神。而在现代，刑天常常成为电脑游戏的角色，多是因为其独特外形、悲剧性和勇猛形象有关。

气贯九天

　　当炎帝还是统治全部落的天帝的时候，刑天是炎帝手下的一位大臣。他生平酷爱歌曲，曾为炎帝作乐曲《扶犁》，作诗歌《丰收》，总名称为《卜谋》，以歌颂当时人民幸福快乐的生活。

后来炎帝被黄帝推翻，屈居到南方做了一名天帝，虽然忍气吞声，不和黄帝抗争，但他的儿子和手下却不服气。当蚩尤举兵反抗黄帝的时候，刑天兴冲冲地跑到炎帝宫殿，力劝炎帝举兵拒抗黄帝，与黄帝争夺天下统治权。但年老的炎帝已无斗志，只图暂时地保存自己平安即可，拒绝发兵打仗。刑天失望地离开炎宫，决定去找夸父族的人，鼓动他们东山再起。却不料跑到"成都载天"一看，一个人影子也没有。刑天的好战精神来了，决定独自行动，他握盾执斧，向黄帝的宫殿中央天庭杀奔而去。当他走过西泰山，突然狂风乍起，大雨倾盆。好好的晴天，哪来风雨？刑天一时被弄得莫名其妙。朦胧中只见两个巨神手执兵器砍杀而来。刑天这才想起是黄帝手下的风伯、雨师捣的鬼；不由分说，砍杀过去。风伯、雨师哪是刑天的对手，慌乱抵挡一阵，败下阵来。顿时风停雨止。刑天也不追赶，收了斧盾，继续往昆仑山奔去。不多会儿，昆仑在望。负责管理黄帝宫殿的天神陆吾见刑天杀气腾腾，不知为了何事，连忙上前询问。刑天怒喝道："与你无关，快叫那老头子出来！"天神陆吾这才知道刑天是来报仇的，还想劝说几句，刑天早已火起，推开陆吾就往里闯。于是，双方厮打起来。陆吾哪是刑天的对手，只几个回合，便被刑天打翻在地。刑天嘿嘿冷笑两声直朝宫内冲去。进得宫内，刑天恃勇对着天兵卫士左砍右劈，很快就杀到黄帝临朝的正殿门前。看守正殿的天兵天将一声呐喊，一齐围上来拼命砍杀抵挡。刑天锐气正盛，只见他不慌不忙地上下招架，左扫右劈，一会儿就杀得天兵天将们东倒西歪，四散窜逃，有的去报告黄帝。

天崩地裂的一声怒喊，威风凛凛的黄帝亲自出殿来迎战了。刑天转过身来，寒光一闪，黄帝的宝剑已到，刑天忙用左手盾牌抵住剑锋，右手挥起板斧砍过去。一场大战开始了。黄帝沉着应战，施展他那变幻莫测的齐天剑法，一路一路向刑天扫刺挥劈，刑天以攻为守，车轮旋转似的砍杀过去。

　　黄帝虽说身经百战、神力无穷，这时碰上勇力无比的刑天，也不免有些气虚力亏，他边战边退，一直退到常羊山下。到了常羊山下时，黄帝突然收住宝剑，跳出圈外，对刑天说，山下地方太小，不如我们到山顶上决斗。刑天想都没想，大踏步朝山上走去。哪知这是黄帝的计谋，刑天还没走两步，说时迟，那时快，黄帝的宝剑已到，直向刑天的头颈斜劈过去。只听得"嚓"的一声，刑天那颗像小山丘样的巨大的头颅，就跌落在山坡上了。刑天一摸颈子上没有了头颅，心里发慌，忙把右手的板斧移给左手握着，蹲下身来伸手向地上乱摸。黄帝唯恐刑天摸着了头颅，在脖子上合拢来，赶忙提起手里的宝剑，竭尽全力向常羊山劈去。"哗啦"一声，常羊山一劈两半。那头骨碌碌竟滚进了两山之间。轰隆隆一声巨响，大山竟然重又合拢了。刑天知道拾头无望，无限悲愤地慢慢站立起来，冤怒之气从体内冲出，凝成乌云，久久不散。

　　被砍掉脑袋的刑天与黄帝争斗的意志丝毫没有减退，斗争的欲火反而更加旺盛，竟用他的两个乳房作为眼睛，发出仇恨的凶光，肚脐眼作为嘴巴，呶呶不休地嚷嚷叫骂个不停，同时，一手握长斧，一手握盾牌，挥舞不息。最终，刑天还是将生命耗尽后，带着悲愤离开了人间。黄帝也为刑天的这种不屈不挠的精神所感动，亲手将他的尸体掩埋在了常羊山上。刑天本名并不叫刑天，人们只知道他是一位乐工，而不知其名。后人称其为"刑天"，实际就是指黄帝施刑罚砍去其脑袋的意思。

轮回转世之说

还有个很有趣的传说，说三国时期典韦是刑天转世。很多人认为三国时关羽才是战神，其实不然，自古到今，关羽只被尊为武圣。典韦这个人出场在三国战场上的时间不是很早，而且活的时间很短，就是因为典韦乃是上古战神刑天转世，所以元始天尊故意将典韦投胎于蛮荒之地，故意不让其加入三国战局，免得祸害人间，但是曹操当时在濮阳被吕布打得落花流水，当时逃到濮阳的山林间，于是战神刑天终于觉醒了。典韦当时正在驱虎过涧，虎乃百兽之王，特别是在山林之中基本无人敢与之为敌，曹操看到此情景，当时就惊呆了，而曹操随行的有一人告诉他典韦的身份后，曹操更加坚定了自己的信念。

告诉曹操典韦身份的人名叫杨修，当时杨修对曹操说："这人乃上古战神刑天转世，被元始天尊困于此，如果今日大王能得此人必能克吕布，当今能克吕布，唯有此人耳，但是今日大王若带他出此，此人不能活长久，此乃命，全凭大王做主。"当时处于三国早期，曹操手下并没有可用的强将，没关羽、张飞，没吕布，所以曹操想都没想，叫住了典韦。

典韦的命是什么，就是不能搅入三国混战，为什么，因为当时元始天尊知道恶神刑天转世，就将典韦困于陈留乡间，并且派了天界南天门守卫守在濮阳，此人名叫李永，乃是濮阳富春长，是当地一霸，本来两人相安无事，后来李永惹了典韦的一个好朋友刘氏，那刘氏本乃一无名之辈，但是典韦随着年龄的增长，他的戾气也变重，典韦总是感觉有什么限制自己，刘氏只是一个导火线，而典韦早有杀人之心了。

当时刘氏和李永只是个人的恩怨，但是典韦作为刘氏的好友，所表现的愤怒远远大于刘氏,李永在当地乃一霸,手下卫兵有不少,那天典韦混在李永家门口,当时他扮成一个卖酒的,等着李永出来,典韦便从怀里掏出匕首向前截杀李永,并杀李永妻,再慢慢走出来,取出车上刀戟,步行离去。由于李永的居所邻近市,此事发生后全市震惊。从后而追者虽有数百,但却无人敢近。典韦行了四五里,遇上李永亲朋,双方转战不久,典韦脱身而去,典韦一身独对近百人,毫发无损,真可谓战神。后来元始天尊知晓了这件事,知道困不了典韦,因为神是不能干预人间人的生死,所以只能在典韦身上下了偈语,只要典韦加入三国混战,必会重蹈刑天的覆辙,而此时的典韦只有上天赋予的膂力,因为当年刑天败于黄帝,所以没有神仙的慧根,在山野之间混迹,直到曹操把他带到了三国战局之中。

曹操听到杨修的话后,更加欣赏典韦,当即招其到麾下,并称他为"古之恶来",这也是后来典韦的外号,说的就是典韦的来历,上古恶神,典韦当时对曹操的印象也是不错,曹操将典韦招到麾下后,后来在濮阳之战,曹操前往夜袭其屯,翌日清晨破之。曹军尚未及时回还,而吕布救兵已至,双方三面会战。当时吕布亲身搏战,人挡杀人,佛挡杀佛,曹操被困,后来曹操招募了几十人的敢死队,其中就包括了典韦,敢死队所有人都身披重甲,带盾牌,只有典韦一人赤裸上身,毫不怕死。典韦奋勇挡敌,贼军弓弩乱发,矢箭如雨,典韦尽然无视,向随从说:"贼军来到十步之内,便告诉我。"不久随从说:"十步了。"典韦又说:"五步之内再告诉我。"随从畏惧,立即便说:"贼军来到了!"典韦手持十余支小戟,大呼而起,以戟掷敌,所投者无不应声而倒。典韦带领大部队突破了包围,后来便遇上了三国第一武将吕布,这是真正的一对一单挑,典韦战吕布,正如杨修所说的一样,哪怕吕布有三龙护身,终究还是打不过战神刑天转世的典韦,吕布败退，这是吕布唯一单挑输给的男人，当然刘关张三打一不算，可以看出典韦的战斗力有多强。

　　话说典韦后来打败了吕布，带着曹操突围后，其实也注定了他的性命的短暂，当时曹操见典韦如此勇猛，便封典韦为校尉，而且三国之中无一败绩的也就典韦一人，但是他还是逃不出元始天尊的偈语，后来曹操带着典韦攻打荆州，张绣投降了，张绣此人乃是白虎七宿中的奎木狼，其人并无争夺天下之意，所以投降于曹操，张绣此人善于陆军奔袭，手下骑兵也是相当凶悍，和他奎木狼的名号相符，典韦当时做的是曹操御前侍卫，站在曹操身边，当时张绣投降时看到典韦，竟然吓得不敢正视典韦，后来曹操酒后乱性，竟然笑纳了张绣的婶婶，在伦理道德至上的封建社会，这是不可忍的事情！惹得张绣降而复反围攻曹操。他接受贾诩的建议，突然造反，奇袭曹操之营，曹操被杀得措手不及，出战不利，轻骑遁去。而典韦当时被张绣部下胡车儿灌醉，乘隙偷走其双铁戟。后来这场战斗里典韦还是应验了元始天尊的偈语。据《三国志》记载，当时典韦一手持斧钺，一手持盾，独立在营门口，典韦战于门中，贼不得入。我们可以看到典韦此时和刑天是一样的，刑天手舞干戚，"干"古代指的是盾，"戚"指的是斧子，典韦阴差阳错地被偷掉了双铁戟，拿着这副装备，他当时挡在门口，书中写道："韦被数十创，短兵接战，贼前搏之。韦双挟两贼击杀之，馀贼不敢前。韦复前突贼，杀数十人，创重发，瞋目大骂而死。贼乃敢前，取其头。"刑天是被黄帝斩下头颅而死，典韦也是被砍下头颅，典韦被砍下头后，将士才敢进营门，可见典韦的威风，但是典韦终究还是没有逃出偈语，刑天为炎帝战死，典韦为曹操战死。

　　三国之中有谁的死能比得上典韦！评典韦的死，只有两个字"悲壮"！亦如刑天一样。

祝融烈焰六千年

祝融，本名重黎，中国上古神话人物，后人尊为火神。据《山海经》记载，祝融的居所是南方的尽头，是他传下火种，教人类使用火的方法。另一说祝融为颛顼帝孙重黎，高辛氏火正之官，黄帝赐他姓"祝融氏"。在日常用语中，"祝融"是火的代名词。

砸石取火

传说祝融生着一副红脸膛，长得威武魁伟，聪明伶俐，不过生性火爆，遇到不顺心的事就会火冒三丈。那时候燧人发明钻木取火，还不大会保存火和利用火。但黎特别喜欢跟火亲近。所以十几岁就成了管火的能手。火到了他的手里，只要不是长途转递就能长期保存下来。黎会用火烧菜、煮饭，还会用火取暖、照明、驱逐野兽、赶跑蚊虫。这些本领，在那个时候是了不得的事，所以，大家都很敬重他。有一次，黎的爸爸带着整个氏族长途迁徙，黎看到带着火种走路不方便，就只把钻木取火用的尖石头带在身边。

一次，大家刚定居下来，黎就取出尖石头，找了一筒大木头，坐在一座石山面前"呼哧呼哧"钻起火来。钻呀，钻呀，钻了整整三个时辰，还没有冒烟，黎很生气，他嘴里喘着粗气，很不高兴，但是没有火不行，他只好又钻。钻呀，钻呀，又钻了整整三个时辰，烟倒是出来了，就是不起火。他气得脸色黑红，"呼"地站起来，把尖石头向石头山上狠狠砸去。谁知已经钻得很热的尖石头碰在石山上，"咔嚓"一声冒出了几颗耀眼的火星。聪明的黎看了，很快想出了新的取火方法。他采了一些晒干的芦花，用两块尖石头靠着芦花"嘣嘣嘣"敲了几下，火星溅到芦花上面，就"吱吱"冒烟了。再轻轻地吹一吹，火苗就往上蹿了。

自从黎发现石头取火的方法，就再也用不着费很大工夫去钻木取火了，也用不着千方百计保存火种了。中原的黄帝知道黎有这大的功劳，就把他请去，封他当了个专门管火的火正官。黄帝非常器重他，说："黎呀，我来给你取个大名吧，就叫祝融好了，祝就是永远，融就是光明，愿你永远给人间带来光明。"黎听了非常高兴，连忙磕头致谢。从此，大家就改叫他祝融了。

火攻始祖

黄帝大战蚩尤时，祝融见蚩尤的部下都披兽皮，又献了一计，教自己的部下每个人打个火把，四处放火，烧得蚩尤的部队焦头烂额，慌慌张张地朝南方逃走。黄帝驾着指南车，带着部队乘胜向南追赶。赶过了黄河，赶过了长江，一直赶到黎山之丘，最后终于把蚩尤杀死了。祝融由于发明了火攻的战法，立了大功，黄帝重重封赏了他，他成了黄帝的重要大臣。

封帝南岳

黄帝的部队班师回朝时，路过云梦泽南边的一群大山。黄帝把祝融叫到跟前，故意问道："这叫什么山？"祝融答道："这叫衡山。"黄帝又问："这山的来历如何？"祝融又答道："上古时候，天地一片混沌，像个鸡蛋。盘古氏开天辟地，才有了生灵。他活了一万八千年，死后躺在中原大地之上，头部朝东，变成泰山；脚趾在西，变成华山；腹部凸起，变成嵩山；右手朝北，变成恒山；左手朝南，就变成了眼前的衡山。"刚刚说完，黄帝紧接着又问："那么，为什么名叫衡山？"祝融马上答道："此山横亘云梦与九嶷之间，像一杆秤一样，可以称出天地的轻重，衡量帝王道德的高下，所以名叫衡山。"黄帝见他对答如流，非常高兴，笑呵呵地说："好哇！你这么熟悉南方事务，我要委你以重任！"但黄帝并不说出是什么重任。

队伍在衡山驻扎下来了。黄帝登上最高峰，接受南方各个部落的朝拜。许多氏族首领会集在一起，大家都很高兴，祝融一时兴起，奏起了黄帝自己编的曲子——咸池之乐，黄帝的妃子嫘祖也踏着拍子，跳起舞来。大家见了，都围着黄帝跳了起来。跳了个痛快以后，黄帝叫大家静下来，说："我就位以来，平榆罔，杀蚩尤，制订历法，发明文字，创造音律，编定医书，又有嫘祖育蚕治丝，定衣裳之制。现在天下一统，我要奠定五岳：东岳泰山，西岳华山，南岳衡山，北岳恒山，中岳嵩山。从今以后，火种祝融镇守南岳。"大家一听，都大声喊着："万寿无疆！万寿无疆！"祝融这时才知道，原来黄帝说的委以重任就是这么回事。

黄帝走了以后，祝融被留在衡山，正式管理南方的事务。他住在衡山的最高峰上，经常巡视各处的百姓。他看到这里的百姓经常吃生东西，就告诉他们取火，教他们把东西烧熟再吃。他看到这里的百姓晚上都在黑暗中摸来摸去，就告诉他们使用火松明。他看到这里瘴气重、蚊虫多，百姓经常生病，就告诉他们点火熏烟，驱赶蚊虫和瘴气。

百姓们都很尊敬他，每年八月秋收以后，就成群结队地来朝拜他。大家说："祝融啊，我们人丁兴旺了，鸡鸭成群了，五谷丰登了。你给我们带来了这么多的好处，我们感谢你，我们要尊你为帝。你以火施化，火是赤色我们就叫你赤帝吧！"从此，祝融就被大家尊为赤帝了。

火神祝融的传说带有神话色彩，但它反映了人类同火灾作斗争的一种希冀，寄希望于火神能给人们带来更多的光明和幸福，驱除邪恶，消灾免祸。然而，要真正预防火灾，避免火灾给人类带来的危害，祭神求佛是无济于事的，只有依靠科学，依靠人类的智慧战胜火灾。今天，人类对火已有了科学的认识，再不用祈求火神保护了，但祝融以火造福人类的形象却将作为美好的传说继续流传下去。

共工怒触不周山

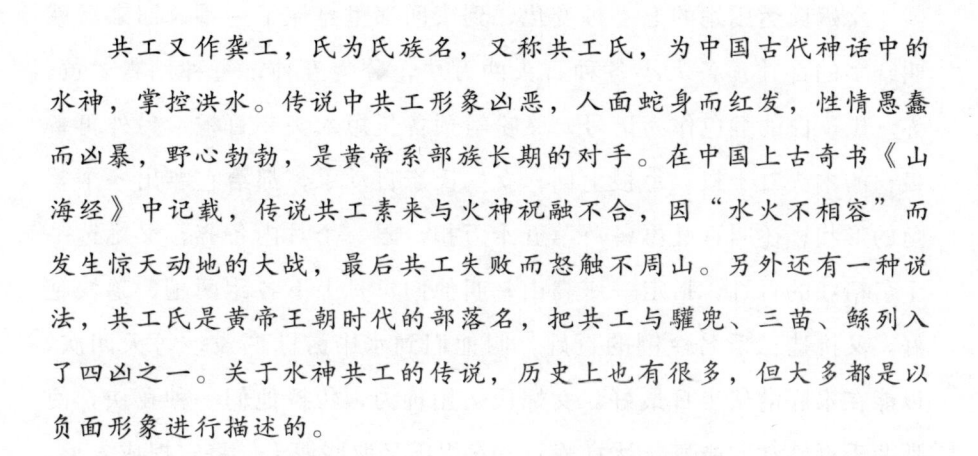

共工又作龚工，氏为氏族名，又称共工氏，为中国古代神话中的水神，掌控洪水。传说中共工形象凶恶，人面蛇身而红发，性情愚蠢而凶暴，野心勃勃，是黄帝系部族长期的对手。在中国上古奇书《山海经》中记载，传说共工素来与火神祝融不合，因"水火不相容"而发生惊天动地的大战，最后共工失败而怒触不周山。另外还有一种说法，共工氏是黄帝王朝时代的部落名，把共工与驩兜、三苗、鲧列入了四凶之一。关于水神共工的传说，历史上也有很多，但大多都是以负面形象进行描述的。

女娲率众降康回

伏羲时期,在华夏有一个共工氏的部落。共工氏在天上对应这一个水神,叫共工,它人面蛇身,有红色的头发,性情十分暴躁。共工手下有两个恶名昭彰的神:一个是长着九个脑袋的相柳,它也是人面蛇身,全身青色,性情残酷贪婪,专以杀戮为乐;另一个是长的凶神恶煞一般的浮游,也是一个作恶多端的家伙。

共工氏族的人说话好听得很,天花乱坠,但做起事来邪僻,表面上恭敬,实际上无法无天。共工氏的头子叫康回,生得髦身朱发,铁臂虬筋,身高一丈有余,力大无穷。康回为人表面恭敬但内心狡诈,阴谋百出,只是碍于伏羲的大威大德而暂时隐忍为上。

传说伏羲离去后,华夏之民尊奉女娲,康回因此忌恨,倚仗自己封地的地势高险,决滔天洪水危害中原,致使华夏天地间一片汪洋。女娲忍无可忍,决定引领华夏之民铲除共工。

女娲氏运用她的七十种变化,到康回那里打探了一番,回来后就叫众多的百姓预备大小各种石头两万块,分为五种,每种用青、黄、赤、黑、白的颜色作为记号;又吩咐预备长短木头一百根,另外再备最长的木头二十根,每根上面,女娲氏亲自动手,都给它雕出一个鳌鱼的形状;还叫百姓再备芦苇五十万担,限一个月内备齐;又挑选一千名精壮的百姓,指定一座高山,叫他们每日上下各跑两趟,越快越好,又挑选二千名伶俐的百姓,叫他们到水中游泳泅没,每天四次,以能在水底潜伏半日最好。女娲氏运用神力,传授他们一种秘诀,使那两千百姓欢欣鼓舞,认真练习。女娲氏又取些泥土,将它捏成人形,大大小小,一共捏了几千个。刚刚准备完毕,康回就率部来攻,故技重施，洪水开路，女娲氏就叫百姓将五十万担芦苇先分一半，用火烧起来，化为灰烬，又叫百姓将烂泥挖起来和草灰拌匀，每人一担，向前方挑去，遇到有水的地方就填上，女娲氏在后面运用她的神力，只见康回灌过来的水都倒灌回去。康回败了第一阵，就率领部属直接冲杀过来，他的部属本就凶猛，这次又吃了亏，更是嚣张，这时女娲氏所做的几千个土偶个个长大起来，大的高五丈，小的也有三丈，手执兵器，迎向敌人，康回的部众几时见过这种阵仗，一个个惊惶失措，败下阵去。女娲氏立即吩咐那两千个练习泅水的百姓："康回这回退去，必定拣险要的地方守起来，他一定在大陆泽和他的老家昭余大泽一带躲起来，那里他筑有大堤，为防他决堤灌水，你们一遇到有堤防的湖泽，就用我为你们预备的木头在湖的四周先用四根长木一直打到地底，再用几根短木打在旁边，他就决堤不动，因为大海之中，鳖鱼最大，力也最大，善于负重，我已经到海中与海神商量好了，将几个鳖鱼的四足暂时借用，所以那木头上刻的，不但是鳖鱼的形状，它的精神也在里面。"这些人听了欣然前往，女娲氏又带了两千个跑山的百姓，携了缩小的土偶、石头等物，一路赶去，在大陆泽和昭余大泽彻底击败康回，康回逃跑时遇到那两千个久练长跑的人如何是对手，居然被生擒。部众将康回擒来献给女娲氏，女娲氏历数他的罪行，下令斩首，咔嚓一刀下去，却不见有血冒出来，但有一股黑气升到空中，原来康回也有些神通，化作一条黑龙蜿蜒逃去。

大禹遣龙驱共工

传说到了尧帝时期，天下洪水又泛滥，在鲧治水不成功的情况下，尧派鲧的儿子禹去治理洪水。

大禹领着百姓治水，一直将黄河治理到邙山东头，再向东的河道就不好治了，因为有共工在作怪捣乱。

　　共工是个坏水神，性情凶狠，处世蛮横，专与华夏之民作对。它经常在心血来潮时施展神力，呼风唤雨，用洪水伤害天下的百姓，把一个好端端的华夏弄得一片汪洋。百姓们哭天叫地，苦熬日月。

　　大禹找到共工，劝说其不要再呼风唤雨，发洪水坑害百姓，给华夏之民留条生路，积些德行。共工根本不听大禹的好言相劝，说："我发我的水，和你有什么关系？"大禹不愿再理这号灵魂低劣的坏神，只好水里来，水里去，顶风冒雨，察看地形，寻找黄河向东的出路。

　　共工一看大禹一心要治住洪水，疏导黄河，让华夏之民过上正常的生活，顿时火冒三丈，几乎将自己的全部神力都使了出来，中原一带的洪水于是四处漫溢，到处横流，洪水更大了。

　　大禹东奔西跑，费尽了力气，地上的水却越聚越多，黄河水也是四处八方乱窜。有共工捣乱，黄河没法疏导，大禹忍无可忍，决心带领华夏之民驱逐共工。

　　大禹把随他治水的应龙、黄龙、白龙、苍龙都叫来，并鼓励华夏之民一起出战。共工由于四处作恶，早就声名狼藉，百姓听说大禹要赶走共工，纷纷前来参战。大禹带着大家在水中拦住共工，双方厮杀起来。

　　整整大战了一个月，大禹带华夏之民轮流上阵。共工渐渐疲惫不堪，败下阵后，仓皇而逃，大禹穷追不舍。共工看着自己在劫难逃，便向大禹下跪，发誓永远不再侵犯华夏，再不发水行恶了。大禹心一软，放走了共工。

　　大禹率华夏之民赶走共工后，一鼓作气，把洪水排完，又马不停蹄地把黄河疏导到东海,并用太行山的石头,在黄河两边筑起又高又厚、十分坚固的堤岸。

怒触不周山

关于共工怒触不周山,常见的说法有三:

一说水神共工与火神祝融向来不合,他率领虾兵蟹将,向火神发动进攻。担当先锋的大将相柳、浮游猛扑火神祝融氏居住的光明宫,把光明宫四周长年不熄的神火弄灭了。大地顿时一片漆黑。火神祝融驾着遍身冒着烈焰的火龙出来迎战。所到之处,云雾廓清,雨水齐收;黑暗悄悄退去,大地重现光明。水神共工恼羞成怒,命令相柳和浮游将三江五海的水汲上来,往祝融他们那里倾去。刹那间长空中浊浪飞泻,黑涛翻腾,白云被淹没,神火又被浇熄了。可是大水一退,神火又烧了起来,加上祝融请来风神帮忙,风助火威,火乘风势,炽炽烈烈地直扑共工。共工他们想留住大水来御火,可是水泻千里,哪里留得住?火焰又长舌般地卷来,共工他们被烧得焦头烂额,东倒西歪。共工率领水军且战且退,逃回大海。他满以为祝融遇到大水,肯定会知难而退,因此立在水宫,得意起来。不料祝融这次下了必胜的决心,他全速追击。火龙所到之处,海水不由滚滚向两旁翻转,让开了一条大路。祝融直逼水宫,水神共工他们只好硬着头皮出来迎战。代表光明的火神祝融获得了全胜。浮游活活气死,相柳逃之夭夭,共工心力交瘁,无法再战,狼狈地向天边逃去。共工一直逃到不周山,回头一看,追兵已近。共工又羞又愤,就一头向山腰撞去,"哗啦啦"一声巨响,不周山竟给共工撞折了。不周山一倒,大灾难降临了。原来不周山是根撑天的大柱,柱子一断,半边天空就坍塌下来,露出石骨嶙峘的大窟窿，顿时天河倾泻，洪水泛滥。著名的"水火不相容"的典故即源于这场大战。后来才有了女娲炼五彩石补天的事迹，大地重回正常。

二说颛顼帝的大德智慧，使善者从之，却使邪恶及无法无天的共工恨之，共工忌妒得简直发了狂，便纠集一些同样鼓吹无法无天而对颛顼帝不满的坏神组建成一支军队，轻骑短刃，突袭天国京都。颛顼帝闻变，泰然自若，一面点燃七十二座烽火台。

大战开始后，颛顼帝率军将共工部众从天上追逐到凡界，再从凡界厮杀到天上，几个回合过去后，颛顼帝的部众越杀越多，长着两个蜂窝脑袋的骄虫领毒蜂由平逢山赶至；共工的部众被杀得人仰马翻，几乎全军覆没。共工辗转杀到西北方的不周山下，身边仅剩十三骑。不周山的奇崛突兀，顶天立地，挡住了这伙贼寇的去路。这不周山是一根撑天的巨柱，是颛顼帝维持宇宙秩序的主要凭借之一。这时，颛顼帝率军从四面八方冲来，喊杀声、劝降声惊天动地，天罗地网已经布成。共工到死还想坏一把，不顾一切后果发泄怨恨，他向不周山撞去。在轰隆隆、泼剌剌的巨响声中，那撑天杵地的不周山竟被他拦腰撞断，横塌下来。

天柱折断后，整个宇宙便随之发生了大变动，西北的天穹失去撑持而向下倾斜，使拴系在北方天顶的太阳、月亮和星星在原来位置上再也站不住脚，身不由己地挣脱束缚，朝低斜的西天滑去，成就了我们今天所看见的日月星辰的运行路线，以及江河东流，淡水与海水混合的情景。

不周山被撞断后，天就塌下半边来，还露出很多大窟窿；地面也裂开了，出现一条条的深坑裂缝。在天崩地裂的情况下，山林燃烧起熊熊大火，地底喷出了滔滔洪水，周围也蹿出了各种凶猛野兽，大地就像一个人间地狱。天神女娲,看到自己创造出来的人受到这样的苦难,痛心极了。为了让人们重新过上自然的生活,女娲决定去修补残破的苍天。这是一件极其困难繁杂的工作,女娲先在江河拣了许多五色石子,又用大火把石子烧了九天九夜,炼成红、黄、青、白、黑五色混和的石浆,然后一勺一勺地把石浆灌进天上的窟窿,把崩裂的地方修补好。随之的工作,便是要把天撑起来。女娲用一只大乌龟的四只脚,来代替天柱,竖立在大地的四方,把天空像架帐篷似的撑起来。柱子很结实,天空再也不会塌下来了。女娲又赶走了到处为患的凶禽恶兽,又用芦草烧成的灰去填塞洪水。天补好了,地也填平了,华夏之民又重新过上了自然幸福的生活。

三说共工氏姓姜,是炎帝的后代。他的部落在今天的河南北部。他对农耕很重视,尤其对水利工作更是抓得紧,发明了筑堤蓄水的办法。那个时候,人类主要从事农业生产,水的利用是至关重要的。

共工有个儿子叫后土,对农业也很精通。他们为了发展农业生产,把水利的事办好,就一起考察了部落的土地情况,发现有的地方地势太高,田地浇水很费力;有的地方地势太低,容易被淹。由于这些原因非常不利于农业生产,因此共工氏制订了一个计划,把土地高处的土运去垫高低地,认为垫高下洼地可以扩大耕种面积,高地去平,利于水利灌溉,对发展农业生产大有好处。

颛顼部不赞成共工氏的做法。颛顼认为,在部族中至高无上的权威是自己,整个部族应当只听从他一个人的号令,共工氏是不能自作主张的。他用这样做会让上天发怒为理由,反对共工氏实行他的计划。于是,颛顼与共工氏之间发生了一场十分激烈的斗争,表面上是对治土、治水的争论,实际上是对部族领导权的争夺。

要说这两个人比起来,力气上,共工氏要强;论机智,他却不如颛顼。颛顼利用鬼神的说法，煽动部落民众，叫他们不要相信共工氏。当时的人对自然知识缺少了解，对鬼神之事都极为相信，不少人上了颛顼的当，认为共工氏一平整土地，真的会触怒鬼神，引来灾难，因此颛顼得到了多数民众的支持。

共工氏不能得到民众的理解和支持，但他坚信自己的计划是正确的，坚决不肯妥协。为了天下人民的利益，他决心不惜牺牲自己，用生命去殉自己的事业。他来到不周山（今昆仑山），想把不周山的峰顶撞下来，来表示自己的坚强决心。

共工氏驾起飞龙，来到半空，猛地一下撞向不周山。霎时间，一声震天巨响，只见不周山被共工氏猛然一撞，立即拦腰折断，整个山体轰隆隆地崩塌下来。天地之间发生巨变，天空中，日月星辰都变了位置；大地上，山川移动，河川变流。原来这不周山是天地之间的支柱，天柱折断了，使得系着大地的绳子也崩断了，只见大地向东南方向塌陷。天空向西北方向倾倒。因为天空向西北方向倾倒，日月星辰就每天都从东边升起，向西边降落；因为大地向东南塌陷，大江大河的水就都奔腾向东，流入东边的大海里去了。

共工氏英勇的行为得到了人们的尊敬。在他死后，人们奉他为水师（司水利之神），他的儿子后土也被人们奉为社神（即土地神），后来人们发誓时说"苍天后土在上"，就谈的是他，由此可见人们对他们的敬重。

是非功过后人评

抛开神话不谈，真实的共工是颛顼帝时代一个比较强大部族的首领，活动在辉县（今天的河南省辉县市，辉县市又称为共城，为共工的故乡）一带。他发明了筑堤蓄水的办法。关于他的传说，几乎全与水有关。

共工氏和他的女儿后土都对农业很精通。他们专著于研究农业生产中的水利方面。在考察了部落的土地情况后，发现有的地方地势太高，田地浇水很费力；有的地方地势太低，容易被淹。为了改变这种不利于农业生产的情况，共工氏发明了筑堤蓄水的方法。具体做法是：把地势高处的土运到低地上填高，认为洼地填高可以扩大耕种面积，高地去平，利于水利灌溉，对发展农业生产大有好处。

不过在治水方面，共工氏采用的方法是把高地铲平，低地填高。在平坦地面上修筑堤防。用土堤来挡水，这种方法没有疏通河流，水依然会漫流泛滥成灾，所以共工氏未能根治洪水，但是为后人治水积累了经验。

句芒乘龙卫九重

句芒又称勾芒、木正、木帝，是管理农事之神。对句芒神的祭祀，远在周朝时就有，那时设有东堂，年年举行迎春仪式，这种风俗一直延续到清末民初。

此外，也有春神为伏羲、句芒合二为一说。民间流传，伏羲做了东方的天帝，他的臣子句芒便做了他的属神。他们两人共同管理着东方青土树木的原野一万二千里，共同为春天的神明。此种说法，与上述《尚书洪范》记载的，"帝太皞神句芒司之"也许并不矛盾。古代文献无标点,或许可断句为"帝太皞、神句芒司之"。如此,理解为帝太皞即伏羲与神句芒共同司春,也未尝不可。伏羲或为主神,句芒或为其下属之神。这也与传说中伏羲主管东方,句芒为草木神、生命神的说法相吻合。

句芒的形象

句芒手里拿了一个圆规,和东方天地伏羲共同管理着春天。这句芒,是人的脸,鸟的身子,脸是方墩墩的,穿一件白颜色衣裳,驾了两条龙。

人们叫他"句芒",意思就是说,春天草木生长是弯弯曲曲、角角叉叉的,"句芒"两个字就做了春天和生命的象征。

句芒之鸟身人面,说明居住在东方的大白皋部族,原本是一个以鸟为图腾信仰的部族,而句芒神也许就是该部族的图腾神。春神句芒是女性还是男性,没有材料可以说明。但神话中的大白皋部族,已经是个男权部族社会了。还有材料说,句芒神的脸是四方形的。后世的句芒图,因受神话历史化和男权社会的影响,除了头顶上还保留着一些被称为"芒"的毛发外,几乎完全变成了一个古代朝臣的形象。

而如今我们在祭祀仪式和年画中见到的句芒,则变成了春天骑牛的牧童,头有双髻,手执柳鞭,亦称芒童。

句芒的演变

唐代诗人阎朝隐有诗曰:"句芒人面乘两龙,道是春神卫九重。"(《全唐诗》卷六十九)在历代的迎春祭祀活动中,句芒也是一个屡屡登场的角色。据《岁时记》的记载，立春前一日，各级官府的属员们率队到东郊举行鞭土牛、迎春仪式时，句芒总是随其左右，有时还手执彩鞭。至于他所站立的位置，要根据五行的干支而定。这种仪式中的句芒，一般不再是句芒，而被唤作"芒神"。芒神，既是春神，又兼有谷神的职能。一年的农事，甚至也在他的掌握和安排之中了。

由于民族、地域、神系的不同，在中国古代神话中，春神不独句芒一位，还有简狄。不过，简狄属于殷人神话中的角色。与句芒不同的是，她是一位女神。已故神话学家丁山认为："简狄即爱神，亦即春神。春风时至，草木皆苏，春神有促进生殖的能力，也就被大众重视为生殖大神了。简狄神格，颇似埃及古代的埃西。"

《楚辞》中的东君，也被认为是楚国的春神。宋代词人李邴在《汉宫春》写道："潇洒江梅，向竹梢疏处，横两三枝。东君也不爱惜，雪压霜欺。无情燕子，怕春寒、轻失花期。却是有、年年塞雁，归来曾见开时。"也勉可作一家之言吧。

添寿秦穆公之说

春秋时候，秦穆公是个贤王，能够任用贤臣，曾经拿了五张羊皮把百里奚从楚国人手里赎回来，委托他担当了国家的重任；又能厚爱百姓，曾经赦免了三百个把他逃跑的好马杀来吃的歧下野人，后来这班人感念他的恩德，帮助他打败了晋国的军队，俘虏了晋国的国君夷吾；天地因为他有这些好德行，便叫木神兼春神的句芒给他添加了十九年的寿命。

蓐收尺掌管秋天

蓐收是为白帝少昊的辅佐神，有人说蓐收为白帝之子，还有说他是古代传说中的西方神名，司秋。据《淮南子·天文篇》载"蓐收民曲尺掌管秋天"，也就是说他分管的主要是秋收科藏的事，所以望河楼前有"蓐收之府"牌坊。《山海经》又说："蓐收住在泑山"。这山南面多美玉，北面多雄黄。在山上可以望见西边太阳落下的地方，那时的光气也是圆的。管太阳下去的神叫红光，据说这就是蓐收。

蓐收家世之说

说起蓐收的家世，其中的传说很是神奇。

《左传·昭公九年》里说："晋梁丙、张趯率阴戎伐颍。王使詹桓伯辞于晋，曰：'我自夏以后稷，魏、骀、芮、岐、毕，吾西土也。在夏世以后稷功，受此五国为西土之长。'"

周景王十二年（公元前533年），周天子派詹桓伯遣责晋说："我们在夏代由于社稷的功劳，魏国、骀国、芮国、岐国、毕国是我们的西部领土，成为五国之长。"

而这里的骀国，史学家认为："邰骀就是古之有邰氏。也可解为台姓之骀国，在今山西省闻喜县一带。"

我们知道周人的始祖姜嫄就是有邰氏，这个部族的后裔就是骀国。其始祖邰骀原本也是一个治水的英雄,《左传·昭公元年》记载:"昔金天氏有裔子曰昧,为玄冥师,生允格、台骀,台骀能业其官,宣汾、洮,障大泽,以处太原。帝用嘉之,封诸汾川,沈、姒、蓐、黄实守其祀。今晋主汾而灭之。由是观之,则台骀,汾神也。"

这个台骀,也作邰骀,少昊族裔昧,为水官之长,其后代有允格、台骀,其中台骀能够继承治水的职能,到了周朝,其后人,以沈、姒、蓐、黄为封国,均在闻喜境内。其中的蓐国于春秋早期被邻近强国晋国所灭。

而蓐收,显然就是蓐国之人,其世代均已农业为长,所以蓐收也是农神。值得一提的是,在甲骨文中,蓐字的本字就是"农"字,蓐收,正是说秋天农事收割贮藏的意思。

蓐收形象

传说中,蓐收左耳上盘着一条蛇,右肩上扛着一柄巨斧。《山海经》上说他住在能看到日落的泑山。蓐收耳朵上的蛇寓意着繁衍后代,生生不息。蓐收肩上的巨斧,表明他还是一位刑罚之神。

古时处决犯人,都是在立秋之后,叫秋后问斩。

秋天有杀气。"悲哉秋之为气也,萧瑟兮草木摇落而变衰。"

而东晋著名学者对蓐收的描述则是:"金神也;人面、虎爪、白毛,执钺。见外传。"

蓐收与假道伐虢

传说,虢国君主在某天梦见自己在宗庙之中,看见有个神人,长着人的脸孔,浑身白色的毛发,老虎的爪子,手执大板斧,站立在西墙下。虢国君主感到害怕而逃走,神人说:"不要跑,我奉天帝命令,要让晋国的军队开进虢国的都城。"虢国君主于是就拜揖这个神人。醒了之后,找来史嚚对梦进行占卜。史嚚说:"如果真的像国君所说的,那么那个神人就是蓐收了。蓐收是掌管刑罚的神明。"但是虢国君主不但不听,还把史嚚囚禁了起来,并且让国人祝贺他做的这个梦。后来晋献公借了虞国的道路,出兵进攻虢国,虢国也因此而灭亡。这就是著名的"假道伐虢"的故事。

看得出来,这个虢国君主也算是昏聩得很。天帝派掌管刑罚的神明蓐收前来警告他,他不仅不悔改,反而将实话实说的史嚚直接扔进大牢里面,还要让虢国人民祝贺他的梦。

假道伐虢这个故事不仅仅成为历史上一个很大的笑料,还衍生了好几个成语,如"灭虢取虞"、"朝虢暮虞"、"唇亡齿寒"。这几个成语当中,看得出来的是对虞国也是抱有一定的同情,虞国君主也昏聩,让晋献公借了自己国家的道路,人家灭了虢国回来的路上顺道把虞国也给灭了。虞国和虢国一样都是小国,如何跟强大的晋国抗衡呢?春秋战国,弱肉强食。在神职这一方面,和奉天帝之命嘉赐秦穆公十九年寿命的东方神明句芒是很相似的。

无所不在的地尊后土

上古时代,后既可指有天下的"天子",如夏后氏,又称诸侯,如风后、后羿。最早的"后土",是炎帝的后代。《山海经·海内经》:

"炎帝之妻……生炎居……共工生后土，后土生噎鸣，噎鸣生岁十有二。"

《大荒北经》："后土生信，信生夸父。"夸父是最后一代炎帝，当时"神农氏世衰"，而后轩辕代之，为黄帝。到夸父为止，炎帝都是有天下的共主。《国语·鲁语上》说："昔烈山氏之有天下也……共工氏之伯九有也，其子曰后土，能平九土，故祀以为社……"土地神祀后土，起自后"平九土"的功绩。《左传·昭公二十九年》："社稷五祀……土正曰后土。""共工氏有子曰句龙，为后土，此其二祀也……"

形象演变

在《山海经》中，后土的形象是人身蛇尾，背后有七只手，前面也有两只手并握两条腾蛇。

共工氏之子句龙，曾经任土正，亦称后土。他出身高贵，且有高才大能，在历任后土中，他最能利用土的自然属性及其规律为人类服务，最能体现大地之神（或云地神、土神）的意旨，因而功劳最大，大名最著。于是，他就作为历任后土又被与土的自然属性及其规律之神（土神）混淆在一起，成为大地之神，或云土神（这与句龙被奉为社神的情形一样），那么，社神和大地之神后土是不是一回事呢？不是的。这个问题在《左传》中说得很清楚，"社稷五祀"，明明社稷归社稷，五祀归五祀。但在汉代，人们就搞不清了。蔡邕在他的《独断》里，回答了这个问题："又问曰：社既土神，而夏至祭皇祇于方丘，又何神也？答曰：方丘之祭，祭大地之神；社之所祭，乃邦国乡原之土神也。"所谓"皇祇"，就是后土。后土与社的区别在于，社是具体的土地神。它代表着某一集团所拥有的某一区域的土地，而后土，代表着大地的自然属性及其规律，是抽象的大地之神。它所代表的土地，是抽象概念上的土地，因此，它又无所不在，只要有土地的地方，就有它。

到了汉代，人们称土地神为"地母"或"地媪"。唐代以后，根据天阳地阴的传统观念，民间塑造了女性的土地神像，称"土地娘娘"。今天土地神根据其神职不同，性别也有所不同。如管阳宅平安的门口土地神多为男性，而管人丁的村口土地神则被人们塑造称夫妇，即土地公与土地婆。且土地公与土地婆的造型还颇为生动，他们都是福相老人，慈眉悦目，银须飘洒，左手握一金锭，右手拄着长拐杖，姿势或坐或立，以坐姿更为多见。

所司之职

那么这位后土究竟是何职务？我们须从史籍上考察。《左传·昭光二十九年》说："土正曰后土。"后土既云"土"，土正又云"土"，可见他是与土地大有关系。那么何谓"土正"？不妨先看"正"字是什么意思。正者，与副相对也，当是为正职者。《左传·隐公六年》有"翼九宗五正"句，西晋注家杜预注道："五正，五官之长。"可见正者确系正职的长官，亦即长官中的最高位者。长官所干者何？自然是领导和管理之事。因而所谓"土正"就是管理土地的最高长官。既然如前所引，土正与后土是画等号的，那么这位后土亦即管理土地的最高长官了。可是又有了新的问题，这位最高长官何以冠个"后"字？原来也有其含义。《尚书·大禹谟》曾说"后克艰厥后，臣克艰厥臣"，克艰者，战胜艰难之谓也，亦即完成任务之意。翻译出来是，后完成后的任务，臣完成臣的任务。这里的后与臣明显是相对的，而

110

臣者，据郭沫若的《甲骨文字研究·释臣宰》考证，在春秋战国时代，是与民一样"同为锡予之物"，"均古之奴隶"，即广大劳动群众。后既然与群众相对，那当然是群众的主子了。《尚书》的同篇文字里又有"后非众"的话，也正好说明了这点。一句话，后就是君主的意思，与正没有区别，后土就是管理土地的君主，用宋代杨照《重修太宁庙记》的说法，就是"后土为土地最尊之神"。

性别考究

这位土地最尊之神的后土是男性还是女性，很值得研究一番。《左传·昭公九年》说"共工氏有子曰句龙，为后土"；《礼记·祭法》说"共工氏之霸九州也，其子曰后土，能平九州"。此两书皆把后土称为共工之子。子者，男子也，故而后土当为男性。

后土被奉为社神，时代当在远古时期；与黄帝同列中央之神，时代当在周代后期。汉建"后土祠"，祠黄帝之佐神，与社神的地位不同。皇天后土对称，就是这一观念的体现。公元443年，北魏遗官去今内蒙古鄂伦春自治旗嘎仙洞告祭祖先旧墟，刻下祝文，其中有"皇皇帝天，皇皇后土"。天为阳，地为阴，帝又与后相对，于是后土成了女神。山西介休有后土庙，祠后土娘娘，这是封建时代后土作为神的又一个分阶段。民间称"土地爷"，仍是男神。而今"大地母亲"早已成为人类共同的观念了。

后土神性别的变化，源于古人自然崇拜中的土地与女性崇拜，她掌阴阳，育万物，被称为大地之母，是最早的地上之王。这种天阳地阴、天男地女的观点，是我国古典哲学对天地性质的最早的也是最权威的界定，直至今天还没人能否定。既然大地为女性，那么大地的至圣代表后土，自然应属女性了。这样，后土祠的后土形象为圣母女神，就是很有道理的了。这个由男性之神到女性之神的变化，反映了人们对大地本质的反复曲折的认识过程，是人们的认识能力提高的表现。

民间祭祀

历代帝王，既祭社稷，也祭祀后土，或云皇祇、地祇。《封禅书》中说，冬至，祭祀天；夏至，祭祀地祇。汉武帝立后土祠于汾阳，亲自祭祀，如祭祀上帝礼。郦道元《水经注》云"汾阳城西北隅睢丘上，有后土祠"，就是指此。元好问《承天镇悬泉诗》注引杜氏《通典》云："汾阴后土祠，为夫人塑像。武太后时，移河西梁山神塑像就祠堂中配焉。开元十一年，有司迁梁山神像于祠外之别室。夫以山川之神，而人为之配合，而渎乱不经，尤甚矣。"后土神的形象是个女子。盖"后土"与"皇天"相对，皇天是男性，后土当然是女性了。宋朝真宗皇帝曾经到这里来祭祀过后土。这个后土祠至今犹存，且为名胜，在山西万荣县城西南40公里黄河东岸庙前村垣上。山西介休县城内北隅，也还有个后土庙。北京东城区安定门外大街路东，有地坛，明朝嘉靖九年建造，供奉的神为"皇地祇"，正是后土神的别称。嘉靖以后，一直到清朝的历朝皇帝，都在这里祭祀大地之神皇地祇，现名地坛公园。

民间也信仰后土神，有的地方还立祠祭祀之，叫后土祠、又名后来土夫人祠。例如，唐代扬州有后土祠，宋代徐铉《稽神录》卷一，有扬州后土夫人给人治病的故事。江西抚州后土祠，人们有到祠堂中求梦，请求后土夫人在梦中指点迷津的风俗。据说，后土能使求梦者梦见某些情景或诗句之类，求梦者就根据这些，牵强附会，推测他要

112

想知道的结果或未来。宋朝洪迈《夷坚志》中，就有好几个这样的故事。

民间认"人死入土"，就是投入后土的环抱。这样的观念，又导致了大地之神后土是幽明世界主宰之说。《楚辞·招魂》："君无下此幽都些。"王逸注："幽都，地下后土所治也。地下幽明，故称幽都。"

祭墓之时祭祀后土的风俗，从上古一直到近代，都存在。《礼记·檀弓》："舍奠于墓左。"注云："舍奠墓左，为父母形体在此，礼其神也。"钱大昕《十驾斋养新录》卷二云："今葬，必于其侧立石，题'后土之神'。临葬，设酒脯祀之。其来已久。"大地之神无处不在，埋葬死者之处，当然也有各种传说的产生与流行。

猛虎天吴何以为水神

古时"朝阳谷"的地方有一神名叫天吴，他就是水伯。"朝阳之谷，神曰天吴，是为水伯……八首人面，八足八尾，皆青黄。"

形象分析

"天吴"这种人面虎身的怪兽作为吴人的图腾兼始祖神，这与吴人的狩猎生活密切相关。吴人以狩猎为生，而"虎为百兽之王"，因此，吴人崇拜一种似虎的动物，这种古动物可能在先秦时变得稀少而绝迹了，吴人便是以虞为图腾，"天吴"的原型即是虞。"天吴"不但形象似虎，它的名称在《南山经》和《大荒西经》中又称作"大虞"。

"驺虞"的特点是跑得极快，这与"吴"字下从"矢"密切相关，也与吴人狩猎生活的善于奔跑的特点相同。

但"天吴"又是人的面孔。从这里，可以看到兽与人的结合，也可以看到从人到神的转化。这个半人半兽的怪物，就是古老的原始狩猎氏族——吴人的图腾兼始祖神。"天"的意思就是"大"，"天吴"，就是伟大的吴。

狩猎为生的吴人为何尊天吴为水伯

吴人属于炎黄族系，最初居住在今山西、陕西一带。吴人在这一带留下了许多以"吴"或"虞"命名的地名，如吴山、虞山、虞城等。大约在炎黄之世，随着炎帝族系和黄帝部族的向东扩展，吴人也被迫大规模东迁，到尧舜之世，吴人已有许多支系都迁徙到东南海滨长江三角洲一带。这样，吴人告别了茂密的原始森林和剑齿虎，而开始征服波涛滚滚的大海。那原来保佑子孙狩猎时多有所获的族神"天吴"，这个时候当然就又得变成保护吴人子孙在与江湖大海打交道时平安、丰收的"水伯"了。也正因为这一微妙的变化，中国文字的那些聪明绝顶的创造者们，有时又将吴族的吴字与鱼挂起钩来。在金文里，吴国的"吴"，就可通作"鱼"了，甚至吴字有时也活脱脱的就像一条鱼。

永远的水火不容

《山海经》曾记述："天吴遥迎古怀氏为妻，生四女，皆分手足头脸。"意思就是说天吴娶了一个女人为妻子，有四个女儿，平分了天吴身上的特色。天吴其中的一个女儿叫楚吴，楚吴生恨火石，见之灭之。有一次她遇到了镇南侯，这镇南侯的图腾雕像里面写着镇南侯司火，两个人是不能相见的。于是，吴楚和镇南侯斗了很久，最终被其杀死，葬在地穴里面，尸首分离了。这两个神的仇恨根深蒂固。

陆吾，天帝座下大管家

陆吾，昆仑山神。《山海经·西次三经》："昆仑之丘，是实惟帝之下都。神陆吾司之。"

形象特点

陆吾长得很神奇，体态怪异，它特大的身躯十分雄壮，足有九十九只老虎那么大，他又有九个头颅。它立在昆仑山上遥望东方，似乎在监护着什么，却并没有监护着什么。他那如老虎一般的样子，正代表了威严与力量。

职务考究

陆吾是天帝的大管家，他掌管"帝之下都"还兼管"天之九部"，可以说就是整个上层宇宙大管家，不论是哪路神仙或妖魔鬼怪，谁要是触犯了天之九部的规矩，或不经心地违反了整个上层宇宙的律法，它都可以毫不客气地将他驱除出境或依法究办！

可他却对他统治下的那些生灵和植物包庇纵容，像那些有着六个头的树鸟，以及蛟龙、大蛇、豹子、鸾鸟、赤蛇，还有珠树、文玉树、琪树、不死树等神异植物。不管他们如何折腾捣乱，只要他们不出天之九部去外边没事找事，陆吾这个天帝的大管家便统统不予理睬。

有时，天帝与恶神或魔怪发生争斗，陆吾便责无旁贷地守卫着天之九部。

力战共工

天之九部每时每刻都有事情发生，不管是好事坏事，时时刻刻都在发生，而且千变万化，千奇百怪。陆吾这个天帝的大管家早就是司空见惯了的，于是便以不变应万变，立下过数不胜数的功劳，当年参加过征伐共工的战争便是一个典型的例子。

由虬龙幻化而成的大禹，不仅承继了父亲鲧的非凡能力，而且立下志愿，要继续完成父亲的治水事业。也许天帝对自己降下洪水惩罚人类的做法渐渐有些悔悟，或更有可能被鲧、禹父子不屈不挠的精神震动。所以当禹上天庭要求讨回息壤治理洪水时，天帝立时换了一副面孔，不仅将息壤送给了大禹，而且顺水推舟，任命他到下方去治理洪水，并还应大禹请求，派应龙、陆吾做他的助手。

禹接受天帝任命到下界治水，这可惹恼了水神共工。共工自恃自己也是奉天帝旨意而兴风作浪，正当他神威大显之时，岂肯俯首听命于乳臭未干的大禹？于是，共工奋起神力，挟洪水从西方振涛而来，大水一直淹至"空桑"，即现在的山东曲阜，誓与大禹一比高低，可见当时整个中原都是汪洋一片。应龙、陆吾也奋起神力，努力抵挡水神共工，传说陆吾与共工九战皆败，但是却为大禹争取了时间。

陆吾就是开明兽？

昆仑山守护神（天兽），感觉是天界守门的某种动物，总之是神格低下的精兽。《山海经》说巨大的昆仑有九道门，守门的就是开明兽，它们身体像巨大的老虎，有九个头并且长着人脸，但是表情肃穆，始终瞪大眼睛环视昆仑，不让任何异常生物进入昆仑，保护了昆仑的和平与安宁。《竹书纪年》则称开明兽是服侍西王母的灵兽，拥有洞察万物、预卜未来的能力，每当西王母和东王公出巡，开明兽就在前引导，甚至亲自为主人驱动花车，因此得到了西王母的喜爱。在古籍记载中，开明兽是守护黄帝昆仑仙境的一只异兽，见《山海经·海内西经》："昆仑之墟方八百里高万仞……有九门，门有开明兽守之……开明兽身大类虎，而九首皆人面。东向立昆仑上。"从这段描述中我们可以感受到，它实在具有相当勇猛的性格，否则也不会被委以这样的重任。然而非常有趣的是，在这昆仑之上还有个叫陆吾的天神，见《山海经·西次三经》："西南四百里曰昆仑之丘，神陆吾司之。其神，状虎身而九尾，人面而虎爪。是神也，司天之九部及帝之囿时。"将上下两段文字对照，可以发现在"九"、"虎"等关键词上有相当部分的重合。以一兽守九门，不合情理，而若有九首，则正应了那句"司天之九部"，也与古例"黄帝四面"相仿。中国历史学家袁珂据此认为，开明兽的正体就是陆吾，是黄帝手下一个具有很大权力的天神，后世有人将其看作是神格较低的神兽，甚而安排它去给西王母和东王公之类的神仙当拉车的，实际上是有些穿凿附会了。

女魃，身穿青衣的旱神

《山海经·大荒北经》："有系昆之山者，有共工之台。有人衣青衣，名曰黄帝女魃。"

女魃，亦作"女妭"，相传是身穿青衣，不长一根头发的光秃女神，她所居住的地方天不下雨，所以被称之为旱神。据《山海经》描写，蚩尤起兵攻打黄帝，黄帝令应龙进攻冀州。蚩尤请来风伯、雨师，以狂风骤雨对付应龙部队。于是，黄帝令女魃助战，女魃阻止了大雨，最终助黄帝赢得战争。

大战雨师，无力回天

黄帝战蚩尤的时候，有一次，蚩尤唤起茫茫大雾，使得黄帝的士兵不辨东西南北。无奈，黄帝即让应龙行云布雨以制服蚩尤。不料，就在应龙还未摆好阵势之时，蚩尤已请来风伯、雨师，先纵起一场猛烈无比的大风雨，吹得黄帝军队连脚都站不住，结果纷纷逃散。站在山顶上观战的黄帝见此情景，只得叫旱神女魃上阵助战。

旱神女魃又称旱魃，相传乃是僵尸的老祖宗。能给人带来巨大的旱灾，常有"旱魃一过，赤地千里"之说。据说这个女魃，是黄帝的女儿，住在系昆山的共工之台上，常穿一件青颜色的衣服，传说还是秃头。女魃身上储存着大量的热量。她来到战场上，狂风暴雨马上消失，紧接着便是烈日当头，比酷暑还要炎热，蚩尤的弟兄们刹那间惊惶诧异，不知所措，应龙趁机扑上前去，把蚩尤的士兵杀得鬼哭狼号，四处逃跑。

女魃在帮助其父诛杀蚩尤的过程中，大概由于用力太猛，身体受到严重损害，结果再也无力飞上天空，只好留住在地上。她居住的地方，常常是旱云千里，滴水不降。附近的人民由于备受旱灾的折磨，从而也都非常痛恨她，称她为"旱魃"。人们千方百计地赶逐她，她被赶来赶去，到处躲避。后来周民族的始祖后稷的孙子叔均向黄帝述说了女魃在人间的悲惨遭遇，黄帝便把她安置在赤水以北的地方，并让她永远固定地待在那里，不许乱跑。可是，由于女魃长期以来过着游荡的生活，不习惯固定地待在一个地方，因此，尽管黄帝不让她乱跑，她还是常常东游西荡，到处奔走。这样，老百姓又要遭受旱灾。据说，只要人们向她祝祷说："神啊，快到你赤水以北的住家去吧！"她便自知惭愧，迅速回到她的老家，人们也就不再遭受旱灾的威胁。

结爱应龙，天各一方

女魃与应龙相爱。瑶池金母忌妒她的美貌，怕昊天上帝看上她的美貌就把她抛到下界帮助黄帝攻打蚩尤，瑶池金母还让绿鹦哥给她下了诅咒不能动用法力，否则就会毁容，应龙知道后就偷跑下天庭，帮女魃。下界之后黄帝正在和蚩尤斗阵，蚩尤有风伯、雨师两人呼风唤雨，黄帝的士兵左摇右晃根本打不了仗，这时候女魃和应龙来了，应龙怕女魃的诅咒发作，自己一人独战风伯、雨师。虽说应龙是龙族精英但还是斗不过风伯、雨师两个人，受了伤。女魃见应龙受伤，不顾诅咒发作帮应龙，蚩尤一方不敌败走，但女魃诅咒也发作了，而诅咒不仅毁了女魃的容貌而且还在女魃500里之内奇热无比寸草不生,黄帝知道之后认女魃为女儿,全天下为女魃寻求解药,但寻遍天下也没有能解开诅咒,女魃因容貌被毁不与应龙见面,也不能与普通人见面,就躲到了极西干旱之地,而应龙则到了东海,昊天发现应龙私自下界,召应龙回天庭,应龙因女魃不回天庭,自此两人一东一西。

为何以犬为风伯

风伯又称风师、箕伯,名字叫作飞廉,蚩尤的师弟,其形象非常古怪。《楚辞·离骚》曰:"前望舒使先驱兮,后飞廉使奔属。"王逸注曰:飞廉,风伯也。洪兴祖注曰:"应昭曰,飞廉神禽,能致风气,晋灼曰,飞廉鹿身,头如雀,有角而蛇尾豹文。"《淮南子·真》曰:"真人骑蜚廉,驰于外方,休于宇内,烛十日而使风雨。"高诱注曰:"蜚廉,兽名,长毛有翼。"但在楚地则自古以鹿身雀头的神秘怪兽飞廉为风伯。《水经注》称飞廉以善于行走而为纣王效力,周武王击败了纣王,飞廉殉国自杀,天帝为他的忠诚感动,用石棺掩埋他,并使他成为风神。

形象演变

最早的风神被称为箕星或箕伯,《风俗通义》中曰:"风师者箕星也。箕主簸扬,能致风气,故称箕伯。"汉以后飞廉与箕伯逐渐融合,

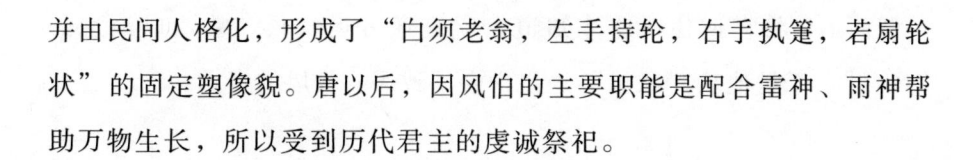

并由民间人格化，形成了"白须老翁，左手持轮，右手执箠，若扇轮状"的固定塑像貌。唐以后，因风伯的主要职能是配合雷神、雨神帮助万物生长，所以受到历代君主的虔诚祭祀。

职能

风伯之职，就是"掌八风消息，通五运之气候"。风是气候的主要因素，事关济时育物。《风俗通义》的《祀典》称，风伯"鼓之以雷霆，润之以风雨，养成万物，有功于人。王者祀以报功也"。唐以后，因风伯的主要职能是配合雷神、雨神帮助万物生长，所以受到历代君主的虔诚祭祀。然而风伯也常以飓风过境毁坏屋舍伤害人命，形成自然灾害，因此被视为凶神。民间传说中常以女性形象出现的风神"封姨"，就主要体现了风对植物生长的危害。

偷师风母

风伯名字叫作飞廉，他原来是蚩尤的师弟。他的相貌奇特，长着鹿一样的身体，布满了豹子一样的花纹。他的头好像孔雀的头，头上的角峥嵘古怪，有一条蛇一样的尾巴。他曾与蚩尤一起拜一真道人为师父，在祁山修炼。

修炼的时候，飞廉发现对面山上有块大石，每遇风雨来时便飞起如燕，等天放晴时，又安伏在原处，不由暗暗称奇，于是留心观察起来。

有一天半夜里，只见这块大石动了起来，转眼变成一个形同布囊的无足活物，往地上深吸两口气，仰天喷出。顿时，狂风骤发，飞沙走石，这块大石又似飞翔的燕子一样，在大风中飞旋。飞廉身手敏捷，一跃而上，将它逮住，这才知道它就是通五运气候、掌八风消息的"风母"。于是他从"风母"这里学会了致风、收风的奇术。

降而封神

蚩尤和黄帝部落展开的那场恶战，传说蚩尤请来了风伯、雨师施展法术，突然间风雨大作，使黄帝部众迷失了方向。黄帝布下出奇制胜的阵势，又利用了风后所制造的指南车，辨别了风向，才把蚩尤打败。风伯、雨师被黄帝降伏后就乖乖地做了掌管的神灵。风伯作为天帝出巡的先锋，负责打扫路上的一切障碍。每当天帝出巡，总是雷神开路，雨师洒水，风伯扫地。

何以犬为风伯？

《龙鱼河图》中说："太白之精，下为风伯之神。"太白之精，就是《史记·天官书》所说的天狗星。这样一来，神狗与风伯的关联，真有些说来话长了。

十二生肖戌为狗。以狗为风神，颇具意趣的表现形式是：祭风伯而重"戌"。这从一个侧面印证，生肖文化参与了风神的创造。即便不言狗，已由"戌"透露了其中的消息。如东汉《风俗通义》："戌之神为风伯，故以丙戌日祀于西北。"《后汉书·祭祀志下》更进一步讲："以丙戌日祠风伯于戌地。"礼奉风神，日期选戌，地点选戌。时间与空间都择戌而成仪礼，当是大有深意的设计。可以作为辅证的例子，是《后汉书》季冬出土牛的风俗：时在建丑之月，地点在"城外丑地"，来做牛的文章。

将风与狗、风神与狗联系起来，是一种相当古老的观念。

先有甲骨卜辞："于帝史风，二犬。"郭沫若释："视风为天帝之使，而祀之以二犬。"用两条狗，祭祀天帝的使者——风。相关的卜辞还有"宁风，北巫犬"、"宁风，巫九犬"，都是讲商代杀狗止风的习俗。

汉字"飙"，本作"猋"，保留下犬与风特殊关系的信息，《说文解字》说："猋，犬走貌，从三犬。"狗奔快如风，与以狗为风神，当是有关联的。

又有人首犬身神兽，载于《山海经·北山经》："狱法之山，有兽焉，其状如犬而人面……其行如风，见则天下大风。"这段文字描述的神兽，有四点值得注意：一，人首犬身；二，行如风；三，此兽出现，天下起大风；四，此山取名狱法，"狱"字双"犬"夹一"言"——狱法山真不愧神犬的大本营。《山海经》这段内容，其实就是关于狗为风神的传说。

古人造神，想象风伯的模样是犬首。明代王逵在《蠡海集》中说："风雷在天，有声而无形，故假乾位，戌亥肖属以配之，是以风伯首像犬，雷公首像豕。"风神雷神，被设想在乾位。八卦分布周天，乾之位在西北方，对应戌狗亥猪。所以，"风伯首像犬"；至于雷公，既有猴脸之说，也存猪首之说。

狗为风伯、杀狗止风的古俗之中，包含着地支戌的因素。戌的方位，西而偏北，这基本上与我国大陆冬季寒流的方向相一致。不言而喻，对于和煦的风，清凉的风，带来舒适惬意的风，古人是不会用血淋淋的方式，去祈求风停风息的。"碧玉妆成一树高，万条垂下绿丝绦，不知细叶谁裁出，二月春风似剪刀"，这样的风，人们不会想到要停止它；"暮春者，春服既成，冠者五六人，童子六七人，浴乎沂，风乎舞雩，咏而归"，这暖暖春风，人们不会讨厌它；"农家少闲月，五月人倍忙,夜来南风起,小麦伏垄黄",这样的风,人们没有必要驱除它。然而,对于带来强降温的大风,对于为严冬增加冷酷的大风,人们的感觉就不同了,盼着风能停下来,风和日暖。寒冬西北风,大体合于戌的方位。以狗为风伯,这应该是一个重要的缘由。

篇三
龙蛇一脉

　　黄河流域的土地上，水是黄的，土是黄的，人也是黄的。我们的祖先自古以来就是一个农业民族，祖先华夏民族居于黄土高原，每遇旱灾，即造土龙（蛇）求舟，原本寻常的蛇被神化为华夏民族的保护神，产生了龙图腾崇拜，龙蛇的神话也因此而产生。

青龙生于郊，携虎掌四方

青龙，中国上古最令妖邪胆战且法力无边的四大神兽之一。以五行论，东为青色，故青龙为东方之神，亦称"苍龙"。龙是中华民族的图腾，自黄帝授命于天，威泽四方，龙就成为中华民族乃至整个中国的象征。在东方传说中，青龙身似长蛇，麒麟首，鲤鱼尾，面有长须，犄角似鹿，有五爪，相貌威武。

青龙在中国传统文化中是四象之一，青龙既是名字也是种族，青龙的方位是东，左，代表春季。在中国二十八星宿中，青龙是东方七星（角、亢、氐、房、心、尾、箕）的总称。众多的朝代中也有一些君主取青龙来做自己的年号，如三国的魏明帝就是一例，而《史记》中也有关于"青龙生于郊"的祥瑞之兆的记载。

青龙白虎掌四方，朱雀玄武顺阴阳

在远古时代，古人把天分为东、西、南、北、四宫，将每部分中的七个主要星宿连线成形，并以其形状命名。分别把四宫命名为青龙（苍龙）、白虎、朱雀、玄武。

分列如下：

东方的角、亢、氐、房、心、尾、箕形状如龙，称东宫为青龙或苍龙；西方的奎、娄、胃、昴、毕、觜、参形状如虎，称西宫为白虎；

南方的井、鬼、柳、星、张、翼、轸形状如鸟，称南宫为朱雀；北方的斗、牛、女、虚、危、室、壁形状如龟，称北宫为玄武。

于是，青龙、白虎、朱雀、玄武又成为镇守天官的四神，辟邪恶、调阴阳。四神之中，青龙与白虎因为体相勇武，被人们当作镇邪的神灵，其形象多出现在宫阙、殿门、城门或墓葬建筑及其器物上。朱雀主要是代表幸福的意思，寄托人们希望过上幸福生活的愿望。玄武是龟蛇合体，代表长寿，表达人们希冀能够长寿、长生不老的寄托。古有"青龙白虎掌四方，朱雀玄武顺阴阳"之说。

关于青龙的传说，自古有之。

青龙擒二妖

古时候，在安丘城北郊的聚凤山附近，有一个偌大的潭子，深不见底，无论旱涝常年不干，碧波荡漾，波光粼粼，岸边奇石矗立，峭壁悬崖上长满奇花异草，蔓生植物瀑布般地垂向水面，人们叫这个潭子为青龙湖。传说湖里潜卧着一条巨大的青龙。提起这个青龙，还得从聚凤山说起。

很久以前，聚凤山这座宝山上常年都有凤凰聚集、栖息，给这方人民带来了福气。这事被龙王的大公子青龙知道了。这条青龙颀长雄伟，法力高强，心地善良，向往吉祥和幸福。青龙听人家说过这凤凰聚居地，又听说那里还有一个美丽的湖泊，便动了心，他想，那个去处一定无比美好，再说，有了凤，再有龙，更呈现吉祥嘛，自己要是到那个新天地去生活、居住，该多好哇。正在考虑的当儿，有一天，他突然听说聚凤山以东的汶河口，有两个妖物作怪，一个是独角蛟，它率领鱼鳖虾蟹打着灯笼，领着洪水冲坏村庄和农田；一个是泥鳅精，它千年得道，常常张开血盆大口喝住天空，把阳光雨露挡住，使农民没有收成；它们又狼狈为奸，破坏凤凰聚会。青龙听后怒从心起，他来到父亲面前，向父亲请求去聚凤山。龙王一听大怒，圆瞪双目，破口大骂儿子道："本想我老了让你世袭龙王王位，可你这混账东西胸无大志，还想游龙戏凤！"听父王说到这里，青龙委屈地流下眼泪，扑通一声跪下，仔细解释自己要去那里除妖孽造福黎民的想法。龙王听到儿子说汶河口有妖的事，先是吃惊，接着担心起来："那汶河口的妖怪你能对付得了吗？""凭父王教给的武艺，我一定会战胜它们的！"青龙回答说。龙王见儿子已横下了心，只得同意了。

青龙辞别父母，离开了波涛汹涌的大海，顺潍河溯流而上，来到汶河口，恰被独角蛟和泥鳅精挡住去路。独角蛟和泥鳅精以为青龙来抢它俩的地盘，又见青龙势单力孤，便首先挑衅，双双向青龙猛扑而来，青龙毫无惧色，挺身相迎，与两个妖怪展开了殊死搏斗，一连三天三夜，不分胜败。直斗得山河变容、日月无光。青龙勇敢驱邪的行为感动了安丘父老，有一天，一位打柴的老叟趁双方休战的时机，向青龙出主意，要用一沙一石把两个妖怪分开来治。

先治泥鳅精。泥鳅最大的本事是能钻泥，它在汶河口的淤泥中神通广大。老叟向青龙建议，把泥鳅精引到汶河后再除掉它，因为汶河河底无泥，尽是从西老沂山上冲下来的硬砂子，泥鳅钻不进去，再能耐也没法子施展。怎么引它上来呢？大凡鱼类，都盼望自己能成龙。据说鱼喝了佳酿就能变化为龙。于是，乡亲们把景芝美酒倒进汶河里。果然，泥鳅精在河口闻到酒香，贪婪地循着香味游进汶河。机不可失，青龙腾空而起，挺着龙角，张开利爪，朝泥鳅精倏然袭去。泥鳅精正在陶醉着，突然发现天色骤变，自觉不妙，弯身朝水下钻去，无奈砂硬钻不进去，被青龙抓个正着，随即把它锁入峡山底下。

再治独角蛟。独角蛟的角锋利异常，它就凭着这武器来逞强干坏事。泥鳅精被捉，独角蛟失掉了相好的，恼羞成怒，誓与青龙、乡亲们决斗。青龙听从老叟指点，与乡亲们登上了附近一座叫金刚崖的石崖。石崖壁立千仞，独角蛟爬不上去，愈加气愤，便发起疯来，用它的角猛烈撞击石崖，想先撞倒石崖，再攻击青龙和乡亲们。可是石崖岩石棱角分明，坚硬极了。独角蛟不但没拱倒石崖，自己的角反而被岩石磕掉了，它的头顿时鲜血迸流，惨叫一声，毙倒尘埃。

青龙战胜妖怪，为民除了害，终于来到了心仪已久的聚凤山边、湖泊之畔。凤凰们在山里、天上欢叫着，向他表示谢意。自此聚凤山间凤凰终年和鸣；湖泊边上，青龙按时把节耕云播雨。安丘百姓年年丰收，岁岁吉祥，好一幅和谐美满的龙凤呈祥图景啊！

青龙山的传说

在澄江坝子的东面，群山环抱着一个小山村，村里绿树成荫。在这个山村的村头，有一座雄伟高大的山，山上花草树木茂盛，常年四季如春。这座山叫青龙山。

在红花绿树的掩映下，山上有一个深不见底的洞叫青龙洞，有好多人都抱着好奇的心情从这个洞钻进去，想看看里面究竟有什么，可是每次都失败了。因为洞很深，没有一个人能钻到底。从此流传下来很美妙的故事。

很久以前，这个村方圆几十里滴雨未下，在火一样热的太阳的烘烤下，土地干裂，庄稼干枯，井里的水越出越小了。在困苦之中，求生的愿望使人们抬着神龛去祭祀老天爷，希望能降雨救救他们这些苦难的人。可是尽管他们天天祈祷，还是无济于事，老天一滴雨也没下。

人们诚恳的祈祷声传到了龙宫，老龙王不但置之不理，而且还下令给他手下的龙不准去降雨，否则就要严加惩罚。人们的祈求声感动了一条小青龙，他就去乞求龙王让他去降雨救救苦难的人们。小青龙的苦苦哀求，龙王不但不听，反而还狠狠地臭骂了小青龙一顿。

　　小青龙挨了一顿臭骂，只得悻悻地回到自己的住处，心里又气愤又焦急，气愤的是龙王太残忍了，焦急的是天下还有受苦受难的人们。他想，求龙王是没用的，只有自己冒死去降雨，才能救苦难的人们，因此，他就悄悄地飞到了天上，天空一下子乌云密布，黑云翻滚，不久大雨倾盆而下。困苦不堪的人们得到这场暴雨后，精神为之一振，都高兴得欢蹦乱跳，还以为是他们的祈祷感动了龙王呢。田地里干枯的庄稼也振作起来了，不几天也就变得郁郁青青，一片生机。

　　可是好景不长，这件事被龙王知道了。一查问才知道是小青龙到人间降了几场大雨，气得老龙王大发雷霆，怒气冲冲地把小青龙关押了起来。

　　从那以后，小青龙就在那孤独寂寞的龙宫里度过了数月。人们的祈祷声又传到了龙宫里，老龙王高兴得捧腹大笑，小青龙趁看守不注意，又偷偷地溜到人间降了一场更大的暴雨。这次又被老龙王发现了，就把他打出了龙宫，关锁在深不见底的山洞里，永远也不准他回龙宫。人们为了纪念这位因为救百姓受到牵连的小青龙，就把这座高大雄伟的山叫作青龙山，把关押小青龙的那个洞叫青龙洞。

青龙卧墨池

　　相传，昆仑出上的瑶池是西王母娘娘居住的地方，镇守瑶池的小青龙是东海龙王的十八代孙。虽说瑶池是个风光秀丽的地方，小青龙却感到闷极了,在这两千五百余里高的山上,整天连个人影也不见,鹿儿、鸟儿也很少来,太冷清了!

听说"曹州牡丹甲天下",小青龙便想去曹州观赏牡丹。趁王母娘娘去天宫还没回来,小青龙变成一位年轻公子,来到曹州。

原以为曹州牡丹怒放,人来车往,非常热闹,谁知来到一看,土地干裂,一片荒凉,庄稼枯死,牡丹瘦黄。小青龙走进一家牡丹园,看见一位老汉,他上前施了一礼,问道:"老人家,谷雨到了,牡丹为什么不开?"老汉打量一下青龙,说道:"年轻人,你不是本地人吧?曹州两年没落一滴雨,牡丹棵都快旱死了,它还能开花?"老汉叹了口气又说:"百姓天天去龙王庙磕头求雨,龙王爷就是不开恩。庄稼死了,牡丹死了,曹州百姓没活路了!"老汉说着落下眼泪。

小青龙看看将要枯死的牡丹,心里很难过。他要去东海龙宫,求老龙王降雨。小青龙来到龙宫,跪在老龙王面前,刚说了句"曹州大旱",老龙王便发起怒来!原来,两年前,老龙王命人从曹州移来十棵牡丹栽在龙宫,直到现在,没有一棵牡丹开花。老龙王恼怒,下令三年不给曹州一滴水,把牡丹都旱死。小青龙说道:"牡丹生在土中,长在人间,把它移进东海水里,它怎么会开花?曹州百姓重修龙王庙堂,天天去烧香磕头,你就开开恩吧!"老龙王不听,命小青龙速回瑶池,不要过问此事,不然,他就将小青龙治罪!小青龙无奈,只好离开龙宫。

小青龙没回瑶池,他又来到曹州,见花园那个老汉正给一棵红牡丹浇水。老汉说,井里水干了,曹州百姓吃水像吃油一样难,他跑了二十多里路,在一条将要干涸的水沟里提来半罐子泥水,再不给它点水喝,这棵百年红牡丹就要枯死了!小青龙看那牡丹,叶儿发黄,花朵瘦小,可怜巴巴地摇晃着脑袋,好像在说:"青龙哥哥,救救我吧！"小青龙突然想到自己镇守的瑶池仙水，我何不取来一点，浇灌曹州牡丹，救救曹州百姓！想到这里，他抽身便走。刚走两步，他又停下来，心里想："盗瑶池仙水，论罪当斩。救下曹州牡丹，只怕我性命难保！"小青龙回过头来，正看见老汉把罐子里剩下的一点点泥水，往自己干裂发白的嘴唇上滴。小青龙落泪了！老汉忍着干渴，用水浇花，我为何不敢把瑶池的水取来一点，救救曹州百姓，救救将要枯死的牡丹？

小青龙回到瑶池，见王母还没回来，便张开大口，把瑶池仙水吸进肚子里，又腾云驾雾来到曹州，在空中把口张开，喷出了仙水。

曹州下了一场透雨，一场救命雨！千顷庄稼绿了，万棵树木活了，百花盛开了！那棵修炼百年的红牡丹得到仙水沐浴，竟然变成了一位红衣少女，她朝天空拜了三拜，说道："青龙哥哥，感谢你的救命之恩，只是你不能再回瑶池去了，快来躲藏一下吧！"小青龙又变成年轻公子，来到牡丹仙女身旁，说道："王母娘娘有一面照妖镜，我藏到哪里她都能照出来，现在万物得救了，我甘愿回去伏罪。"牡丹仙女拉住小青龙不放，她流着眼泪说："我把你藏在我的心里，他们也能找到吗？"小青龙摇摇头说："你是红色，难以隐藏，若是黑色……"不等小青龙说完，牡丹仙女便说："你在此稍等，我一会儿便回来。"说着，一阵风似的离去了。

小青龙不知牡丹仙女到何处去了，心中焦急，正在坐卧不安之时，西边天空一声响，王母带领兵将捉拿小青龙来了，原来小青龙取出仙水不久，王母就到了瑶池。她见池中仙水少了大半，便急忙奏禀玉皇大帝，玉皇大帝一听非常生气，便派天兵天将帮助王母捉拿小青龙。小青龙正在无处躲藏，牡丹仙女回来了，她浑身乌黑，黑得发亮，脸和手也变成黑色了，牡丹仙女为了救小青龙，不怕毁掉容颜，变成丑女,飞到泰山墨池,把全身浸泡成黑色。牡丹仙女飞到小青龙面前,说:"快藏在我心里吧!"说罢就变成了一棵牡丹。牡丹花是黑色的,黑色的花瓣慢慢张开,等小青龙进去躲藏。小青龙感激地点了点头,便躲进了花苞。

王母带领天兵天将四处寻找,也没找到小青龙,用照妖镜照,也照不到小青龙的影子。王母大发雷霆,气愤地说:"定是被什么大仙隐藏起来了!"于是,她命人去鬼怒涧取来恶水,在空中洒起来。不管哪路神仙,身上被洒上恶水,就再也不会成仙了,恶水洒了整整一天,曹州大地被洒遍了,王母娘娘才带兵返回。

黑牡丹浑身被恶水洒透,小青龙身上也浸湿了,他们都不能成仙了!但从此,曹州牡丹园里添了一种名贵牡丹:青龙卧墨池。牡丹花朵黑中透红,黑紫发亮,青色的花心弯弯曲曲,像一条小青龙。

夔龙立廊庙,扶持尧舜济斯民

夔龙是想象性的单足神怪动物,是龙的萌芽期。《山海经·大荒东经》描写夔:"状如牛,苍身而无角,一足,出入水则必有风雨,其光如日月,其声如雷,其名曰夔。"但更多的古籍中则说夔是蛇状怪物:"夔,神魅也,如龙一足。"

常作弘股之臣

有传说夔龙是舜的二臣名。夔为乐官,龙为谏官。

133

《尚书·舜典》:"伯拜稽首,让于夔龙。"

《尚书·孔传》:"夔、龙,二臣名。"

唐代杜甫的《奉赠萧十二使君》诗:"巢许山林志,夔龙廊庙珍。"后用以喻指辅弼良臣。

元耶律楚材的《和人韵》之二:"安得夔龙立廊庙,扶持尧舜济斯民。"

明梁辰鱼的《浣纱记·吴刎》:"伯嚭那老贼呵!我一心认是济世夔龙,谁知你是蠹国鸱枭。"

明赵震元的《为袁石寓复开封太府》:"自非邀福,夔龙何克袭休,申甫经营意匠。"

《平山冷燕》第一回:"今当此春昼,夔龙并集,亦当有词赋示后,今日之盛,方不泯灭无传。"

夔龙纹

青铜器上的龙纹常被称为夔纹和夔龙纹,夔龙纹始流行于商、西周,商代的白陶因造型和纹饰均模仿当时的青铜器,因此也有印夔纹装饰的。瓷器上的夔纹主要流行于明、清景德镇瓷器上,如宣德青花夔纹罐、嘉庆青花夔龙福禄万代瓜棱形龙耳瓶等。

自宋代以来的著录中,在青铜器上凡是表现一足的、类似爬虫的物象都称之为夔,这是引用了古籍中"夔一足"的记载。其实,一足的动物是双足动物的侧面写形,故不采用夔纹一词,称为夔龙纹或龙纹。青铜器纹饰中,凡是较粗大的蜿蜒形体的动物,都可归之于龙类,称之为龙纹。

夔龙与春天的龙星

将《山海经》关于夔和雷神的描述与春天之龙星相对比，不难发现两者之渊源。

首先，夔和雷神处东方，而龙星春见东方。

其次，龙星由角、氐、亢、房、心、尾列宿组成，春天角宿先见，随着时间的推移，龙身诸宿才络绎升起，角宿初见，是春天来临的标志，故龙星之角尤引人注目。《说文解字》谓夔"有角"，《文选·东京赋》薛综注谓夔"如龙有角"，皆足以证明角为夔形象的关键环节。至于《大荒东经》云雷兽"苍身而无角"，虽云无角，却亦足见对其角的关注，"无角"或为"有角"之讹。

第三，雷神、夔或"鼓其腹则雷"，或"其声如雷"，皆具呼风唤雨之神异，尤足以显示其与春天龙星的渊源。

《说文解字》称龙"春分而登天"，苍龙升起东方为仲春之候，《月令》云："仲春之月……日夜分。雷乃发声，始电，蛰虫咸动，启户始出。"《吕氏春秋·开春论》云："开春始雷则蛰虫动矣。"《淮南子·天文训》云："春分则雷行。"仲春之节谓之惊蛰，正谓蛰虫闻雷而动。《月令》又云："仲秋之月……日夜分，雷始收声。蛰虫坏户，杀气浸盛。"《淮南子·天文训》亦云："秋分雷戒，蛰虫北乡。"可见在龙星之升降正与雷声之起讫相终始，以龙星的出没标志雷电的周期，宜矣，故龙星又被称为雷神或者雷兽。《海外经》和《大荒经》之四方对应四时，东方为春，雷神处《海内东经》，雷兽夔处《大荒东经》，旨在纪时候，意谓当春天龙星初升东方之时，春雷始震，时值惊蛰。

雷声的起讫与虫类的惊蛰周期相吻合，雷发则春气升，故蛰虫蠢动，雷息则秋气煞，故诸虫蛰伏。古人将春天初升的龙星描绘为龙（虫）形，且名之为雷神，融龙星登天、雷乃发声、蛰虫始动三种节候现象于一体，可谓善于观象状物矣。

《海内东经》称雷神"鼓其腹"，《大荒东经》称黄帝以雷兽之皮为"鼓"，盖因在古人想象中，雷声即天之鼓声。《抱朴子》曰："雷，天之鼓也。"《河图帝通纪》曰："雷，天地之鼓。"（《太平预览》卷十三引），人闻鼓声而血气振作，万物闻雷声而生机勃发，大地因此欣欣向荣，故称雷声为"天地之鼓"，亦可谓善于形容矣。

有此三点，再加之"夔"固有作人首龙身之形者，足证这处于东方的夔龙或雷神即春天的龙星。

义胆忠肝数应龙

《述异记》卷上有载："水虺五百年化为蛟，蛟千年化为龙，龙五百年为角龙，千年为应龙。"应龙是化龙的一种，一种有翼的龙，龙是不凡之物，寿命奇长，应龙更是龙中之贵。另外，也有人认为应龙可指远古的民族部落和神秘古国——应龙氏和应国。

应龙形象

应龙的特征是生双翅，鳞身脊棘，头大而长，吻尖，鼻、目、耳皆小，眼眶大，眉弓高，牙齿利，前额突起，颈细腹大，尾尖长，四肢强壮，宛如一只生翅的扬子鳄。在战国的玉雕，汉代的石刻、帛画和漆器上，常出现应龙的形象。

辅助两帝

在民间，一直流传着应龙助黄帝败蚩尤的传说。大意是，以黄帝为首的黄河流域部落与以蚩尤为首的长江流域的部落发生战争，双方都使用各种神奇的动物来帮忙。黄帝这边的应龙擅长"畜水"，蚩尤那方也有擅长呼风唤雨的灵物，本领较应龙更胜一筹，大雨漂向黄帝这边。黄帝处于弱势，就请天女"魃"帮忙止住了大雨，一举歼灭蚩尤部落。应龙在战争中立下汗马功劳，杀了蚩尤和夸父。由于战争消耗能量过大，本可上天做神的应龙不能返回天庭，无奈到南方生活，因此南方的雨水就比北方要多得多。

闲居南方，应龙整日无所事事。物华变幻，斗转星移，一转眼就到了大禹时代，洪水滔天，生灵涂炭。大禹肩负起拯救苍生的重任，应龙前来帮忙。应龙走在大禹的前面，用尾巴划地，给他指引方向，禹沿着应龙划尾的线路，领着民工开凿河道，疏导洪水，洪水一直流向东方的汪洋大海，成为今日的大江大河。

汉代的王逸和晋代的郭璞都附和这个神话故事，并强调应龙是有翅膀的。翅膀对于龙来说很重要，因为有翅膀才有飞的可能，才会导致飞龙形象的诞生。应龙是黄帝和禹两代的功臣，具备呼风唤雨等伟力并有较高地位，但是翅膀的用处倒没发挥出来。

舍身救主

在江苏省苏州市昆山境内有个已有两千五百多年历史的巴城古镇，古镇南面有个龙潭湖村。说起这个龙潭湖村，村里上岁数的老人都知道这样一个传说。

大禹靠着应龙的帮助疏导了河流，这才使九州水患渐渐平息，四海日益安定。

这一天，大禹骑着应龙来到巴城视察水情。应龙飞了一路，口渴难耐，低头看见湖水清亮，不由得展翅往湖边飞去。岂料大禹正在龙背上往东察看，一不留神，从龙背上滚落下来。

"啪"的一声，大禹重重地摔在湖边，立刻失去了知觉。见主人因为自己的疏忽而如此，应龙急得六神无主。就在这时，天空中出现祥云朵朵，女娲娘娘来了！她来到应龙面前，柳眉一竖："大胆孽畜，枉你跟了你家主人这么多年，如今大禹危在旦夕，你说怎么办？"

应龙见女娲娘娘发怒，便不住地磕头："请娘娘一定要把主人救活，只要能换回主人的性命，重启治水大业，我愿意接受任何惩罚。"

女娲娘娘正色道："既然你决意如此，那我现在可以救大禹，但你的龙身会在明天午时三刻被天雷一劈为二，以此作为惩罚。如果大禹能帮你接好龙身，你就可以捡回一条命。如果龙身接不上的话，那你就只能随我回女娲洞修炼真身了。"

应龙无奈地回答："只要主人能醒来，我愿意任娘娘责罚，恳请娘娘把主人救活。"

"这有何难？你且看来。"说完，女娲纤手一伸，只见湖水在大禹的身体上轻轻地挥洒。少时，空中彩霞闪现，女娲踏上祥云，随着五色云彩慢慢升起,空中传来她的声音:"应龙,你且守着你家主人,明天午时一刻他就会醒来,方才我对你说的话不能和你主人言明,不然他会再次死去,永不得转还。切记,天机不可泄露!"其实,女娲知道,大禹醒来后功力会大减,他是帮不了应龙拼接龙身的。

应龙对着女娲跪谢,然后坐在大禹身边守候。

一夜无话,第二天午时一刻,大禹醒了,他睁眼看看眼前的应龙,什么都想不起来了。应龙看到大禹醒来,高兴万分,可他惦记着天雷的事,又不能言明,所以就假装去湖边喝水。

大禹站起来,伸了个懒腰,也走到湖边,采了些野果吃,顺便也给应龙采了几枚野果。

看到主人为自己采食野果,想想午时三刻就要遭劫,应龙的心中很不是滋味。他趴伏下身子,大禹轻轻一跃,走喽!应龙腾空而起,张开巨大的翅膀飞上天空。主仆俩一路飞一路察看巴城古邑众多湖泊。应龙看到日头高照,心想马上要午时三刻了,我不能让主人也遭天雷,还是飞下去再说。想到这儿,应龙抖动翅膀轻轻落在一处草地上。草地上有两个被一条窄窄的河堤连着的小水潭。大禹从龙身上下来,还没等应龙向他说明情况,天空已翻卷起乌云,"轰隆隆"一声天雷从云层中直劈而下,不偏不倚把应龙的身体一劈两段,鲜血立刻从应龙的伤口中涌出。

啊!应龙,应龙!大禹抱住龙头惊恐万分,看到应龙眼中的泪,身上的血,大禹心如刀绞,眼泪夺眶而出。他向着苍天大喊:"是谁敢把我的坐骑劈成这样?是谁?快快现身。"

这时,云层中闪出雷神的身影:"大禹,别怪我,这是劫数,天意如此。我是受女娲娘娘指点才来此处,你要问就去问女娲娘娘吧!小的告辞了。"

看到雷神脚踏乌云而去，大禹气急了："好个造人补天的女娲娘娘，竟然做出此等事来，我要上你洞府找你问明情况。"

看到主人为自己这样伤心，应龙心里非常感动，主仆一场，主人对自己是真心相待的。应龙流着泪张口说："主人，你别伤心，这是天意，也是我的劫数到了。我死后你就把我埋藏在此吧，这巴城古邑方圆百里，水清湖美，是我葬身的好归宿。"说完，应龙的前半截身体滑进了南面的水潭，后半截身体滑进了北面的水潭。看到两个水潭的水都让龙血染红了，大禹更是心痛：应龙，难道我们主仆就此分别？不，我要救活你。大禹哭着想把应龙拖上湖岸，可即便他有神力，那巨大的龙身还是拖拽不动。看到应龙的气息越来越弱，大禹竟急得晕了过去。

天渐渐暗下来，月光下，大禹看到了一个黄白须拖地的老者在向他招手："禹儿，我是你的黄帝祖爷爷，看你身处险境，特来助你。"说完，那老者扯下一把黄白须递给他，又说，"此须你拿好，把须剁成一小段一小段，稍候等月悬中空之际便可把须洒向湖堤，这样，你的应龙就可获救。"

听到这里，"好！"大禹一高兴便叫出声来，一下子就醒了，一看自己还躺在草地上，四周哪有黄白须老者？可看到手中的确握着一把黄白胡须。大禹明白，真是黄帝祖爷爷在相助于自己。于是，大禹跪倒在地，对着苍天磕了三个响头。

大禹对天一看，果见一轮满月即将移至中空，他快速拿起身边佩带的长刀，把那些黄白须剁成一小节一小节的。此时，月亮已行到中空，大禹便把那些黄白须洒向湖堤。奇迹出现了，眨眼间，那些黄白小须着地就变，白的变成了泥鳅，黄的变成了黄鳝，纷纷钻入堤中，头朝南，尾向北。无数的泥鳅、黄鳝把湖堤钻空的同时也把应龙的头

140

和身体连接起来，应龙让这些活泼的小家伙们引动了阳气，一个扑腾便从水潭中跃上天空。

"啊！主人，我重生了。"应龙对着大禹高兴地喊着，然后在空中绕了几个圈子，最后对着大禹俯下身躯。大禹一个箭步跳上龙头，应龙稳稳身体腾空而起向着远方飞去。

再说此时的女娲正在洞府静坐，她感到胸中心儿一荡，马上掐指一算，便知应龙已让大禹救活。女娲啧啧叹气，摇摇头："唉！黄帝老头都出面相助，看来是天意要让大禹成就大业了，他们主仆情深，我也无须再考验他们。"

大禹骑着应龙又去了好多地方，后来，因大禹治理天下洪水有功，受舜禅让继承了帝位。巴城古邑南面那两个小水潭的湖堤因为让泥鳅、黄鳝给钻空了，再加上应龙的倒腾而成了大水潭。后有百姓在水潭边捡到了大大的龙鳞，所以他们就把这个潭叫作龙潭湖。日久天长，龙潭边的那个小村子就成了龙潭湖村。

相关争议

一、"应龙"是个体还是种群？

很多人认为，应龙同烛龙、勾龙、夔龙等龙形象一样，是一只独有的神龙，但是根据《巫山县志》记载，相传大禹引导洪水到巫山的时候，有一应龙挖掘水道搞错了方向，被斩杀。

以上述文段来看，应龙不是一只独龙，而是一个族群，但是除应龙外，烛龙、勾龙、夔龙等龙形象后来未能见出在后代的发展。

二、应龙的属性是什么？

因为有很多的龙是生活在水里的，所以又有人说应龙的属性属水，其实不然,上述我们已经明了,应龙即黄龙,属性属土;那么就又有人说了,因为属水才能治水,其实不是,熟知五行的人都知道"水来土掩",土克水,就是因为应龙的土属性,在治水的时候才发挥最大的功效,熟知大禹治水故事的人也清楚地知道,当时大禹是利用应龙锋利的尾巴划开大地和山川,引导洪水到大海,最后才成功治水的。

中国史学界的"哥德巴赫猜想"

夏商时期,在今山西省朔州市应县一带有古应国,后来古应国的子民迁至今河南平顶山地区定居。西周初期,武王之子、成王之弟应叔被封为应侯,因封地属应国故地,国名仍为应国。应侯在两周有较为显赫的地位,在西周早期为监国,故有应监、应公之称,而后才成为诸侯。周代鹰国,历350余年历史,但古鹰(应)国历史自黄帝时期应龙氏朔州市应县立国至东周早期灭国历数3000年之久。古鹰(应)国隐藏着我国古代方国最神秘、最深厚的历史,成为永远无法解开的历史之谜。古鹰(应)国是我国史学界的"哥德巴赫猜想"。

鹰城之鹰

平顶山,春秋时为应国,应国以鹰为图腾,古汉语"应"与"鹰"通假,平顶山因此又有鹰城之称。应国原为商代方国,其地在今山西应县。古文献及甲骨卜辞有商王步于应,应侯朝商等记载。后来古应国的子民迁至今河南平顶山地区定居。西周初期,武王之子、成王之弟应叔被封为应侯,因封地属应国故地,国名仍为应国。应侯在两周有较为显赫的地位,在西周早期为监国,故有应监、应公之称,而后才成为诸侯。应国灭亡时代不详，推测大概在东周早期的楚武王或楚文王时亡于楚国。应国灭后，子民以国为氏，得应姓。

应国古城位于平顶山市西郊薛庄镇。应国城址1964年已没入白龟山水库西北隅。这里分布着应山、应水、应都古城、应国墓地和星罗棋布的鱼塘，山清水秀如画，一派田园风光。位于北村一带的古墓群，长2125米，宽100米。20世纪80年代以来共挖掘出自西周到汉代的古墓300多座，其中有数十座应国贵族墓出土有青铜器，每一件青铜器都蕴含着耐人寻味的故事。

平顶山市别称"鹰城"，来自滍阳岭应国贵族墓地出土的一只玉鹰。应国玉鹰发现于1986年6月发掘的滍阳岭应国贵族墓群中部的一号墓中，这是大夫一级的贵族墓葬，在其出土的大量西周青铜器、玉器、贝币等珍贵文物之中，发现了一只温润光洁、泛青透明的玉鹰，长2.2厘米，宽5.7厘米，顶部与右翅有微斑，是有意用俏色手法就势雕琢而成，作展翅飞翔状，形象而逼真。向右扭曲的头部嘴衔右翅，形成一个穿孔，与双翅翅尖的两个小孔都用以穿绳佩戴，设计可谓精巧而独到。玉鹰眼睛和背翅施以线雕，两爪卷曲身下，看去栩栩如生，充盈着艺术的美感。史学界根据多方面的考证，认为这是古应国贵族王室的族徽标志，正与应龙氏族的图腾吻合，也许为原古应国贵族代代留传下来的传国之宝。现在，该玉鹰已被列入国家一级保护文物。

应龙与夏天的龙星

《大荒经》云："大荒东北隅中，有山名曰凶犁土丘。应龙处南极，杀蚩尤与夸父，不得复上，故下数旱。旱而为应龙之状，乃得大雨。"

应龙已杀蚩尤，又杀夸父，乃去南方处之，故南方多雨。(《大荒北经》)

蚩尤作兵伐黄帝，黄帝乃令应龙攻之冀州之野。应龙畜水。蚩尤请风伯、雨师，纵大风雨。(《大荒北经》)

《大荒东经》称"应龙处南极"，《大荒北经》称"应龙……去南方处之"，可见"应龙"为南方之龙，《大荒东经》郭璞注云："应龙，龙有翼者也。"其说或本《广雅》"有翼曰应龙"之说。则所谓南方"应龙"，当即《周易》"六龙"中的"飞龙在天"之龙，即盛夏高悬于南方之龙星，应龙"有翼"，喻夏龙飞动翱翔、高悬南天之势也。

《大荒经》关于应龙的神异性的记载，称"应龙畜水"、应龙所处的南方"多雨"，则显然是对夏天气象特点的真实记载。龙星高悬于南天，正值雨水丰沛的盛夏，故在古人的观念中，"飞龙在天"的应龙就成了雨水的象征。应龙既为雨水之象征，亢旱不雨，则不妨作应龙之形象以致雨，故《大荒东经》云："旱而为应龙之状，乃得大雨。"郭璞注："今之土龙本此。"所见甚是。殷墟卜辞中已有"乍（作）土龙"的记载，显然是指作土龙求雨之事。先秦两汉典籍中，屡见作土龙求雨的记载。《吕氏春秋·有始览》云："旱云烟火，雨云水波，无不皆类。其所生以示人，故以龙致雨。"《淮南子》中更是数言之：

云母来水，土龙致雨。(《淮南子·地形训》)

若为土龙以求雨……土龙待之而得食。(《淮南子·说山训》)

譬若旱岁之土龙，疾疫之刍狗，是时为帝者也。(《淮南子·说林训》)

涔则具擢对，旱则修土龙。(《淮南子·说林训》)

此外,《杨子法言》、《论衡》等汉人著述中亦俱载其事,足见龙能致雨的俗信在汉代之深入人心。《续汉书·礼仪志》载:"自立春至立夏尽立秋,郡国上雨泽,若少,府郡县各扫除社稷。其旱也,公卿官长以次行雩礼求雨。闭诸阳,衣皂,兴土龙,立土人舞僮二佾,七日以变如故事。"土龙致雨载于官方祀典,可谓郑重其事,非一般淫祀可比。董仲舒的《春秋繁露》有《求雨》篇,论土龙求雨之制度甚详而备,乃是尽人皆知的,此不备引。近世民俗于二月二日的"龙抬头"节,以草木灰从井泉边连绵撒至家中盛水之处,或以灰做蜿蜒之龙形,谓之"引龙回",当系上古作土龙祈雨之遗风。

先秦典籍中,求雨之仪又称"雩",《礼记·祭法》云:"雩宗,祭水旱也。"《周礼·春官宗伯》云:"司巫……若国大旱,则帅巫而舞雩。"由上引《续汉书·礼仪志》的记载,知作土龙即雩礼之一节。因为龙星初升标志着霖雨季节的来临,故古人例于龙星升天之时举行雩祭,为夏天作物的生长祈求甘霖,《左传·桓公五年》谓"龙见而雩",杜预注:"龙见建巳之月,苍龙宿之体昏见东方,万物始盛,待雨而大,故祭天远为百谷祈膏雨。"建巳之月为孟夏四月,此月黄昏龙星全体已离开地面而飞升于天,且已从东方绵延而及于南方,《大荒北经》所谓应龙"去南方处之",郭注所谓应龙有翼,谓此。

《大荒北经》又述黄帝蚩尤之战云:"蚩尤作兵伐黄帝,黄帝乃令应龙攻之冀州之野。应龙畜水。蚩尤请风伯、雨师,纵大风雨。"了解了古人土龙致雨之俗,明白了应龙的原型不过是夏天之龙星,则知黄帝战蚩尤神话不过是对祈雨巫术的写照而已。

九阴衔烛耀千秋

烛龙,又名烛九阴,也写作逴龙,据说它睁开眼就为白昼,闭上眼则为夜晚,吹气就北风呼啸,为冬天;呼气则赤日炎热,乃夏天。不喝水不进食,不睡觉也不休息,一呼吸就长风万里,它的光芒能照耀北极的阴暗。

现代文化史学家认为,烛龙为北方龙图腾族的神话,其本来面目应是男根,由男性生殖器蜕变而来,其产生于女阴崇拜时代。

烛龙形象

《山海经》中记载,烛龙人面龙身,赤红色,身长千里,居住在中原北部的钟山,在山上俯瞰世间。烛龙的眼睛是上下排列的,下面的一只是本眼,上面的一只叫作阴眼。传说千年的烛龙阴眼连着地狱,给他看一眼就会给恶鬼附身,久之就会变成人头蛇身的怪物,西方的传说经常有这样的怪物。它的两只眼睛,一只代表太阳,一只代表月亮。它威力极大,睁眼时普天光明,即是白天;闭眼时天昏地暗,即是黑夜。但是如果它同时睁开两只眼睛,大地就会被酷热烤焦。烛阴不食不息,口中衔烛,放出的神光照耀整个大地。古人认为烛阴的吹气会导致大风,因此认为冬天就是它在用力吹气,而夏天则是它轻微地吐气。

烛龙原型争议

一、极光说

因烛龙所处的地方"积冰"、"不见日"、"天白皓皓"、"寒凝凝",所以有人认为正是北极。

在极圈附近,昼夜以季节划分,分为"极昼"和"极夜"。我国东北高纬度地区,靠近西伯利亚和北极圈,如漠河,"极昼"、"极夜"是正常现象。而"烛龙"恰恰活动在这样一个地区。

综合已经得出的古先民喜欢给自然景象作生物性的表记的习俗,便不难猜出这种极圈附近的景象是什么——极光。

极光的绚烂多彩,如长龙腾越天空一般的壮观,启迪了古先民的智慧,于是,"烛龙"随之诞生。验证"烛龙"所描写的"蛇身而赤"、"直目正乘,其瞑乃晦,其视乃明",正是极光中的"脉动状"、"静止脉动状"和杂有放射光的光现象。

约百年前,日本的神田选吉氏最早考证"烛龙"即北极光的现象。多年前张明华也提出"烛龙"即"北极光",他说:"《山海经》中对于烛龙神的描绘,虽然掺杂了神话色彩,但与许多自然神话一样,多半是古人根据实际观察的现象而加以记录的,那它是种什么自然现象在古人头脑中的反映?如果将我国古籍中关于烛龙神的形态和北极圈内所发生的昼夜变化、北极光等相比较,就会惊奇地发现《山海经》中对烛龙神的记述,正是对北极光最详尽生动的描绘。"

在张的观点发表三年后,何新也出版了《诸神的起源》一书,其中第十三章"烛龙神话的真相"也同样提出"烛龙"即"北极光",他说:"诗中的"逴龙",就是讲烛龙(逴、烛同音通假)。而最可注意的是，这里所说的北方寒山，正是烛龙所在的羽山、幽山。而屈原说其地的景色是："积冰"、"不见日"、"天白皓皓（雪景）"、"寒凝凝"，是大地的最"北极"。

《文选·烛赋》更是写出："六龙衔烛于北极。"也认为烛龙存在于北极区。

学者由此推断，所谓"烛龙"，并不是一种生物性的存在物，而是北极圈附近的一种自然现象——极光。所谓"身长千里，蛇身而赤"可能是罕见的红色北极光。

二、火山锥说

也有人认为，烛龙神话实质上是描述的一种自然现象——火山爆发（或为熔岩流出）。它是像火烛那样燃烧着的一条巨龙。它燃烧的时候，时而浓烟蔽空，遮蔽大地，如同黑夜；时而又火光喷发，光照大地，使黑夜变成白昼。它的身体像一条火红色的长龙蜿蜒天际。

所以有历史学者认为，"烛龙"形象以正在燃烧和爆发的火山形象来相比，是最恰当不过了。巧的是，在大同市东面30公里处却真有二十多个火山锥，但是这些火山锥在六万年前即已停止活动，已被我国地质专家确定为死火山。因此，火山爆发的情景，很难想象能流传五万多年而仍在先民传说中保留，从而形成烛龙神话。

不过1956年，前苏联地质专家列别金斯基考察了大同火山，他根据《水经注·㶟水》中武州川水（今十里河）火山及火井的记载，作为大同火山在五世纪尚有活动的根据，得出"大同火山十分可能不是死火山，而是休眠火山，将来也许它的活动仍会复苏"的结论。

三、其他说法

此外，纵观历来对烛龙的解释，还有如下数说：

其一，烛龙即太阳说。此说最古，上引《易纬乾坤凿度》即开其先河，清人俞正燮发明其说，其《癸巳存稿·烛龙》条备引古书烛龙之文，认为"烛龙即日之名"，并称烛龙之说出自盖天说宇宙观。

其二，烛龙即火烛说。姜亮夫的《楚辞通故·烛龙》认为"烛龙"即"祝融"之音转，烛龙传说即"祝融传说之分化"，又谓："古人束草木为烛，修然而长，以光为热，远谢日力，而形则有似于龙。龙者，古之神物，名曰神，曰烛龙。"

其三，烛龙为开辟神。袁珂《山海经校注》云："说者谓此神当即是原始的开辟神，征于任昉《述异记》：'先儒说：盘古氏泣为江河，泣为风，声为雷，目瞳为电。古说：盘古氏喜为晴，怒为阴。'《广博物志》卷九引《五运历年记》：'盘古之君，龙首蛇身，嘘为风雨，吹为雷电，开目为昼，闭目为夜。'信然。盘古盖后来传说之开辟神也。"

而反对观点则认为，以上诸说实皆一面之词，俱不可从。

第一，烛龙"视为昼，瞑为夜"（《海外北经》），有似于日，然《天问》谓："日安不到，烛龙何照？"《淮南子·地形训》谓："烛龙在雁门北，蔽于委羽之山，不见日。"《诗含神雾》云："天不足西北，无有阴阳消息，故有龙衔火精以照天门中。"明谓烛龙所在为日照所不及之幽暗之域，则烛龙非太阳明矣，故"太阳说"不可从。

第二，"烛龙"与"祝融"固然声韵相近，但典籍中所载祝融之事和上引所载烛龙诸事全不相涉，而以"烛龙"之名缘乎"束草木为烛"之形，则纯属想当然之词，且烛龙之神异又于草木之火烛何涉？故"火烛说"亦不可从。

第三，盘古为开辟神，《艺文类聚》卷一引《三五历纪》云："天地混沌如鸡子，盘古生其中。万八千岁，开天辟地，阳清为天，阴浊为地。盘古生其中，一日九变，神于天，圣于地。天日高一丈，地日厚一丈，盘古日长一丈。如此万八千岁，天数极高，地数极深，盘古极长。"称天地混沌是由盘古开辟为天和地的。清马骕《绎史》卷一引《五运历年纪》云："元气濛鸿，萌芽兹始，遂分天地，肇立乾坤，启阴感阳，分布元气，乃孕中和，是为人也。首生盘古，垂死化身，气成风云，声为雷霆，左眼为日，右眼为月，四肢五体，为四极五岳，血液为江河，筋脉为地理，肌肉为田土，发髭为星辰，皮毛为草木，齿骨为金石，精髓为珠玉，汗流为雨泽，身之诸虫，因风所感，化为黎甿。"则谓世间万物为盘古死后身体所化，任昉《述异记》云："昔盘古氏之死也，头为四岳，目为日月，脂膏为江海，毛发为草木。秦汉间说：盘古氏头为东岳，腹为中岳，左臂为南岳，右臂为北岳，足为西岳。先儒说：盘古氏泣为江河，气为风，声为雷，目瞳为电。古说：盘古氏喜为晴，怒为阴。吴楚间说：盘古氏夫妻，阴阳之始也。今南海有盘古氏墓，亘为三百里，俗云：后人追葬盘古之魂也。桂林有盘古氏庙，今人祝祀。"《三五历纪》和《五运历年纪》的作者徐整为三国人，任昉为南北朝时梁人，此前的先秦及秦汉文献如《楚辞·天问》、《淮南子·原道训》等在述及世界创生时，皆未提及盘古，可见盘古创世的神话出现较晚，且据徐整引"吴楚间说"，并云"南海有盘古氏墓"、"桂林有盘古氏庙"，可见盘古神话当是魏晋间由南方民族传入。盘古的主要事迹为开辟天地和化生万物，然诸书述烛龙，却全然与开辟和创世无涉，《海外经》所谓"视为昼，瞑为夜，吹为冬，呼为夏，息为风"云云，也与创世无关，《广博物志》卷九引《五运历年记》所谓"盘古之君，龙首蛇身，嘘为风雨，吹为雷电，开目为夜"，显系以意捏合盘古与烛龙。

烛龙与秋天的龙星

先秦两汉之书言烛龙,皆本自《山海经》,故稽考烛龙神话的来历,需从《山海经》入手,纵观《山海经》关于烛龙的叙述,其要点有三:

第一,烛龙的方位。《大荒北经》明言烛龙居于"西北海之外"的章尾山,则烛龙场景居于《大荒经》版图之西北隅,《海外北经》叙事首起西北隅而终于东北隅,烛阴列此经之首,则其于《海外经》版图,亦必处西北隅。

第二,烛龙之形象。《大荒经》谓其"人面蛇身而赤,直目正乘",《海外经》谓其"身长千里","其为物人面蛇身赤色",则其为物身形绵长,人面蛇身,且为红色。

第三,烛龙之神异。《大荒经》谓"其瞑乃晦,其视乃明,不食不寝不息,风雨是谒。"《海外经》谓其"视为昼,瞑为夜,吹为冬,呼为夏,不饮不食不息,息为风"。其视瞑关乎昼夜时辰,其呼吸关乎冬夏季节,其气息关乎风雨气象,则烛龙之神异全在其与时序的关系,表明此正古人之所以关注烛龙的要义所在。烛龙与时序之间的关系既为古人所盛称,则考究烛龙神话的来龙去脉就应由此着眼。

那么,这种身形蜿蜒如蛇、体长千里、烛然如火、呼吸吐呐关乎时序并且以"龙"为名的神异之物,所象征的究竟是何种自然现象呢?只要对于华夏上古大火纪时的习俗有所了解,就不难由此联想到天上的龙,即逶迤于天际的苍龙星象。

不同季节的龙星星象皆在《山海经》中留下清晰可辨的印记,夔龙为春天之升龙,应龙为夏天之飞龙,烛龙为秋天之降龙,相柳为冬天之潜龙,《山海经》对于苍龙星象在每个季节和方位的星象形态和授时功用皆有生动的写照,全面而系统地反映了原始的龙星纪时习俗,为华夏上古天文学和历法岁时制度的研究提供了一条足供参证的史料,也为证明《山海经》与上古天文历法的关系提供了一条有力的证据。

九头相柳,为祸人间

相柳,又称相繇,上古凶神,蛇身九头,食人无数,所到之处,尽成泽国。它喷出来的水比洪水还厉害,又苦又辣,吃了就会送命,因此,这种水泽连禽兽也不能生活。禹见相柳如此猖獗,就运用神力杀了相柳,为民除害。相柳身上流出的血,一沾土地就五谷不生,把大片地方污染了。禹尝试用泥土堙塞,但三堙三陷,禹只好把这片土地辟为池子,各方天神在池畔筑起一座高台,镇压妖魔。现在,相柳是游戏中的一种魔兽。

为祸人间

相繇,蛇身盘旋,长着九个脑袋。他喜欢吃土,一次就能吃下九座小山;它吐出的东西,会形成水泽,气味令人恶心,苦涩难闻,即使是野兽都无法在附近停留。

相繇到处吃江河堤坝上的土,使河道中的洪水不断溢出,四处泛滥,淹没一块块陆地。眼看着前期的工作被破坏得不成样子,就要前功尽弃了,禹决心用武力对付共工和相繇。在应龙和群龙的帮助下,禹奋起神威，打败了水神共工，把他赶回了天庭。

共工死后，相柳继承共工遗志继续作怪，禹便杀死相柳，但是相柳的血液腥臭，流淌过的土地五谷不生，它弥留时流出的口水更形成了巨大毒液沼泽，禹三次填平沼泽却三次塌陷，没有办法，禹只好把这里挖成一个大池塘，并用淤泥在池塘边修建了几座高台，作为祭祀诸神的地方。这个地方就是五帝台。

相柳与冬天的龙星

春夏秋冬四时循环而成岁，龙星周天升降而纪四时，《山海经》中既然对于春、夏、秋三季的龙星都有记载，看来也不应独缺冬天的龙星。冬天龙星潜藏而不可见，但一种众所关注的星象隐没不见，也未尝不可以作为一种时令标志，正像《夏小正》、《月令》把玄鸟、征雁的出现与消失都作为物候标志一样。

所以有历史学者认为，相柳即象征冬天的龙星。并提出，相柳与冬天之龙星的关系，可由如下几方面分析：

第一，相柳人首蛇身，蛇身亦即龙身，与夔龙、应龙、烛龙等诸龙一样，均作龙形。

第二，《大荒北经》谓："相繇，九首蛇身自环，食于九土，其所歍所尼，即为源泽。"《海外北经》谓："相柳氏，九首，以食于九山。相柳之所抵，厥为泽溪。"所谓"食于九土"或"九山"似指相柳隐入群山之中；所谓"所歍所尼，即为源泽"和"所抵厥为泽溪"则指相柳潜于水泽，"潜龙勿用"之象也。《后汉书·张衡传》引张衡《应间》云："夫玄龙，迎夏则陵云而奋鳞，乐时也；涉冬则淈泥而潜蟠，避害也。"张衡所谓"玄龙"即龙星，玄龙之"淈泥而潜蟠"亦即相

153

柳之"所歍所尼，即为源泽"，可证相柳即玄龙，亦即龙星。

第三，"禹杀相柳"，相柳命丧黄泉，意味着在冬天销声匿迹，若死若亡。

第四，相柳为共工之臣，此说尤能证明相柳系冬天龙星。

共工的形象作龙形。《神异经·西北荒经》云："西北荒有人焉，人面朱发蛇身，人手足，而食五谷禽兽，贪恶愚顽，名曰共工。"《归藏·启筮》云："人面蛇身朱发。"共工人首蛇身（亦即龙身），暗示共工与龙星的联系。

著名的共工触不周山神话正是龙星纪时的反映。这一故事最早见于《楚辞·天问》，较完整的记载见于《淮南子·天文训》，其文云：

昔者共工与颛顼争为帝，怒而触不周之山，天柱折，地维绝。天倾西北，故日月星辰移焉；地不满东南，故水潦尘埃归焉。

如上所述，龙星巡行四方，却只有三方可见：春天，龙星暮见东方；夏天，龙星暮见南方；秋天，龙星暮见西方；冬天，龙星隐于北方而不可见。这在人们看来，仿佛龙星周天运行的圆周在北方留下了一个缺口，阙而不周，因这一缺口始于西北方，亦即秋冬之交，故西北方被称为"不周"，而秋冬之交的来风就称为"不周风"（《淮南子·天文训》），所谓"不周之山"，西北之山也，在《大荒经》版图中，不周山正处在位居"西北海之外，大荒之隅"的西北方。明乎此，则所谓"共工触不周之山"，不过是说，秋冬之交，龙星（共工）徙至西北方，开始隐入西北方的群山之后。触，意味着以角相抵，而龙星首宿为角宿，角宿最先没入西北群山，正呈现为龙星以角与山相抵触的景象，口耳流传，就讹传为"共工触不周之山"了。龙星潜入西北群山之后，整个冬天都没入北方隐而不见，这反映在神话里，就是《淮南子·原道训》所谓"昔共工之力，触不周之山，使地东南倾。与高辛争为帝，遂潜于

154

渊，宗族残灭，继嗣绝祀。""遂潜于渊"，即《易》所谓"潜龙勿用"。总之，共工的原型，不过是秋冬之交的龙星。

明乎共工为秋冬之交的龙星，则知相柳为冬天的龙星，在历日上，冬天潜隐之龙星在秋末冬初始潜之龙星后，故谓之共工之臣，由此四点，可以推断相柳即冬天的龙星。

巴蛇吞象，其大何如

巴蛇即修蛇。古代中国的巨蛇，体长达到180米，头部蓝色，身体黑色。修蛇居住在洞庭湖一带，吞吃过往的动物，据说它曾经生吞了一头大象，过了3年才把骨架吐出来。由于巴蛇也袭击人类，所以黄帝派遣后羿前往斩杀，后羿首先用箭射中了巴蛇，然后一直追赶它到遥远的西方，将其斩为两段。巴蛇的尸体变成了一座山丘，现在称为巴陵。

一蛇吞象，厥大何如

"一蛇吞象，厥大何如？"看似蛇的神话，又似蛇的奇闻。它演绎了后来"人心不足蛇吞象"的成语。这吞象之蛇，就是三峡地区出的"巴蛇"。《山海经·海内南经》载："巴蛇食象，三岁而出其骨，君子服之，无心腹之疾。其为蛇，青黄赤黑。一曰黑蛇青首，在犀牛西。"紧接着又载："旄马其状如马，四节有毛。在巴蛇西北，在高山南。"

巴蛇在这里又被借用作地名,这说明巴地某高山因产巴蛇而闻名。象之身体巨大,巴蛇能将它吞食下去,确实令人难以置信。屈原的疑问看来并非出自纯动物奇闻的角度,而可能是巴蛇、象与人类的某种特殊关系的神话,但无人能破解这个神话。我们只能当作动物奇闻来探讨。宋李昉等编著的《太平广记》转录了《玉堂闲话》中的一则题为《瞿塘峡》的杂记:"有人游于瞿塘峡,时冬月,草木干枯,有野火燎其峰峦,连山跨谷,红焰照天。忽闻岩崖之间,若大石崩坠,鞫磕然有声。遂驻足伺之,见一物圆如大棍至平地,莫知其何物也。细而看之,乃是一蛇也。遂剖而验之,乃蛇吞一鹿,在于腹内,野火烧燃,坠于山下。所谓巴蛇吞象,信而有之。"这篇文字对峡中自然风物的描述生动逼真,比较真实可信。巴蛇既然可以吞鹿,当然就可能吞象。据蛇学家的研究与观察:蛇可以吞下比自己头部大十多倍的动物,其奥秘在于蛇头部骨骼的关节处是用韧带联结的,既能左右展开,又能独自交替地向一侧扩展。例如人的嘴巴只能独自张开到30度,而蛇的嘴巴可以张开到180度。假如巴蛇真如郭璞所注"长千寻"(古时八尺为寻),如此巨大之巴蛇吞食大象也不无可能。

巴人的蛇崇拜

古代生活在这个神奇蛇世界里的民族,由于缺乏科学知识,因而产生崇拜观念乃是以蛇为图腾,这是一种历史之必然。古代生活在三峡地区的巴人,就是一个以蛇为图腾的民族。这得从巴与蛇之间的渊源关系说起。关于"巴"名称之由来,古今研究巴民族和巴文化的学者也是各有所见,其说不一。有水形曲折如巴说;有山形坪坝为巴说(认为坝即巴);有巴源于植物说(如巴豆、巴戟天)。其中有一种说法得到很多人的共识，即认为"巴"就是蛇，"巴"字本是蛇的象形文字，在甲骨文中蛇、巴两字的造形基本相同。《说文解字》对此作了进一步解释："巴，虫也。或曰食象蛇，象形。"这说明巴之名源于蛇或食象之巴蛇。随着历史的演变，巴由蛇名而变为族名，由族名而变为姓名、国名。

有学者认为巴山就是蛇山，大巴山就是大蛇山，乃出产巴蛇之地。至今大巴山一带仍有多处巴蛇遗迹，山北有"神蛇戍"，山南有"巴蛇洞"。管维良先生在所著《巴族史》中指出："由于巴人出山方向不同，到达地方不同，遂形成了一些分支，并逐渐有了自己单独的图腾信仰。按其图腾信仰，可粗分为三支"，即"龙蛇之巴"、"鱼鳖之巴"、"白虎之巴"。在秀山县石提崖棺中，还发现了两千多年前古代巴人遗存的蛇形文字和图腾，人们称作"天书"。

蛇崇拜和蛇文化在古三峡地区蓬勃兴起，还与巫风之昌盛有关。巫师在举行巫术仪式时，常常要使用神奇的蛇作为他的助手，借以上天入地、沟通鬼神。《山海经·海内北经》载有"巫蛇之山"，这说明巫与蛇已合二为一。《海外西经》载："巫咸国在女丑北，右手操青蛇，左手操赤蛇，在登葆山，群巫所从上下也。"《大荒南经》载："有巫山者，西有黄鸟、帝药、八斋。黄鸟于巫山，司此玄蛇。"又《海内西经》载："开明东有巫彭、巫抵、巫阳、巫履、巫凡、巫相，夹窫窳之尸，皆操不死之药以距之。窫窳者，蛇身人面……"从上述记载中不难看出，巫与蛇形影不离，蛇是巫者唯一的动物助手。从某种意义上讲，蛇文化同巫文化的起源与发展有着十分密切的关系，宛若图腾文化中的孪生姐妹。

太华肥遗究竟是个什么"怪物"

肥遗,一种动物。《山海经》中描述:"西又西六十里,曰太华之山,削成而四方,其高五千仞,其广十里,鸟兽莫居。有蛇焉,名曰肥遗,六足四翼,见则天下大旱。"根据这个记载我们可以知道,肥遗是一种居住在太华山山麓的怪蛇,有一个头、两个身体、六条腿和四只翅膀。不过也有传说称肥遗是一种黄色的鹌鹑大小的鸟,喙是红色的,据说吃了肥遗能够治病、防止寄生虫。

肥遗究竟是什么?

《山海经》两处对肥遗的记载:

一、太华山上有一种名叫"肥遗"的怪蛇,它一旦出现,便预示将有大范围的旱灾。

二、英山中有一种禽鸟,形状像一般的鹌鹑,但却是黄身子,红尾巴,名称是肥遗,人吃了它的肉能治愈疯癫病,还能杀死体内寄生虫。

《山海经》中出现过两次"肥遗",同在《西山经》中出现,但所在山是不同的。所以,华山肥遗和英山肥遗应该是两个明显不同的东西。不过民间记载的这种动物,和《山海经》的记载稍有不合。

明人朱国桢的《涌幢小品》卷三记载,万历十四年,建昌县(今江西永修县）先民在山林中碰见一条长着六只脚的大蛇，很有可能就是传说中的肥遗。书中曰："万历丙戌1586年，建昌乡民樵于山，逢一巨蛇，头端一角，六足如鸡距，见人不噬亦不惊。民因呼群往视，亦不敢伤；徐徐入深林去。《华山记》云：'蛇六足者，名曰肥遗，见则千里之内大旱！'戊子，己丑之灾，其兆已先见之矣。"

另据光绪《京山县志》卷一记载，明代末年，湖北京山县一民宅水沟中，亦曾发现这种"六足如鸡距"的怪蛇。书中曰"崇祯六年癸酉1633年，彭杨畈民家沟中见蛇出，长六尺，围尺许，身红绿色，六足如鸡距，不噬人。郝楚望曰：'肥遗也，主千里旱。'果验。"

另有说法，中国古代传说中的这种叫肥遗的鸟实际上是我们所说的黄鹂鸟。按照《山海经·西山经》中描述英山附近的时候，提到"有鸟焉，其状如鹑，黄身而赤喙，其名曰肥遗，食之已疠，可以杀虫"，说这种鸟长的像鹌鹑，黄色的身子，红色的嘴。查看鹌鹑和黄鹂的图片，不难看出黄鹂长得很像鹌鹑，而且"黄身而赤喙"。特别的，黄鹂的叫声类似"Lwee"，与"肥遗"两字的音很类似，古人用黄鹂鸟的叫声为黄鹂命名很常见。同时在中国很多地方"H"和"F"发音不分，"H"与"F"不分的时候"黄鹂"和"肥遗"两词的音也很相近。

而《山海经的智慧》中则提出，华山肥遗可能是种虫子，因为这个"遗"字应该是（虫遗）。这是一个常识，虫旁的字代表的应该是一种虫子。

但是有个问题必须交代清楚，古人对"虫"的理解和现在是不同的，两栖类也在"虫"之列，比如蛇、蛙、蜥蜴……所以"有蛇"和"有虫"在古人眼中没什么区别。

所以这里的华山肥遗很可能是一种虫子，因为只有昆虫类才是

"六足四翼"，比如《山海经的智慧》中主张的竹节虫，而不是什么稀奇古怪的东西。

龙生九子，各不成龙

龙生九子，各不成龙。所谓"龙生九子"，并非龙恰好生九子。中国传统文化中，以九来表示极多，有至高无上的地位，九是个虚数，也是贵数，所以用来描述龙子，意思是龙生了很多孩子，但没有一个成就真龙。龙有九子这个说法由来已久，但是究竟是哪九种动物呢？我们来看一下：

老大囚牛。囚牛平生爱好音乐，是众多龙子中性情最温顺的，它不嗜杀不逞狠，专好音律。传说，龙头蛇身的囚牛耳音奇好，能辨万物声音，它常常蹲在琴头上欣赏弹拨弦拉的音乐，因此琴头上便刻上它的塑像。这个装饰一直沿用下来，一些贵重的胡琴头部至今仍刻有龙头的形象，称其为"龙头胡琴"。

老二睚眦。传说生得龙首豺身，平生性格刚烈、好斗喜杀，是龙子的战神。睚眦发怒时瞪起的凶恶眼神，也被古人用来描述"怒目而视"，《史记》司马迁对"范雎报仇"一段的评价，便是"一饭之德必偿，睚眦之怨必报"，于是，诞生了"睚眦必报"这个成语。睚眦好杀戮，所以古人常把它刻在刀剑刃身与手柄接合的吞口处，更增添了慑人的力量。它不仅装饰在沙场名将的兵器上，更大量地用在仪仗和宫殿守卫者武器上，从而更显得威严庄重。因为帝王们都相信睚眦能克煞一切邪恶。

老三嘲风。平生好险又好望，殿台角上有它的塑像。排列成单行队，挺立在垂脊的前端，领头的是一位"仙人"，后面依次为：龙、凤、狮子、天马、海马、狻猊、狎鱼、獬豸、斗牛和行什。嘲风便是第二位。它们的安放有严格的等级制度，只有北京故宫的太和殿才能十样俱全，这十只神异，取意"十全十美"，次要的殿堂则要相应减少。嘲风，不仅象征着吉祥、美观和威严，而且还具有威慑妖魔、清除灾祸的含义。嘲风的安置，使整个宫殿的造型既规格严整又富于变化，达到庄重与生动的和谐，宏伟与精巧的统一，它使高耸的殿堂平添一层神秘气氛。

传说嘲风为盘古的心。常用其形状在殿角上作为装饰。《渊鉴类函·鳞介·龙》引《潜确类书》云："龙生九子……嘲风好险，形殿角上。"

老四蒲牢。蒲牢形似盘曲的龙，排行第四，平生好鸣好吼，洪钟上的龙形纽是它的塑像。人们根据其"性好鸣"的特点，"凡钟欲令声大音"，即把蒲牢铸为钟纽，使之"响入云霄"且"专声独远"。如今，在全国大地，几乎每一口古钟上，都有蒲牢的身影。

老五狻猊。狻猊又名金猊、灵猊，形似狮子，排行第五，虽然相貌凶悍，但平生喜静不喜动，好坐，又喜欢烟火，因此佛座上和香炉上的脚部装饰就是它的塑像。相传这种佛座上装饰的狻猊是随着佛教在汉代由印度人传入中国的，至南北朝时期，我国的佛教艺术上已普遍使用，这种造型经过我国民间艺人的创造，使其具有中国的传统气派，后来成了龙子的老五，它布置的地方多是在结跏趺坐或交脚而坐的佛菩萨像前。明清之际的石狮或铜狮颈下项圈中间的龙形装饰物也是狻猊的形象，它使守卫大门的中国传统门狮更为威武。狻猊也作为文殊菩萨的坐骑,如今,在文殊菩萨的道场五台山,还留着古人供奉狻猊的庙宇,因狻猊排行第五,这座庙又名"五爷庙"。

老六霸下。又名赑屃。形似龟,平生好负重,力大无穷,碑座下的龟趺是其塑像。第一种传说霸下上古时代常驮着三山五岳,在江河湖海里兴风作浪。后来大禹治水时收服了它,它服从大禹的指挥,推山挖沟,疏遍河道,为治水作出了贡献。洪水治服了,大禹立碑刻上霸下治水的功迹,下面塑着霸下(赑屃)的形象,示意霸下是治水功绩的根基,没有霸下就没有这功绩。霸下和龟十分相似,但细看却有差异,霸下有一排牙齿,而龟类却没有,霸下和龟类在背甲上甲片的数目和形状也有差异。霸下又称石龟,是长寿和吉祥的象征。我国一些显赫石碑的基座都由霸下驮着,在碑林和一些古迹胜地中都可以看到。

老七狴犴。狴犴又名宪章,形似虎。它平生好讼,却又有威力,狱门上部那虎头形的装饰便是其塑像。传说狴犴不仅急公好义,仗义执言,而且能明辨是非,秉公而断,再加上它的形象威风凛凛,因此除装饰在狱门上外,还蹲伏在官衙的大堂两侧,对作奸犯科之人极有震慑力。每当衙门长官坐堂,行政长官衔牌和肃静回避牌的上端,便有它的形象。它虎视眈眈,环视察看,维护公堂的肃穆正气。古时牢狱的大门上,都刻有狴犴头像,因此监狱也被民间俗称为"虎头牢"。

老八负屃。负屃身似龙,头似狮,排行老八,平生好文,是龙子中另一位好风雅的——专爱书法。石碑两旁的文龙是其塑像。我国碑碣的历史久远,内容丰富,它们有的造型古朴,碑体细滑、明亮,光可鉴人;有的刻制精致,字字有姿,笔笔生动;也有的是名家诗文石

162

刻，脍炙人口，千古称绝。而负屃十分爱好这种闪耀着艺术光彩的碑文，它甘愿化作图案文龙去衬托这些传世的文学珍品，把碑座装饰得更为典雅秀美。它们互相盘绕着，看去似在慢慢蠕动，和底座的霸下相配在一起，更觉壮观。

老九螭吻。又名鸱尾，传说中它生得龙首鱼身，它的形态最早出现在汉武帝修建的"柏梁殿"上。当时，有大臣建议说：大海中有一种鱼，尾部好像鸱，它能喷浪降雨，不妨将其形象塑于殿上，以保佑大殿免生火灾。武帝应允。等到大殿建成之时，群臣争相询问殿脊之上为何物，汉武帝不知如何作答，便以它长得像鸱的尾巴给它起名"鸱尾"，后来渐渐演化成了谐音的"螭吻"。它是佛经中，雨神座下之物，能够灭火。故此，螭吻由此变化出来，所以它多安在屋脊两头，作消灾灭火的功效。螭吻口阔嗓粗，平生好吞，殿脊两端的卷尾龙头是其塑像。《太平御览》有如下记述："唐会要目，汉相梁殿灾后，越巫言，'海中有鱼虬，尾似鸱，激浪即降雨'，遂作其像于尾，以厌火祥。"文中所说的"巫"是方士之流，"鱼虬"则是螭吻的前身。螭吻属水性，用它作镇邪之物以避火。

传说，一次明孝宗朱祐樘曾经心血来潮，问以博学著称的礼部尚书李东阳："朕闻龙生九子，九子各是何等名目？"李东阳竟也不能回答，退朝后七拼八凑，拉出了一张清单。按李东阳的清单，龙的九子是：囚牛、睚眦、嘲风、蒲牢、狻猊、霸下、狴犴、负屃、螭吻。不过在民间传说中的龙子却远远不止这几个，魏豻、饕餮等都被传说是龙的儿子。其实所谓龙生九子，并非龙恰好生九子。如果非要选出九子来的话，也应该选出其中在民间影响最大的九个。李东阳也是一时急于交差，所提之名单并不具代表性。

朱棣强留龙九子

龙子和龙一样，也是不断发展、沿革逐渐形成的。虽然有关龙子的说法不一，但有一点相同，即龙承九子，子子不同。这是自古以来众所周知的，但它们怎么会留在人间各司一职，就有一段不为人知的故事了，这还要从刘伯温说起。

相传，刘伯温本是玉帝身前一位天神，元末明初，天下大乱，战火不断，饥荒遍地。玉帝令刘伯温转世辅佐明君，以定天下，造福苍生，并赐斩仙剑，号令四海龙王，但龙王事务繁多，因此派出了自己的九个儿子。龙九子个个法力无边，神通广大。他们跟随刘伯温征战多年，为朱元璋打下了大明江山，又助朱棣夺得了皇位。当它们功得圆满准备返回天廷复命之时，明成祖朱棣这个野心极大的帝王却想永远把它们留在自己身边，安邦定国，雄霸天下。于是他便借修筑紫禁城为名，拿了刘伯温的斩仙剑号令九子。龙九子顿时呼风唤雨，大发雷霆。朱棣见斩仙剑震不住九子，便决定用计，他对九子中的赑屃说："你力大无穷，能驮万斤之物，如果你能驮走这块先祖的神功圣德碑，我就放你们走。"赑屃一看原来是一块小小的石碑，便毫不犹豫地驮在了身上，但用尽法力却寸步难行。原来，神功圣德碑乃记载"真龙天子"生前一世所做功德（善事）之用（功德是无量的），又有两代帝王的玉玺印章，能镇四方神鬼。其他八子眼看六弟被压在碑下，不忍离去，便决定一起留在人间，但发誓永不现真身。朱棣虽然留住了九子，但得到的却仅仅是九个塑像。刘伯温得知此事后，也弃朱棣而去，脱离肉身返回天廷。朱棣后悔莫及，为了警示后人不要自欺欺人、适得其反、避免重蹈覆辙，便让九子各司一职，流传千古。

篇四
你叫不全的上古灵兽与凶兽

　　中国的上古异兽，它们与生俱来具有可怕的资质成长和超强的能力，但因其罕见，想必很多人都是只闻其名，不知其情也不知其形，更不知其真实情况，不过它们在古书中以及坊间却留下了或多或少的记载。下面就让我们一起去看看，小时候老人家讲故事中的那些神话生物到底是个什么样子吧。

玄武缘何作真武

玄武是由龟和蛇组合成的一种灵物。玄武的本意就是玄冥，武、冥古音是相通的。玄，是黑的意思；冥，就是阴的意思。玄冥起初是对龟卜的形容：龟背是黑色的，龟卜就是请龟到冥间去诣问祖先，将答案带回来，以卜兆的形式显给世人。因此，最早的玄武就是乌龟。但玄武被后世的道士们升级做北方的大帝"真武大帝"，有别于其他三灵。其他的青龙和白虎，只做了山庙的门神，而朱鸟就成了九天玄女。

来源考究

一、禹的父亲叫作"鲧"，字玄冥，也可以叫作玄武，在著名的大禹治水之前帮助舜治水。因其只采用塞堵而非疏导，虽然有神物息壤的帮助，但仍没有成功。通常鲧会被当作灵龟的化身，而夏族的一支——涂山氏认为蛇是自己的祖先。后玄武被道教奉为神明，有了龟蛇合体的说法。

二、玄武由天下二十八星宿中斗、牛、女、虚、危、室、壁七宿变成。

三、龟蛇合交而成。《文选》卷十五张衡《思玄赋》曰："玄武宿于壳中兮，腾蛇蜿蜒而自纠。"李善注云："龟与蛇交曰玄武。"

《后汉书·王梁传》："《赤伏符》曰：王梁主衡作玄武。"李贤注云："玄武，北方之神，龟蛇的合体。"

神性特征

一、北方之神

《楚辞·远游》注云："玄武，北方神名。"《史记·天官书》说："北宫玄武、虚、危。"《重修纬书集成》卷六《河图》曰："北方黑帝，神名叶光纪，精为玄武。"

二、玄武水神

根据阴阳五行理论，北方属水，故北方神即是水神，五逸《九怀章句》说："天龟水神。"《后汉书·王梁传》："玄武，水神之名。"《重修纬书集成》卷六《河图》曰："北方七神之宿，实始于斗，镇北方，主风雨。"雨水为万物生长所需，且水能灭火，所以玄武的水神属性，颇为民间重视和信仰。

三、生殖之神

中国古代素将伟大的神力和阴阳交感演化万物的现象相类比，崇拜生殖的神力。蛇本身就是生殖和繁衍的象征，玄武以龟蛇合体的形状出现，更被古人看作雌雄交配、生殖繁衍的标志。东汉魏伯阳的《周易参同契》也用龟蛇纠缪的例子说明阴阳必须配合："关关雎鸠，在河之洲，窈窕淑女，君子好逑，雄不独处，雌不孤居，玄武龟蛇，纠盘相扶，以明牝牡，毕竟相胥。"

四、司命之神

龟在古代是长寿和不死的象征，并能导引咽气。《史记·龟策列传》载云："南方老人用龟支床足，行二十余岁，老人死，移床，龟尚不死。龟能行气导引。"

《抱朴子》载："城阳郄俭少时行猎，坠空冢中，饥饿，见冢中先有大龟，数数回转，所向无常，张口吞气，或俛或仰。俭亦素闻龟能导引，乃试随龟所为，遂不复饥。"

再者，北宫玄武七宿之第一宿斗宿，又称南斗。《星经》云："南斗六星，主天子寿命，亦宰相爵禄之位。"晋干宝《搜神记》引管辂的话说："南斗注生，北斗注死。"拜南斗可以增寿。这对于追求长生不死帝王官僚及普通人都有很大的吸引力。

玄武的这些神性特征，不仅赢得了社会各阶层的信仰，也为唐宋以后玄武演变为道教大神奠定了基础。

玄武缘何作真武？

玄武的本意就是玄冥，武、冥古音是相通的。玄，是黑的意思；冥，就是阴的意思。玄冥起初是对龟卜的形容：龟背是黑色的，龟卜就是请龟到冥间去诣问祖先，将答案带回来，以卜兆的形式显给世人。因此，最早的玄武就是乌龟。以后，玄冥的含义不断地扩大。龟生活在江河湖海（包括海龟），因而玄冥成了水神；乌龟长寿，玄冥成了长生不老的象征；最初的冥间在北方，殷商的甲骨占卜即"其卜必北向"，所以玄冥又成了北方神。

它和其他三灵一样，玄武也由天下二十八星宿中斗、牛、女、虚、危、室、壁变成的。而古时候的人对玄武的解释有以下的数种：《太上黄箓斋仪》卷四十四称北方玄武星君为："斗宿天庙星君，牛宿天机星君，女宿天女星君，虚宿天卿星君，危宿天钱星君，室宿天廪星君，壁宿天市星君。"至于其形象，《道门通教必用集》卷七云："北

 篇四 你叫不全的上古灵兽与凶兽

方玄武,太阴化生,虚危表质,龟蛇台形,盘游九地,统摄万灵,来从吾右。"同时,道教也将其用于炼丹术语,如《云笈七羲》卷七十二引《古经》四神之丹称:"玄武者,北方壬癸水黑汞也,能柔能刚。"《经》云:"上善若水。非铅非锡非众石之类,水乃河东神水,生乎天地之先,至药不可暂舍,能养育万物,故称玄武也。"

玄武在宋代身价倍增,并被人格化。这与宋代各帝推波助澜分不开。宋初太祖时,即有真武、天蓬等为天之大将的传说。宋真宗天禧元年,在军营中发生了一件事。在《事物纪原》卷七载:"营卒有见蛇者,军士因其建真武堂。二年闰四月,泉涌堂侧,汲不竭,民疾疫者,饮之多愈。"真宗听说此事,下诏就地建观,赐名'祥源'。这大约是中国最早的真武庙。真武大帝的身世,后人多说是在隋炀帝时,玉帝将自己的三魂之一,化身投胎于挣乐国皇后,厌恶尘世,舍位入武当山上修行,成功飞升,镇守北方,号曰:玄武。"

到玄武改名成真武,据说是为了避赵家圣祖的讳。唐朝时,李家为了抬高自己身价,愣把老子李聃说成是他们的先祖,于是大力提携以老子为太上老君的道教。等到了赵家统治天下的时候,想要找一个"本家"来风光风光,却发现姓赵的竟没有一个拿得出手的。真宗急了,硬是编出一个来,跟大臣演了一个"神降天书"的闹剧,又说什么"圣祖上帝托梦",还大诏天下。皇帝一拍板,谁还敢说不。道教没有公开反对,却也不表示承认。而真宗编造的这个圣祖叫"赵玄朗",玄武就是为了避讳于他,而改的名。

天造玄武

要说各代皇帝推崇玄武的原因,则要讲讲玄武升天后的作为。玄

武升天后，道教传说中的彼岸世界——天界里，魔妖迭起，打斗厮杀。元始天尊在天宫中说法传道时，黑毒血光秽杂之气都冲进了南天门。元始天尊盛怒之下，命玄武镇魔除妖。玄武以其勇猛，率三十万天兵天将一夜之间降伏了妖魔。打那以后，玄武就坐镇武当山，并经常下降到人间"普福生灵，操扶社稷"。

武当山最高峰天柱峰上，在宋代，建有一座铜亭，供奉玄武。元代，搬走了铜亭，建了一座铜殿。明代，明成祖朱棣认为北方之神——玄武助他得到皇位，则大修武当，移走了铜殿，建了一座金殿。无论是民间，还是皇室，都在天柱峰上大兴土木。

一张从空中俯拍的图片揭开里面的玄机，原来八百里武当山的最高峰是造物主的杰作：天造玄武！

从图片上看，天柱峰犹如一座巨龟，背甲高拱，驮负着金光灿灿的金殿；紫金城墙如龟之甲裙，厚朴浑然；前方兀起一峰，昂立云端，恰似龟首翘迎苍穹，确如活灵灵一只玄龟。武当天柱峰高 1612 米，终年彩云缭绕，动感变幻，犹如银蛇缠合"玄龟"真是天造地设、鬼斧神工的北方之神——玄武。

如此神妙，让我们联想，难道古人真的知道武当山天柱峰构成的是巨大的玄武像？那么他们是通过什么手段得知的？玄武在武当山修炼得道并坐镇武当山的一系列传说，和天柱峰的玄武巨像难道是巧合？

看来，这里面的神妙和玄机只有天知道。

 | 篇四 你叫不全的上古灵兽与凶兽 |

圣兽麒麟主太平

麒麟亦作"骐麟",简称"麟",古代传说中的仁兽、瑞兽,是中国古代传说中的一种动物,雪麒麟被称为圣兽王,且是神的坐骑。它是按中国人的思维方式复合构思所产生、创造的动物,雄性称麒,雌性称麟。主太平、长寿。民间有麒麟送子之说。

形象特征

麒麟,有角,为龙角,其角极为坚硬,为浅灰色。据古籍的描述,它的身子像麈,也可以写成麇,古籍中指鹿;尾巴像牛;蹄子像马;圆的头顶,有一对角。它被古人视为神兽、仁兽。麒麟长寿,能活两千年。能吐火,声音如雷。"有毛之虫三百六十,而麒麟为之长"(有毛之虫的意思是有毛的动物)。

麒麟是中国古人创造出的虚幻动物,这种造型是把那些备受人们珍爱的动物所具备的优点全部集中在麒麟这一幻想中的神兽的建构上。在中国众多的民间传说中,关于麒麟的故事虽然并不是很多,但其在民众生活中实实在在地无处不体现出它特有的珍贵和灵异。从古至今不乏有能人志士将麒麟的形象以各种形式展现出来。自青铜文化兴起后,铜雕麒麟也变得更加广受欢迎,以铜打造麒麟形象,使人触及可摸,这样麒麟在人们心中的形象就变得更加明确。

与孔子的传说

在民间传说中，麒麟与儒家学派的创始人孔子有着密切的渊源关系。说孔子降生的当天晚上，有麒麟降临在孔府家里，并吐玉书，上有"水精之子孙，衰周而素王，征在贤明"的字样，意思是告诉人们孔子非凡人乃自然造化之子孙，虽未居帝王之位，却有帝王之德，堪称"素王"。孔子家人将一彩绣系在麟角上，以示谢意。周敬王末年时，有人在曲阜掘土犁田时，竟挖出了那条当初系于麟角的彩绣。以后，人们又引申出麒麟吐玉书三卷，孔子精读后成为圣人的说法。至今，在文庙、学宫中还以"麟吐玉书"为装饰，以示祥瑞降临，圣贤诞生。孔子生活的时代，礼崩乐坏，社会动荡不安。传说麒麟现于郊野，为人所贱，孔子喟叹麒麟"出非其时"，标志着世界的日暮途穷和哲人的穷困，孔子所著《春秋》于此绝笔，故《春秋》又别称"麟史"、"麟经"。

时至今日，在巨野、嘉祥等地仍流传着孔子与麒麟有关的传说故事。

一、麒麟送子、龙生虎养鹰打扇

孔子的父母叔梁纥与颜征在婚后经常到尼丘山上烧香祈祷，保佑能添个健康的男孩儿。一日，忽见天降麒麟，并吐血于石上，孔母因曾坐于石上而受孕，孔母临盆时，一阵悠扬的鼓乐之声从天际传来，随之，一只玉麒麟口衔玉帛从天界缓缓而来，将玉帛吐到孔母面前，上面写道："天遣奎星下凡，将要振兴周朝。"玉麒麟腾云驾雾而去之时，孔子诞生了。

当孔子父母仔细打量新生婴儿时，不由得倒吸一口冷气，只见这

 篇四 你叫不全的上古灵兽与凶兽

孩子长得有些反常：头顶如反盂，中间低而四边高；且眼露筋，鼻露孔，耳露轮，嘴露齿，俗说"七露"（因眼、耳、鼻均为双数）。叔梁纥十分恼怒，便把孩子扔在了尼丘山下。此时正是八月，天气格外炎热。孩子躺在野地里，一只老鹰飞来，展开双翅呼扇呼扇地不停地给孩子打扇遮阳。傍晚，一只斑斓母虎从山上下来，把孩子衔进山洞里，用虎乳喂养孩子。那山洞就是现在的尼山夫子洞，又叫坤灵洞。

这就是民间广为流传的孔子是"麒麟送子"、"龙生虎养鹰打扇"的来历。

二、麒麟送天书

一天，孔子做了个很奇怪的梦，梦见丰沛地里冒出一股赤红色的烟雾，久聚不散，又见一只麒麟徘徊不前。孔子想：麒麟现，圣人出。莫非是将有圣贤明君出现，或是要来指点我的迷茫呢？于是驾车向鲁西南方向赶去。越过一片沼泽，孔子远远看见一个小孩正用石头打一只麒麟。小孩见有人来了，急忙把麒麟推进树丛，又往麒麟身上盖了些青草，对迎面走来的孔子说："刚才我看见一个怪物向西跑了。"

孔子很生气地白了小孩一眼，走进树丛，拨开杂草，把那只麒麟抱了出来。麒麟见了孔子，双眼扑扑地流泪。孔子见麒麟受了惊吓，一边轻轻地爱抚，一边脱下上衣盖在麒麟的身上。又拿出绸帛，给麒麟包扎伤口。

过了一会儿，麒麟安静了下来，它用舌头舔了舔孔子的手，忽然从口中吐出三部书来，接着转身跳进沼泽地里，没了踪影。

孔子手棒三部经书恍然大悟，原来这是一只神麒麟，来给他送天书的啊！

天书是用蝌蚪文（篆文）写成的，谁也看不懂，只有孔子一人能够看明白。孔子自得天书后，终日手不释卷，彻夜攻读，终于成了一

位学识渊博、通古晓今的大圣人。

三、获麟绝笔

孔子晚年被鲁哀公尊为"国老",享受退休大夫的待遇。此后,孔子开始整理编修历史著作——《春秋》。他要在这部书里寄寓自己的政治理想和主张,以便留给后人效法;也可以用它来传授弟子,培养从政人才,来完成自己未竟的事业。

孔子为了写这部书,三年内有两年多的时间是吃睡在书案上的。《春秋》一书,自平王东迁记起,至鲁哀公在位时,共记录了二百多年的大事。

话说这年春天,鲁哀公要带着大臣们去鲁国西边的嘉祥狩猎,也通知了孔子。孔子开始不想去,但想到自己身为大夫,不好拒哀公的面子,再说自己已经三年足不出户了,《春秋》也快写完了,何不趁这大好春光出去散散心呢?于是就带着几个弟子去了。

鲁哀公带着大臣们去追逐猎物,孔子和弟子就在一条小溪旁赏花观景。约莫快近中午了,鲁哀公派人来请孔子,说他们猎到了一头似牛非牛、似鹿非鹿的怪物,请孔子看看是什么。

孔子过去辨认了一番,说:"这是一只麒麟。我听说麒麟出现必是在太平盛世,或是圣人出世……"

大臣们一听,都围着哀公恭喜祝贺,哀公更是喜出望外。孔子却叹道:"如今的世道能算是太平盛世吗?麒麟是一种仁兽,它的出现,必在圣君明王在位时。我听说,尧时麒麟游于野,周兴麒麟现于郊。它如今出现,因不是明君当道,所以被凡人猎杀……我那《春秋》也就自此绝笔吧!"

自"《春秋》绝笔于获麟"后,孔子更加衰老了。

 篇四 你叫不全的上古灵兽与凶兽

后世应用

麒麟,是上古中国人最企望出现的吉祥动物,它的出现表示一代的幸福。因此,那时的人们希望麒麟总是伴随着自己,给自己带来幸运和光明,而辟除不祥。当上古时代的这种信仰被传承下来的同时,麒麟所具有的吉祥意义也随之被广大民众公认且牢牢地存在于人们的意识之中,麒麟便成了某种意念的象征、某种意境的表现、某种力量的显示,并启发人们的想象,引导人们的精神去契合某种意念,进入一种特定的境界,给人们以希望、安慰和某种追求的力量,化入民俗生活之中,表现在民族文化的各个方面。

一、求子与育子

中国传统的生育观念是希望早立于嗣,多生儿女,子孙满堂,多子多福,并以"不孝有三,无后为大"将不能生儿育女、传宗接代视为最大的不孝。这种传统观念根深蒂固,影响了一代又一代人。无论从妇女怀孕,还是到婴儿降生、百天儿及其他庆贺活动,无不体现出人们为此所做的不懈的祈福努力。因为麒麟曾降临过孔子这样的圣贤之人,因而人们相信麒麟既可以送子,又可以佑子。于是,以"麒麟送子"为主题的民俗文化现象不仅见于图画、祝祷之语,而且也见于岁时活动,表现形式十分广泛,意在祈求、祝愿早生贵子,子孙贤德。

就《麒麟送子》的图案而言,既有繁,又有简。繁者或以童子为中心,戴长命锁,持莲抱笙;或为童子骑麒麟,角挂一书;或为童子背后有一仕女护送,仕女张伞持扇。简者为童子骑麒麟,手持莲花。在民间版画作品中,还多配吉祥联语"天上麒麟儿,地下状元郎"。

二、建筑装饰物

砖木雕刻是中国古代建筑装饰的重要方式，题材丰富，刻工精良，赋予建筑造型以生动形象。砖雕多用于砖结构建筑贴面和木结构建筑的砖墙外檐；木雕除在建筑外檐使用外，更多地用于内檐装修。天津砖雕当属砖雕艺术之佼佼者，在清乾隆、嘉庆年间还属瓦作兼作的细活，砖雕艺人被称之为"刻花活儿"的。道光年间，其发展成为独立的行业，形成闻名于世的"天津刻砖"。而垂花门、内外据雀替、额枋、花罩和四扇屏、花板、花牙等装饰上的木雕工艺亦堪称一绝。

中国的建筑尤其是居民建筑多为砖木结构，盛行在房檐、房山墙、门楣、窗框、影壁、柱础、板墙、屋脊、抱鼓石等处以砖雕、木雕或石雕的方式装饰寓意深刻的吉祥图案，麒麟便是其中常用的吉祥动物。有的在大门的两侧装饰石雕麒麟，既显示门庭高贵，又镇宅避邪。

三、佩饰与纹样

从古至今，人们都喜欢以麒麟的工艺造像作为护身符佩戴在身上，其质地有金、银、铜、玉等，尤其讲究为婴幼儿佩戴"麒麟锁"，以此为孩子祈祷长命百岁。此外，以麒麟的艺术造型为图案的传统纹样也被广泛使用。唐代武则天时，以麒麟作纹饰绣于袍服，名曰"麒麟袍"，专门赏赐给三品以上的武将穿用。清代时，将麒麟绣于武官一品的"补子"上，成为等级制度的标志。在民间剪纸、年画、刺绣、腊染等工艺美术品中，都留下了麒麟那鲜活的影子。

篇四 你叫不全的上古灵兽与凶兽

吞万物而不泄的神兽貔貅

貔貅，又名天禄、辟邪、百解，共四个名字，是中国古代神话传说中的一种神兽，龙头、马身、麟脚，形似狮子，毛色灰白，会飞。貔貅凶猛威武，它在天上负责巡视工作，阻止妖魔鬼怪、瘟疫疾病扰乱天庭。

又有传说，说它是一种凶猛的瑞兽，能吞万物而不泄，故有纳食四方之财的寓意，有赶走邪气、带来欢乐及好运的作用。从古至今，上至帝王、下至百姓都注重收藏和佩戴貔貅，貔貅除了招财、开运、辟邪的功效之外，还有镇宅、化太岁、促姻缘等作用。

貔貅由来

据说貔貅是龙王的九太子，它的主食竟然是金银珠宝，自然浑身宝气，跟其他也是吉祥兽的三脚蟾蜍等比起来称头多了，因此深得玉皇大帝与龙王的宠爱，不过，吃多了总会拉肚子，所以有一天可能因为忍不住而随地便溺，惹玉皇大帝生气了，一巴掌打下去，结果打到屁股，屁眼就被封了起来，从此，金银珠宝只能进不能出，这个典故传开来之后，貔貅就被视为招财进宝的祥兽了。

貔貅也有公母之分，民间传说公的貔貅代表财运，而母的貔貅则代表财库，有财要有库才能守得住，因此收藏貔貅大多都一次收藏一对,才能够真正地招财进宝。但如果要戴在身上,还是一只就好,以免打架,以上均属传说,大家参考就好。

貔貅的习性懒懒地喜欢睡觉,每天最好把它拿起来摸一摸,玩一玩,好像要叫醒它一样,财运就会跟着来。

貔貅的造型

貔貅是一种凶猛瑞兽,它如凤凰、麒麟一样分有雌性和雄性,雄性名为"貔",雌性名为"貅",但现在流传下来都没有分雌、雄的了。古时貔貅是分为一角或两角的,一角称为"天禄",两角称为"辟邪",后来再没有分一角或两角,多以一角造型为主。在南方,一般人是喜欢称这种瑞兽为"貔貅",而在北方则依然称为"辟邪"。致于"天禄"则较为少人用以称这类瑞兽,还有些人将它称为"怪兽"或"四不像"等。

貔貅的造型很多,难以细分。经过朝代的转变,貔貅的形态比较统一,龙头、马身、麟脚,额下有长须,两肋有翅膀,会飞,且凶猛威武,如有短翼、双角、卷尾、鬃须常与前胸或背脊连在一起,突眼,长獠牙。到现在常见到、较为流行的形状是头上有一角,全身有长鬃卷起,有些是有双翼的,尾毛卷须。它有一个最大的特点,此兽无肛门,只进不出,比喻为招财进宝。

据记载,貔貅其形似狮而带翼,古代织物、军旗、带钩、印纽、钟纽等物常用貔貅为饰,取其守护避凶之意。今所见最早之貔貅形象的艺术作品上可追溯到汉代,多为带翼的四足兽。到了魏晋南北朝时期,貔貅的形象变得更加概括抽象,装饰意趣更浓。从现存的石刻及玉雕貔貅可以看出其外形极富曲线美,气韵连贯,昂首挺胸,张嘴吐

篇四 你叫不全的上古灵兽与凶兽

舌，气宇轩昂。

姜子牙与貔貅

传说，当年姜子牙助武王伐纣时，一次行军途中遇一只貔貅，但当时却无人认识，姜子牙觉得它长相威猛非凡，就想方设法将它收服并当作自己的坐骑。带着它打仗屡战屡胜。周武王见貔貅如此骁勇神奇，就给它封了一个官，官号为"云"。

当时姜子牙发现貔貅每天食量惊人，却从不大小便，而它唯一的排泄系统就是从其全身的毛皮里分泌出一点点奇香无比的汗液，四面八方的动物闻到这种奇香后无不争先恐后、不由自主跑来争食，结果反被貔貅吃掉。

后人因貔貅只吃不拉，只进不出，便将它当作聚财的神兽而加以供奉。

朱元璋与貔貅

朱元璋定都南京后从地下挖出一对貔貅，而传说貔貅乃龙王的九太子，故命人在灵谷寺的旁边建立貔貅殿供奉这一对貔貅。朱元璋定都南京后修中山门，但国库无钱财，丞相刘伯温建议朱元璋用貔貅来纳财，朱元璋听从，在国门放一对世间最大的貔貅，结果两江士绅纷纷捐款，大兴土木，场面宏大让朱元璋感慨万分，称道："大明臣民如此忠心，江山必然万载。"

乾隆与貔貅

传说乾隆皇帝好古，对古玉更是有着非同一般的痴迷与喜爱，我们可在当时宫廷所藏的数件古玉貔貅身上看到乾隆皇帝亲自授意刻于其上的御制年款及御制诗词，足可见对其的重视和喜爱。

中国台北故宫博物院藏有一件汉代玉貔貅，其包浆莹润，曾经深沁熟盘，貔貅的胸前刻有御制诗。其下配有双层紫檀木座，上层刻有"乾隆御玩"字样，下层刻有与貔貅胸前相同的御制诗，可见其曾为乾隆皇帝的心爱收藏。另一件汉代玉貔貅现藏于故宫博物院，其上阴刻"乙巳年乾隆御题"诗。在欣赏与赞美古物的同时，乾隆皇帝也命工匠参照汉魏及南北朝时貔貅神兽的形象制作新的"仿古"器物。

北冥鲲鹏即海鲸

古人有诗云：云开衡岳风雨止，鲲鹏击浪从兹始；沧海横流何足虑，三尺寒江东陵指。

鲲鹏，又名九天鲲鹏，属中国古代神兽之一，最早出现于道家学说《庄子》的《逍遥游》。书中记有"北冥有鱼，其名曰鲲。鲲之大，不知其几千里也；化而为鸟，其名为鹏。鹏之背，不知其几千里也。怒而飞，其翼若垂天之云。"这鲲鹏精于变化，通灵万物，助元始天尊澄清玉宇，立下不世奇功，受敕封为"九天鲲鹏"。其实鲲鹏是一

篇四 你叫不全的上古灵兽与凶兽

种传说中的动物，当鱼的时候是很大的鱼，当鸟的时候是很大的鸟，古人用鲲鹏之志形容志向远大，在《山海经》中也记录有神兽鲲鹏。

《庄子》亦说，有一种大鸟叫鹏，是从一种叫作鲲的大鱼变来的。传说有一大鱼名曰鲲，长不知几里，宽不知几里，一日冲入云霄，变作一大鸟，可飞数万里，名曰鹏。

"齐谐者，志怪者也。谐之言曰：'鹏之徙于南冥也，水击三千里，抟扶摇而上者九万里，去以六月息者也。'野马也，尘埃也，生物之以息相吹也。天之苍苍，其正色邪？其远而无所至极邪？其视下也，亦若是则已矣。"

从此段可以看出，关于鲲鹏之说，也不是庄子空想出来的，而是在齐国的书中有记载。

鲲鹏即海鲸之说

鲲鹏这种极其奇特、兼有巨鸟与巨鱼之体的动物，过去一直以为只是神话，但从国外动物学的报道中看到，海鲸栖息于海中有时将鲸尾竖出海面，其尾至为巨大，形极似鸟翼。渤海古代称北海，亦即北溟。据史籍记载，渤海秦汉以前多见海鲸。鲸体型极大，可长 30 米（是现存最大动物），所以庄子所说的鲲鹏，并非完全是寓言，有可能是指渤海的海鲸。

佛教记载

关于鲲鹏的传说自古都认为是神话，但是在佛教中确有记载，此鸟名为大鹏金翅鸟，梵语叫作"迦楼罗"，佛教天龙八部之一，也是佛的护法。此鸟翅羽金色艳丽，众彩庄校，为飞禽中最大者，两翅张开有三百六十由旬（小由旬四十里，中由旬六十里，大由旬八十里）之大，颈中有如意宝珠。大鹏金翅鸟降生之时，身光赫奕，各路天神误认为它是火天而顶礼膜拜；大鹏金翅鸟以龙为食，它在空中飞翔，巡视大海中应死的龙，发现龙时，用翅膀扇开海水，成为两半，龙见这个阵势，吓得发抖，就失去知觉，等着被吞食；大鹏金翅鸟于一日之间可吃掉一个龙王及五百个小龙。

据说此鸟居住在须弥山大海北岸，有一种树名"俱吒奢摩离"，树高一百由旬，树荫能遮五十由旬，金翅鸟住于树之四面。宣化上人曾就此开示说，"金翅鸟命终，骨肉尽消散，唯有心不化，圆明光灿烂。龙王取为珠，能破千年暗。转轮得如意，能救一切难。如合在人中，日用而不见。"

在中国的神话演化

因为庄周与印度神话对鹏的神异诸多描述，佛教传入中国后，大鹏在中国文字中的记述进一步增多，也进一步拟人化、神异化。

一、十八罗汉收大鹏

传说，当年金翅大鹏鸟还没有皈依佛门，桀骜不驯，每天以吞龙为乐，仙界多少呼风唤雨的真龙至今都找不到了，盖因被金翅大鹏鸟吃了！于是，佛祖派出十八罗汉降服大鹏，可是仍拿不住它，最后还是远古大神陆压道君趁着降龙罗汉化身济公下界庇佑世间之际，亲自出山点化它，只说了一句话："妙笔画鹰，多指为大鹏，留在今日，山人来点灯，大鹏重降世，先害癫僧，后助癫僧！"从那之后大鹏金翅鸟才大彻大悟，回归灵山一心向佛。

 篇四 你叫不全的上古灵兽与凶兽

二、现身《西游记》

在《西游记》中，唐僧师徒四人路经狮驼岭，遇青狮、白象和大鹏阻路，孙悟空大破阴阳瓶，力降青狮、白象后中大鹏之计，师徒四人被擒，孙悟空设法逃脱，到如来佛祖处求援，且听如来的自白：

"自那混沌初分时，天开于子，地辟于丑，人生于寅，天地再交合，万物尽皆生。万物有走兽飞禽，走兽以麒麟为之长，飞禽以凤凰为之长。那凤凰又得交合之气，育生孔雀、大鹏。孔雀出世之时最恶，能吃人，四十五里路把人一口吸之。我在雪山顶上，修成丈六金身，早被他把我吸下肚去。我欲从他便门而出，恐污真身；是我剖开他脊背，跨上灵山。欲伤他命，当被诸佛劝解，伤孔雀如伤我母，故此留他在灵山会上，封他做佛母孔雀大明王菩萨。大鹏与他是一母所生，故此有些亲处。"

悟空倒也机灵幽默，接着说了一句："如来，若这般比论，你还是妖精的外甥哩。"

如来也不反驳，只是说："那怪须是我去，方可收得。"

大鹏鸟非要如来亲自出手才能降服，纵观《西游记》一书，能享受这种待遇的也就三个"妖怪"：孙悟空，六耳猕猴，大鹏金翅鸟。其能耐可见一斑。

三、转世之说

在中国另一部传奇小说《说岳全传》中，民族英雄岳飞被说成是大鹏金翅鸟的人间化身。书中这样记述道：宋徽宗在元旦祭祀上天，祭表是写给"玉皇大帝"的，但在抄写祭表的时候，误将"玉"字上一点写在"大"字上去了，成了"王皇犬帝"。玉帝看了大怒，说："王皇可恕，犬帝难饶！"就派遣赤须龙下界，降生于金国，成为金国老狼主第四个太子金兀术，玉皇大帝要让金兀术搅乱中原，以报"犬

183

帝"之恨。西天释迦牟尼佛恐怕赤须龙下界以后,没有人能够降伏,就派遣专门吃龙的大鹏鸟下界,转世为岳飞,保全宋室江山。

这岳飞的前身大鹏金翅鸟确实是刚直勇猛异常,就在如来佛面前,因不堪忍受女土蝠(后化身为秦桧老婆王氏)连连放屁,一嘴将其啄死了,被佛谪临凡间,赴岳家途中,偶然看到黄河边的铁臂虬龙(后化身为秦桧)在人模狗样地调兵遣将,它又是大怒了,扑下来爪抓嘴啄地又将虬龙弄死了。

按理说,大鹏鸟是吃龙的啊,那什么赤须龙、铁臂虬龙岂在话下?可为什么在现实中岳飞反被秦桧等人以莫须有的罪名给害死了呢?大约,该书作者钱彩也认为,一旦化为人身,刚烈勇猛的本事在小人阴招面前,便没了用处。

上古四凶之浑沌

《神异经》云:"昆仑西有兽焉,其状如犬,长毛,四足,似黑而无爪,有目而不见,行不开,有两耳而不闻,有人知性,有腹无五脏,有肠直而不旋,食径过。人有德行而往抵触之,有凶德则往依凭之。名浑沌。"

浑沌,也作"混沌",是上古的凶神。传说它形状肥圆,像火一样通红,长有四只翅膀、六条腿,虽然没有五官,但是却能够通晓歌舞曲乐。还有一种说法称浑沌是像狗或熊一样的动物,人类无法看见它、也无法听见它,它经常咬自己的尾巴并且傻笑;如果遇到高尚的人,浑沌便会大肆施暴;如果遇到恶人,浑沌便会听从他的指挥。

篇四 你叫不全的上古灵兽与凶兽

混沌即帝江之说

传说浑沌是四凶之一的神话生物，根据《左传》记载，四凶分别是形象如同巨大的狗的"浑沌"、人头羊身并且腋下长眼睛的"饕餮"、生有翅膀的大虎"穷奇"以及人头虎腿长有野猪獠牙的"梼杌"。

《山海经》中较早记述了关于浑沌的神话："又西三百五十里曰天山，多金玉，有青雄黄，英水出焉，而西南流注于汤谷。有神鸟，其状如黄囊，赤如丹火，六足四翼，浑敦无面目，是识歌舞，实惟帝江也。"浑敦即浑沌，浑沌的形象为识歌舞的神鸟。有的史书写为"有神焉"，繁体的"鸟"与"焉"写法相近，传抄中可能有差错，但都讲得通。显然，这里"浑敦"指太阳。那么浑沌怎么又与帝江联系在一起呢？帝江即帝鸿，古音"江"与"鸿"通。而帝鸿即黄帝——传说中中华民族的始祖。袁枚《子不语蛇王》中也说："楚地有蛇王者，状类帝江，无耳目爪鼻，但有口。其形方如肉柜，浑浑而行，所过处草木尽枯。"这段文字把帝江、蛇（龙）、《庄子应帝王》中的浑沌联系在一起，决非偶然。

在《庄子·内篇·应帝王第七》中有庄子叙"七窍出而浑沌死"的故事。故事大意为：南海的帝王叫"儵"，北海的帝王叫"忽"，中央的帝王叫"浑沌"。儵和忽在浑沌的地方相会，浑沌对待他们很好。儵和忽想报答浑沌，见大家都有眼耳口鼻，用来看听吃闻，浑沌没有七窍，就为他凿七窍。每天凿一窍，七天后，七窍出，而浑沌则死了。《庄子》中的浑沌其形象其实更接近《山海经》中的神帝江：其状如黄囊，赤如丹火，六足四翼，浑敦无面目，是识歌舞，实为帝江。

上古四凶之饕餮

饕餮，传说其特点是：羊身，眼睛在腋下，虎齿人爪，有一个大头和一张大嘴，十分贪吃，见到什么就吃什么，由于吃得太多，最后被撑死了。后来人们形容贪婪之人叫"饕餮"，是贪欲的象征。

形象考究

《神魔志异·异兽篇》有云："神州极南有恶兽，四目黑皮，长颈四足，性凶悍，极贪吃。行进迅疾若风，为祸一方。蛟龙水兽的一种，头有一对角，全身寒气围绕，多数呈青白色，长数十丈，性时而温和时而暴躁，腾空而起激起数丈水浪，威武无比。"

《山海经·北山经》有云："钩吾之山其上多玉，其下多铜。有兽焉，其状如羊身人面，其目在腋下，虎齿人爪，其音如婴儿，名曰狍鸮，是食人。"

《神异经·西荒经》中有云："饕餮，兽名，身如牛，人面，目在腋下，食人。"

蚩尤怨气所化？

《左传》谓饕餮是"缙云氏不才子"，而《史记·五帝本纪》集解引贾玄曰："缙云氏，姜姓也，炎帝之苗裔，当黄帝时在缙云之官

| 篇四　你叫不全的上古灵兽与凶兽 |

也。"蚩尤姜姓，亦为炎帝之苗裔（《路史·蚩尤传》），故蚩尤很可能即此缙云氏之"不才子"饕餮。相传饕餮是蚩尤败给炎黄二帝后被斩下的首级身首异处集怨气所化，有吞噬万物之能，被黄帝用轩辕剑所封印（喻剑上龙纹），并由狮族世代看守（守门石狮）。

饕餮纹

饕餮纹这种纹饰最早出现在距今五千年前长江下游地区的良渚文化玉器上。《吕氏春秋·先识》篇内云："周鼎著饕餮，有首无身，食人未咽，害其及身。"饕餮纹在二里头、夏文化中青铜器上已有了。以鼻梁为中线，两侧对称排列。饕餮纹出现在青铜器上，尤其是鼎上。商周两代的饕餮纹类型很多，有的像龙、像虎、像牛、像羊、像鹿；还有的像鸟、像凤、像人。饕餮纹这种名称并不是古时就有的，而是金石学兴起时，由宋人起名的，最完美的饕餮纹面具高21.0公分，现藏于美国西雅图书馆。西周时代，其神秘色彩逐渐减退。

饕餮纹与宗教文化

如商代象盖饕餮纹铜觥，由器身、足与盖所组成。盖面饰有饕餮纹，以细云雷纹衬底。器物的腹部饕餮饰纹。动物纹样具有宗教意义。商代时期的各类鼎上，均有饕餮纹饰样，鼎是先民用来祭祀的最常见而神秘的器皿，其宗教意义浓厚。

如北京平谷列家河出土的饕餮纹铜卣（商代），腹部饰以饕餮纹，上下饰以连珠纹，祭祀用。

饕餮纹与酒文化

《说文》：尊为专供祭祀或款待宾客所用盛酒之物。唐代李白云："晨游紫阁峰，暮宿山下村。村老见余喜，为余开一尊。""尊"指的是盛酒具，相当于现代的酒壶。1912年在安徽潜山县出土的一件商代的饕餮纹铜尊，埋藏地下3000多年，仍青光熠熠，纹饰精美。此尊高21.5厘米，口径19.4厘米，重2公斤，呈喇叭状，高颈、鼓腹、圆足，因器首饰以饕餮纹而得名。饕餮纹样象征古代传说中一种贪食的凶兽的面形，商至西周时常作为器物上的主题纹饰，多衬以云雷纹，图案多有变化。

饕餮纹与建筑艺术

在古代建筑材料中也通常用到了饕餮纹装饰。

如饕餮纹半瓦当，系古代屋顶防水建筑构件，用泥土烧制而成。1957年，在广安门桥南约700米护城河西岸，发掘出饕餮纹半瓦当，经考古工作者鉴定，是战国时期燕国宫殿建筑特有的殿顶防水部件。饕餮纹半瓦当为揭开北京城建城的悠久历史及高超的建筑艺术提供了有力证明。1972年又在宣武区韩家胡同处，先后出土了战国时期的饕餮纹半瓦当和兽面瓦当各两件。

另有战国饕餮纹瓦当，多为半圆形，图案浮雕比较大方，远视效果好，块面整体感明显。

篇四 你叫不全的上古灵兽与凶兽

饕餮纹与音乐

商代饕餮纹大铙,天津市博物馆藏,此类单件大型铜铙,只能安放在特制的座架上演奏,即植鸣。

商代还出现过饕餮纹祖乙爵、香炉、纹禅、纹首蟠、纹直内戈、纹花瓢等。可见饕餮纹与我们的先民的生活息息相关,与先民的文化生活息息相关,充分体现了我国古代劳动人民的智慧和创造能力。

总而言之,饕餮、饕餮纹文化在中国产生的历史渊源久远,其文化影响在中国古代、现代乃至世界都十分深远。

上古四凶之穷奇

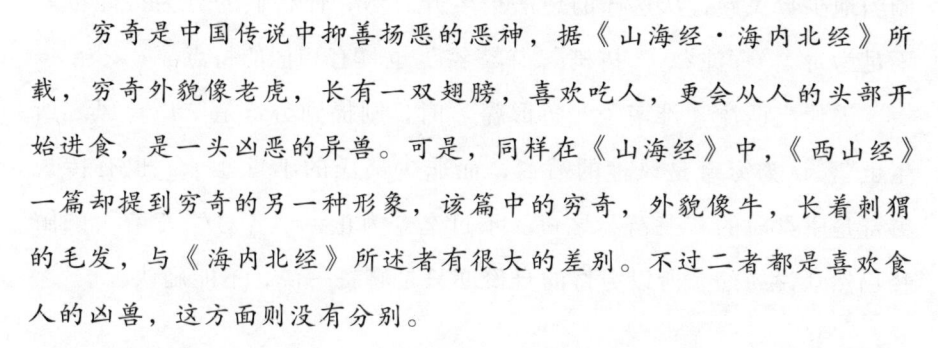

穷奇是中国传说中抑善扬恶的恶神,据《山海经·海内北经》所载,穷奇外貌像老虎,长有一双翅膀,喜欢吃人,更会从人的头部开始进食,是一头凶恶的异兽。可是,同样在《山海经》中,《西山经》一篇却提到穷奇的另一种形象,该篇中的穷奇,外貌像牛,长着刺猬的毛发,与《海内北经》所述者有很大的差别。不过二者都是喜欢食人的凶兽,这方面则没有分别。

据说穷奇经常飞到打斗的现场,将有理的一方鼻子咬掉;如果有人犯下恶行,穷奇会捕捉野兽送给他,并且鼓励他多做坏事。古人也把那种不重心意、远君子近小人的人称为穷奇。

身份考究

《史记·五帝本纪》记载了穷奇的来历,"少昊氏有不才子,毁信恶忠,崇饰恶言,天下谓之穷奇。"舜将其流放,"迁于四裔,以御魑魅"。少昊为西方天帝,其母名皇娥,其父称为"白帝子",即太白之精,他们的故事可见于《拾遗记》,非常美丽动人。在那里有一棵穷桑树,其果实万年一结,吃了的话天老我不老。少昊主宰西方,称为"穷桑氏",或者"金天氏"。注意这些关键字"白"、"金"。少昊一族位于西方不容置疑,而穷奇也是被舜驱逐到了西北方向,被一同驱逐的还有黄帝的不才子"浑沌"、颛顼的不才子"梼杌以及"饕餮"三族,作为怪兽的"浑沌"、"梼杌"、"饕餮"也无一例外地出现在西方,其中饕餮位于西南一些,但想来离被称为"西王母"(地名)的西荒之地不远。也就是说,和其他几位帝王略有不同,被虞舜放逐的都到了西方而不是四方都有,所谓"御魑魅"的说法很可能是指压制当地少数民族,从这样的想法衍生开思考,怪兽们的行为特性也就不足为奇。"浑沌"、"梼杌"、"饕餮"也具有相似的特点。

汉代高诱注《淮南子·坠形篇》时,则提到穷奇是"广莫风之所生也",认为穷奇是风神的后裔,而非少昊氏的不肖儿子。也有传说穷奇是虞舜时的"三苗"之一。不过迄今为止,学者对"三苗"的解释仍然众说纷纭,所以穷奇的身份亦只是聊备一说,不能确认。

善兽说

据《后汉书·礼仪志》中记载"追恶凶"的十二位神明,当中就

篇四 你叫不全的上古灵兽与凶兽

有"穷奇腾根共食蛊"之语,这里的穷奇能驱除蛊毒害物,是一头形象正面的神兽。郭璞注《山海经》时,亦创作了"穷奇之兽,厥形甚丑;驰逐妖邪,莫不奔走;是以一名,号曰神狗"的赞诗,同样指出穷奇会做出驱逐妖邪的行为。这些为民除害的举动,与以往所表现的食善助恶的形象,有极大的差别。

上古四凶之梼杌

古书《神异经》说:"有兽焉,其状如虎而犬毛,长二尺,人面,虎足,猪口牙,尾长一丈八尺,搅乱荒中,名梼杌。"后被用来比喻顽固不化、态度凶恶的人。相传梼杌是北方天帝颛顼的儿子,它还有名字叫作傲狠、难训,由这几个名字也可大略推知它的作为了。和穷奇一样,梼杌后来也成了四凶之一。

身份考究

"梼杌"究竟为何物,论者众说纷纭,莫衷一是。

有说是凶兽的,如东方朔在《神异经·西荒经》中所描述:"西方荒中有兽焉。其状如虎而犬毛,长二尺,人面虎足,猪口牙,尾长一丈八尺。扰乱荒中,名梼杌。一名傲狠,一名难训。"

有说是凶人的,如《左传·文公十八年》所载:"混沌、穷奇、梼杌、饕餮四凶。梼杌乃颛顼的不才子,不可教训。告之则顽,舍之

191

则嚣，天下之民为之梼杌。"

有说是凶木的，如王筠在《说文解字句读》中释曰："梼杌，恶木也，主于记恶以为戒也。"

有说"梼杌"就是夏鲧的，如薛安勤在《国语译注》中注云："梼杌即鲧，也写作'鯀'，传说是远古时代部落首领，神化后变为黄熊。"

有说"梼杌"是形容无知之貌的，如杜预在《左传》注中即言："嚣凶无畴匹之貌也。"贾逵亦取此说。

还有说"梼杌"就是鳄鱼的，如唐善纯在《释"梼杌"》一文中说："'梼杌'正是苗语鳄鱼的意思。""梼杌"源于苗语，即是鳄鱼，是楚人的图腾。"

类似说法尚可举出数端，限于文幅，兹不赘录。

楚人为何以"梼杌"命名史书

《孟子·离娄》载，孟子曰："王者之迹熄而诗亡，诗亡然后春秋作。晋之乘、楚之梼杌、鲁之春秋，一也。其事则齐桓、晋文，其文则史。"孟子在这段话中提及春秋时期三个国家史书的名称：鲁国的史书为《春秋》，楚国的史书为《梼杌》，晋国的史书为《乘》。对《春秋》和《乘》的命名，历来无异义。"鲁以编年举四时为记事之名，故以因名春秋也。""晋国所记，言之则谓之乘，以其所载以田赋乘马之事，故以因名为乘也。"

那么，楚人为什么要用"梼杌"命名史书呢？

《梼杌》正如《春秋》为史书之名一样。春秋本是一年四季中的两个季节名称，或谓商周时期一年只分春秋二季，后来才增加冬夏而有四季。当时人们就用"春秋"指一年，历史是一年一年地记载的，

 篇四 你叫不全的上古灵兽与凶兽

所以引申为历史。周人、鲁人用"春秋"作为史书之名,反映了周鲁之人的聪明才智。楚人用"梼杌"作史书之名,则由楚人的特殊情况而定。"梼杌"可以反映树木生长的历史。横断后的树桩子上有一圈一圈的年轮,一轮或为一年,有多少轮则表明树木生长了多少年。引申为历史,真是太恰当了。江淹在《游黄檗山》诗中写道:"残杌千代木,嶰崒万古烟。"诗人正是从"残杌"上看到了千代之木。我们不得不十分佩服楚人的聪明。用"梼杌"为楚史之名,不仅在于它内涵的准确性,还在于它充分地体现了楚的民族特征。"楚"字从木,是族名,也是国名。楚从林中建国,故楚人对林木的认识较他人更深刻,感情较他人更浓烈。春秋时期,百国史书皆用"春秋"命名,而楚人却别有见地地以"梼杌"来为自己的史书命名,其个性特色当令人拍案叫绝!明白了"梼杌"引申为年轮之意,而楚史《梼杌》是一部什么样的史书也就不难理解了,它同鲁之《春秋》、晋之《乘》一样,只能是一部编年纪事的通史。楚国有筚路蓝缕的岁月,也有问鼎周室的辉煌。楚史有书写不尽的自豪和骄傲,怎么会别出心裁地单记"嚣凶之恶"呢?一部国史专记丑恶之事,令人难以理喻。那些所谓凶人、凶兽诸论,当是受北方诸侯仇视楚人心理影响所致。

张正明教授在《楚史》中指出:"假如见到'芈'字就说楚人以羊为图腾,见到'熊'字就说楚人以熊为图腾,那就错了。在金文里,'芈'作'妳','熊'作'酓'。楚君以酓为氏,应与缩酒有关,是以职为氏。""文献以'熊'代'酓',一则是由于这两个字读音相近,二则出于北方诸侯对楚人曾以禽兽视之的心理。战国时代秦楚交恶,秦人所作的《诅楚文》称楚君之氏不用'酓'字而用'熊'字,就是视同禽兽的证据。"殃及楚史,也就不奇怪了。张先生的考证为我们解了"梼杌"凶神恶兽之谜,也为《梼杌》的正名提供了依据。

所有骂楚的言论,可以说皆由"熊"字面来。由"熊"及鲧,鲧化黄熊,是谓兽;由鲧,及颛顼不肖子顽,是为凶人;由顽及断木不析,是为恶木。如此这般,楚史蒙尘,二千五百年以至今日。"

屡被妖化的九尾狐

古典传说中,九尾狐乃四脚怪兽,通体上下长有火红色的绒毛,善变化,蛊惑,性喜吃人,常用其婴儿哭泣声引人来探。

大禹之妻涂山氏图腾

东汉赵晔的《吴越春秋·越王无馀外传》:禹三十未娶,行到涂山,恐时之暮,失其度制,乃辞云:"吾娶也,必有应矣。"乃有白狐九尾造于禹。禹曰:"白者,吾之服也。其九尾者,王之证也。涂山之歌曰:'绥绥白狐,九尾庞庞。我家嘉夷,来宾为王。成家成室,我造彼昌。天人之际,于兹则行。'明矣哉!"禹因娶涂山,谓之女娇。取辛壬癸甲,禹行。十月,女娇生子启。启生不见父,昼夕呱呱啼泣。

汉《艺文类聚·卷九九祥瑞部下·狐》引《吕氏春秋》佚文:"禹年三十未娶,行涂山,恐时暮失嗣。辞曰:吾之娶,必有应也。乃有白狐九尾而造于禹。禹曰:白者,吾服也。九尾者,其证也。于是涂山人歌曰:绥绥白狐,九尾庞庞,成于家室,我都攸昌,于是娶涂山女。"

 篇四 你叫不全的上古灵兽与凶兽

宋《太平御览·皇亲部一·禹妃》引《帝王世纪》佚文："禹始纳涂山氏女，曰女娲，合婚于台桑，有白狐九尾之瑞，到至是为攸女。"

上面的故事都是说大禹三十岁尚未娶妻，一天行到涂山（今河南嵩县），一只九尾白狐来造访他，大禹说："白色是我衣服的颜色。九尾是王者之证。涂山人的歌谣说：'绥绥白狐，九尾庞庞。我家嘉夷，来宾为王。成家成室，我造彼昌。天人之际，于兹则行。'这意思就很明白了！"于是大禹娶了涂山氏的女子。

青丘九尾狐

《山海经·海外东经》："青丘国在其北，其狐四足九尾。一曰在朝阳北。"

《山海经·大荒东经》："有青丘之国，有狐，九尾。"

《山海经·西山经》："又东三百里，曰青丘之山，其阳多玉，其阴多青"青蔓"。有兽焉，其状如狐而九尾，其音如婴儿，能食人，食者不蛊。"

《山海经·东山经》："又南五百里，曰凫丽之山，其上多金玉，其下多箴石。有兽焉，其状如狐，而九尾、九首、虎爪，名曰蛊侄，其音如婴儿，是食人。"

《艺文类聚·卷九九祥瑞部下·狐》引《周书》："成王时，青丘献狐九尾。"

历史上东夷人崇拜狐仙。根据《山海经海外东经地望考证》一文，青丘国、黑齿国、十日国都在东夷人的日照临沂一带。商人喜欢九尾狐，竖亥为商人祖先，也曾在此居住。

曾为祥瑞的象征

汉代盛行符命思想，本为图腾神的九尾狐也被符命化了，成为祥瑞的神秘象征符号。从"食人"的兽类，变成了祥瑞。

东汉班固的《白虎通德论·封禅》："德至鸟兽则凤皇翔，鸾鸟舞，麒麟臻，白虎到，狐九尾，白雉降，白鹿见，白鸟下。狐九尾何？狐死首丘，不忘本也，明安不忘危也。必九尾者也？九妃得其所，子孙繁息也。于尾者何？明后当盛也。"

郭璞注《山海经·大荒东经》中"有青丘之国，有狐九尾"云："太平则出而为瑞。"

东汉许慎《说文解字》："狐，祅兽也，鬼所乘之。九尾狐狸，有三德：其色中和，小前大后，死则丘首。"

汉时石刻像及砖画中，常有九尾狐与白兔，蟾蜍、三足乌之属并刻于西王母座旁，以示祯祥。

可见，狐有灵气（妖气），在数千年前已是公认。

后世的妖化

唐宋时期，狐已经被人设庙参拜，而且十分流行。唐张鷟《朝野佥载》载："唐初以来，百姓多事狐神……当时有谚曰：'无狐魅，不成村。'"而到了明清，狐的形象就更加丰富了。九尾狐中最著名的妲己形象，就是在那时出现的（《封神演义》），而《聊斋志异》、《阅微草堂笔记》中，狐仙、狐妖的故事更是不胜枚举。"妖媚"、"邪气"、"仙灵"、"神秘"、"狡猾"，可以说是中国人想到"狐"后最明显的感觉。

 篇四 你叫不全的上古灵兽与凶兽

在中国狐文化史上，狐的一件倒霉事也是发生在汉代，就是被妖精化，在"物老为怪"的思想作用之下，普普通通随处可见的狐狸不比龙凤麒麟，是很难保住它的神圣地位的。尽管在唐代流行狐神、天狐崇拜，但那已经是妖神了，既然是妖神就不像正神那般正经，不免胡作非为。不过在唐代人的观念里，最厉害的天狐——九尾天狐却仍保持着正派风范。可惜九尾狐的光荣史终究是要结束的，只不过因为它神通最大而比别的狐结束得晚一些，也正因为它神通最大，当它被妖精化后也就成为妖性最大的狐狸精了。可见，九尾狐在人们心目中已经不是瑞狐、神狐，变成了坏东西。

而在这个时期，中国上古史上一个著名女人就被说成是九尾狐，而且传到日本，这便是商纣王的妃子妲己。宋赵令畤的《侯鲭录》卷八曰："钱塘一官妓，性善媚惑，人号曰九尾野狐。"日本的《本朝继文粹》卷一一收有一篇江大府卿写的《狐媚记》，其中说"殷之妲己为九尾狐"。《狐媚记》记日本康和三年事，相当于宋徽宗时期，可见在此前中国已经有这种说法了。其实唐代白居易在《古冢狐》中已经把"能丧人家覆人国"的妲己和周幽王的妃子褒姒比作狐妖，当九尾狐变成妖精时，妲己这个用美色把纣王迷惑得亡国丧身的王妃被说成是九尾狐精，实在是顺理成章的事情。

獬豸，分辨正与不正的神奇异兽

獬豸，也称解廌或解豸，是中国古代传说中的上古神兽，体形大者如牛，小者如羊，类似麒麟，全身长着浓密黝黑的毛，双目明亮有

197

神,额上通常长一角,俗称独角兽。它拥有很高的智慧,懂人言知人性。它怒目圆睁,能辨是非曲直,能识善恶忠奸,发现奸邪的官员,就用角把他触倒,然后吃下肚子。

执法的象征

据说帝尧手下有一刑官,叫皋陶,曾饲有獬豸,治狱以獬豸助辨罪疑,凡遇疑难不决之事,悉着獬豸裁决,均准确无误。所以在古代,獬豸就成了执法公正的化身。

因为獬豸拥有分辨正与不正的神秘力量,后世遂将其画像中加入了判官的官服之中。人们经常引用獬豸的形象,取意于对中国传统司法精神的继承。它的角却没有神奇力量,这是它与欧洲传说中的独角兽相区别的地方。

獬豸与法的不解之结,还可从古代"法"字的结构得到解答,古体的"法"字写作"灋",而"廌"即为獬豸,"廌法"二字合为一体,取其公正不阿之意,所以从水,取法平如水之意。獬豸作为法律象征的地位就这样被认定下来。由"灋"到"法","廌"字虽然已被隐去,然而它象征的中国传统法律文化并没有消失。

獬豸冠

作为中国传统法律的象征,獬豸一直受到历朝的推崇。相传在春秋战国时期,楚文王曾获一獬豸,照其形制成冠戴于头上,于是上行下效,獬豸冠在楚国成为时尚。秦代执法御史带着这种冠,汉承秦制也概莫能外。到了东汉时期,皋陶像与獬豸图成了衙门中不可缺少的

 篇四 你叫不全的上古灵兽与凶兽

饰品，而獬豸冠则被冠以法冠之名，执法官也因此被称为獬豸，这种习尚一直延续下来。至清代，御史和按察使等监察司法官员都一律戴獬豸冠，穿绣有"獬豸"图案的补服。

显然，獬豸形象是蒙昧时代以神判法的遗迹。进入近代，仍将其视为法律与公正的偶像。

与此相类似，在西方，独角兽也被认为是纯洁的象征。人们认为它的角的力量能够压制任何道德败坏的事情，同时有贞洁的含义，是完美骑士的代表。

白泽，使人逢凶化吉的吉祥之兽

昆仑山上著名的神兽，浑身雪白，能说人话，通万物之情，很少出没，除非当世有圣人治理天下，才奉书而至，是可使人逢凶化吉的吉祥之兽。后世用以作章服图案。唐开元有白泽旗，是天子出行仪所用；明有白泽补，为贵戚之服饰。

与黄帝的渊源

《轩辕本纪》、《抱朴子》、《瑞应图》有载，白泽曾向黄帝讲解关于动物的种种知识。

据说，当时黄帝正在全国各地巡游，以了解自己所辖国土的真实面貌。在东海边，他碰到了会说话的怪兽白泽。白泽博学多闻，对各

种动物了如指掌，凡是各种采天地灵气、集日月精华而产生的怪异物种，它都一一跟黄帝解释清楚，前后一共谈到1522个物种，譬如说，有一种怪兽，总是在夜晚出现，它有八个头颅，身体漂浮在半空，头上显示出微弱的火光。这个怪兽叫游光，也叫野童，看到它就意味着国家要闹瘟疫。又有一种怪兽，别人看不见它的形体等……黄帝命人将白泽所言一一画图记录，并制成《白泽精怪图》。自此开始，白泽就被当作驱鬼的神和祥瑞来供奉。

钟馗坐骑

传说白泽神兽是钟馗的坐骑。钟馗神兽的宋代石雕文物一对，现保存于陕西西安户县渼陂湖畔的《钟馗传》作者王九思的空翠堂别墅门前，据说是国内唯一的一对白泽古石雕。

独角兽

又有一说白泽就是独角兽，当年朱雀连同苍龙、白虎、玄武逞凶作乱，女娲娘娘在另外四只灵兽麒麟、白曮、腾蛇、白泽的帮助下，战败以朱雀为首的四大神兽，最后白泽被废除法力，流落凡间，据说白泽全身是宝，有令人起死回生的疗效。

发展沿袭

"白泽"这个传说中的神兽，它知道天下所有鬼怪的名字、形貌和驱除的方术，所以从很早开始，就被当作驱鬼的神来供奉。尤其到

篇四 你叫不全的上古灵兽与凶兽

了中古时期，对白泽的尊崇更是隆重。当时《白泽精怪图》（又称《白泽图》）一书非常流行，到了几乎家手一册的程度。书中记有各种神怪的名字、相貌和驱除的方法，并配有神怪的图画，人们一旦遇到怪物，就会按图索骥加以查找。在《禅宗语录》中，也常见有"家有白泽图，妖怪自消除"、"不悬肘后符，何贴白泽图"、"家无白泽图，有如此妖怪"一类的语录。人们将画有白泽的图画挂在墙上或是贴在大门上用来辟邪驱鬼。当时还有做"白泽枕"的习俗，即做成白泽形象的枕头用于寝卧，其用意也是为了辟邪驱鬼。在军队的舆服装备中，"白泽旗"也是常见的旗号。人们甚至以"白泽"来为自己命名，出现了许多叫"白泽"的人。

九头鸟为何由神鸟变妖鸟

九头鸟，又称鬼车、九凤、鬼鸟、姑获鸟。因为在夜里发出车辆行驶的声音，得名鬼车。《山海经》中有载："大荒之中，有山名曰北极柜。海水北注焉。有神九首，人面鸟身，句曰九凤。"九凤本是楚人所崇拜的九头神鸟，人面鸟身有九首的九凤，是战国时代楚国先祖所崇拜的图腾形象，后来由于秦国灭楚，鬼车被北方神话描述为怪鸟形象。楚虽三户，亡秦必楚。在楚汉时期鬼车演变成羽衣仙女的形象并且流传世界各国。

201

形象及特点

传说九头鸟色赤，似鸭，大者翼广丈许，昼盲夜了，稍遇阴晦，则飞鸣而过。爱入人家烁人魂气。亦有说法称九首曾为犬呲其一，常滴血。血滴之家，则有凶咎。

鬼车的外形与猫头鹰的相似。翅膀展开的情况下，体长可达三米。它是一种夜行性怪兽，只在漆黑的夜空来回盘旋，吸食人类的鬼魂。现代的社会，到处都是路灯，达不到一团漆黑的程度，但是在没有路灯的古代，到处都是漆黑一片。在那样的夜里人们就可以听到鬼车盘旋时翅膀发出的声音。鬼车回落在人类居住的屋顶上，吸食房屋主人的灵魂，使人死亡。鬼车落脚的屋顶都有血迹。这是因为鬼车原本是有10个头，但是其中一个被天狗咬下来后，留下的脖颈不断地有血从伤口淌出，所以鬼车落到哪里，哪里就会遭遇天灾人祸，这是鬼车共同的一大特征。鬼车的弱点是即使被蜡烛般微弱的光照到都会发晕，倒在地上。

在传说中，鬼车最显著的两个特点如下：

一、滴血落毛则为灾

"此物爱以血点其衣为志，即取小儿也。"（《古小说钩沉》引《玄中记》）

"为鸟祟，或以血点其衣为志。"（《酉阳杂俎·羽篇》）

"常滴血。血滴之家，则有凶咎。"（《岭表录异》卷中）

"血滴人家为灾咎。"（《齐东野语》卷十九）

"是鸟多落尘于儿衣中，则令儿病。"（《水经注·江水》）

"毛落衣中，为鸟祟，或以血点其衣为志。"（《酉阳杂俎·羽篇》）

"鸟无子,喜取人子养之,以为子。"(《玄中记》)

"见小儿衣,落毛其上,儿必病。"(《猗觉寮杂记》卷下)

另说,九头怪鸟喜欢人们剪下的指甲,以便从中得知人之祸福。谁有灾祸,它就落在谁家屋上鸣叫。传说宋代景定年间,皇帝得了病。有一天,忽然看见九头鸟站在门前捣衣石上,哀鸣啾啾。当天晚上,皇帝果然病死了。(《岭表录异》)

二、昼伏夜出,鸣声丑恶难听

"昼目无所见,夜则至明。"(《博物志》佚文)

"正月夜多鬼鸟度。"(《荆楚岁时记》)

"春夏之间,稍遇阴晦,则飞鸣而过。"(《岭表录异》卷中)

"昼盲夜了。"(《正字通》)

"夜飞昼隐。"(《酉阳杂俎·羽篇》)

"秦中天阴,有时有声,声如力车鸣,或言是水鸡过也。"(《酉阳杂俎·羽篇》)

"周公居东周,恶闻此鸟。"(《杨升庵全集》卷八一《鬼车》)

民间关于九头鸟的禁忌

由于九头鸟是一种凶鸟,民间对它畏惧有加,于是有种种对它的禁忌和防御它的办法。

一、禁忌

"豫章间养儿,不露其衣。"(《水经注·江水》)

"凡人饴小儿,不可露处,小儿衣亦不可露晒。"(《酉阳杂俎·羽篇》)

"小儿之衣不欲夜露。"(《玄中记》)

二、禳解及驱除

"故闻者，必叱犬灭灯，以速其过泽国。"（《齐东野语》卷十九）

"恶闻此鸟，命庭氏射之。"（《杨升庵全集》卷八一《鬼车》）

"家家槌床打户，捩狗耳，灭灯烛以禳之。"（《荆楚岁时记》）

为何由神鸟变成妖鸟

楚人的九凤神九头鸟形象的出现，最早源于楚人的九凤神鸟。出自战国至汉初时楚人之手的《山海经》，是记载九头鸟形象的最早文献。《山海经·大荒北经》中说："大荒之中，有山名曰北极柜。海水北注焉。有神九首，人面鸟身，句曰九凤。"

"九凤"所居的"大荒之中"，虽不知其确切范围，却可以肯定包括楚地在内，因为楚人之先帝颛顼，与他的九个嫔妃皆葬于此。《山海经·大荒北经》开篇就说："东北海之外，大荒之中，河水之间，附禺之山，帝颛顼与九嫔葬焉。"该书《海内东经》则说："汉水出鲋鱼之山，帝颛顼葬于阳，九嫔葬于阴，四蛇卫之。"附禺即鲋鱼，古字通用。楚人血统的屈原，在《离骚》中说自己是"帝高阳之苗裔"，这高阳即帝颛顼。颛顼葬于汉水，九凤与颛顼同在一地，可见九凤是楚人所崇拜的九头神鸟。

"九凤"的神性，以它的名字即可得到证明。凤是我国古代最为崇拜的两大图腾之一，与龙并称，它是吉祥幸福的象征。《山海经·南山经》中说丹穴之山"有鸟焉，其状如鸡，五采而文，名曰凤凰……自歌自舞，见则天下安宁。"《尔雅·释鸟》郭璞注："凤，瑞应鸟。"《说文解字》："凤，神鸟也……见则天下大安宁。"由于凤凰是吉祥之鸟，古代有的帝王，如少昊、周成王即位时，据说都曾有凤

 篇四 你叫不全的上古灵兽与凶兽

凰飞来庆贺。

楚人有崇凤的传统。大诗人屈原在《离骚》中写到神游天国部分时，第一句就是："吾令凤鸟飞腾兮，继之以日夜；飘风屯其相离兮，帅云霓而来御。"据肖兵同志考证，全世界都十分流行的凤凰涅槃的故事，最早就出自屈原的《天问》。先秦典籍中，多有楚人将凤比作杰出人物的记载，如《论语·微子》中，楚狂人接舆就对孔子作歌云："凤兮凤兮！何德之衰？往者不可谏，来者犹可追。已而，已而！今之从政者殆而！"《庄子·人间世》中，也有类似的记录。

楚人崇凤心理也得到考古资料的证明。如1949年2月在长沙陈家大山发掘到的龙凤帛画；1963年和1971年在湖北江陵两次发现的凤踏虎架鼓、长沙马王堆汉墓的非衣帛画等，都是重要的发现。尤其是马王堆帛画，在天堂正中人面蛇身主神周围，就有几只大鸟环绕。而画面中部天堂入口处，也有一只鹰嘴人面怪鸟和两只长尾凤鸟。这与屈原诗中描写的意境十分相似。至今，崇凤心理在民间审美情趣中还占有重要地位。

说过"凤"，再来说"九"。九，在中国古代是个神秘的数字，天高曰九重，地深曰九泉，疆域广曰九域，数量大曰九钧，时间长曰九天九夜，危险大曰九死一生，就连唐僧取经也是九九八十一难。为什么"九"字成为这种神秘的极数呢？据有的学者研究，这乃是因为"九"的本意是"九头龙"（或九头蛇）之故。中国古代有许多关于九头龙崇拜的神话。如《山海经》中就有"九首蛇身自环，食于九土"的神话，"九首人面蛇身而青"的相柳以及九首食于九山霸九洲共工等神话形象。九头龙既为人们所崇拜，九头鸟当然也不例外。

在楚文化中，崇"九"传统也很明显。屈原的十分有名的系列作品，就叫作《九歌》。这是屈原被放逐时，"见俗人祭祀之礼，歌舞之

205

乐,其词鄙陋",故而"更定其词",在楚地民歌的基础上修改而成的。屈原还有一个作品叫《九章》,他的学生宋玉则有《九辩》。《远游》一诗中,屈原曾写道:"朝濯发于阳谷兮,夕晞余身于九阳。"《楚辞》中许多地方用到"九"字,如九天、九畹、九州、九疑、九坑、九河、九重、九子、九则、九首、九衢、九合、九折、九年、九逝、九关、九千、九侯,等等;连帝颛顼的后宫,也是"九嫔"。可见"九"在楚地信仰中影响之大。

综上所述,人面鸟身而九首的九凤,是楚人先祖所崇拜的一个半人半鸟的图腾形象,它是我国九头鸟形象的最早原型。

但是受人崇拜的九凤为何会变成九头鸟怪呢?它为什么会由神变妖,由何时何地变为妖怪的呢?这是中国文化史上一个令人困惑的谜。好在古代文献上还是留有一些线索,为我们解开这个谜提供了方便。我们来看宋代著名诗人梅尧臣的一首《古风》:

昔时周公居东周,厌闻此鸟憎若仇。
夜呼庭氏率其属,弯弧俾逐出九州。
自从狗啮一首落,断头至今清血流。
迩来相距三千秋,昼藏夜出如鸺鹠。
每逢阴黑天外过,乍见火光辄惊堕。
有时余血下点污,所遭之家家必破。

民间文学主要在口头流传,这个故事何时何地由何人记录在文献上,很大程度出自偶然。例如盘古开天辟地最早见于三国时徐整的《三五历记》,伏羲女娲兄妹婚配最早于唐代才产生。同理,梅尧臣的这首诗,很可能是记载的一个古老传说。尤为重要的是:这个传说的内容,与历史史实甚为弥合。

历史上,周、楚的确是死对头。周昭王率军亲征,竟死于汉水之

206

中，成为异乡之鬼。周人对楚人之恨可想而知。我们知道：一个民族的神，在它的敌对民族那里必然会被说成妖。我国东夷部族之神蚩尤，在华夏族那里便成了能飞沙走石的妖怪，周人将楚人的九凤图腾说成妖怪，并编出天狗断其一首的故事，也符合这条比较神话学的基本规律，至于是周公本人确有此事，还是民间传说附会于周公身上，那还有待进一步考证。

天狗咬断九头鸟一首的情节，更露出周人编故事的马脚。古代南方对"九"尤有神秘感，认为"九"为极数，故"九凤"本来就是九头。而北方则不同，南方是"九阳"，前面已说过；北方神话中却是"十阳"，像羲和生十日，羿射九日留一日的故事，都很著名。他们把楚人的九凤，说成十头而被天狗咬去一头，显然是按他们的传统习惯，在编故事时把崇"十"的心理自然融汇进去了。

长期僻居关中的秦国，最后终于扫灭了包括楚国在内的六雄，统一了全中国。这对楚文化传统的传播当然不利，所以《山海经》之后，九凤神的形象便完全消失了，而作为鸟妖的九头鸟形象，则在全国普遍流传开来。

羽衣仙女之说

当九头鸟以妖怪形象风行全国时，一个美丽迷人的故事，却从楚地蜕变出来，并迅速流传开去。这就是从姑获鸟中变异出来的羽衣仙女的故事。鲁迅《古小说钩沉》中辑有这个故事：

"姑获鸟昼飞夜藏，盖鬼神类，衣毛为飞鸟，脱衣为女人。一名天帝少女，一名夜行游女，一名钩星，一名隐飞。鸟无子，喜取人子养之以为子。今时小儿之衣不欲夜露者，为此物爱，以血点其衣为志，即取小儿也。故世人名为鬼鸟，荆州为多。昔豫章男子，见田中有六七女人，不知是鸟，匍匐往，先得其毛衣，取藏之，即往就诸鸟。诸鸟各去就毛衣，衣之飞去。一鸟独不得去男子取以为妇，生三女。其母后使女问父，知衣在积稻下，得之，衣而飞去。后以衣迎三女，三女儿得衣亦飞去，今谓之鬼车。"

这个故事显然脱胎于九头鸟怪传说，编故事者甚至知道姑获鸟即鬼鸟或鬼车。顺便说一句，按照传说，鬼车之得名，即来源九头鸟十八翼所发出来的尤如人力车般的声音。但编故事者摒弃了"九头"的怪诞形象，以避免勾起人们对滴血降灾的鸟怪的记忆。他打破了一般人心目中"鬼鸟"或"鬼车"是不祥之物的心理定式，以"衣毛为飞鸟，脱衣为女人"的奇特幻想，并以凡人与仙女配婚，男耕女织的美好愿望，深深地打动了人们的心，以致它超越了时空限制而升华起来，成为中国民间故事中一个十分流行的母题。几乎历代笔记小说，从敦煌石室藏书中的《田章》，到《聊斋志异》中的"竹青"，都有不少这个故事的变体。它还融入其他故事，如四大传说之一的《牛郎织女》，就借用了其中盗天衣成婚的情节。

尤其值得指出的是：中国羽衣仙女故事，是世界上极为流行的这类故事的东亚类型的故乡。据西方权威性的民间故事工具书记载，这类故事遍及全世界五十多个国家与民族，已发现的异文达1200多篇，称得上是世界最流行的故事。

世界上最早记载羽衣仙女故事的，是晋人干宝的《搜神记》、郭璞的《玄中记》和北魏郦道元的《水经注·江水》。而这些记载中故事发生的地点，就在楚地——湖北阳新与江西豫章。

 篇四 你叫不全的上古灵兽与凶兽

双飞比翼鸟，恩爱两夫妻

比翼鸟，中国上古传说中的鸟名，又名鹣鹣、蛮蛮。此鸟仅一目一翼，雌雄须并翼飞行，故常比喻恩爱夫妻，亦比喻情深谊厚、形影不离的朋友。

文献记载

《山海经·海外南经》："比翼鸟在（结匈国）其东，其为鸟青、赤，两鸟比翼。一曰在南山东。"

《山海经·西山经》："崇吾之山……有鸟焉，其状如凫，而一翼一目，相得乃飞，名曰蛮蛮，见则天下大水。"

《博物志余》讲得更为详细："南方有比翼鸟，飞止饮啄，不相分离……死而复生，必在一处。"

如此奇异的鸟，古人必然要附会于一定的休咎兆验。于是《山海经》说"见则天下大水"，说比翼鸟的出现预兆洪水滔天，是咎征。此外诸说则多为休应，如：

《博物志·异鸟》："见则吉良，乘之寿千岁。"

《瑞应图》："王者德及高远，则比翼鸟至。"如此等等。

《逸周书》曾载，周成王大会诸侯时，曾有人以比翼鸟进贡。比翼鸟是什么样子的呢？传说它是一目一翼，不比不飞，带有较多的感

情色彩，后世常用比翼齐飞形容夫妻生活和谐美满。

爱情传说

在遥远的古代，黄河附近有个小村庄。有一个小孩子他叫柳生，家境困苦的他，每天帮家里做完事之后最喜欢的便是在家后面的深树林里听着各种鸟的叫声，渐渐地柳生也学会分辨各种不同类型的鸟叫声，慢慢地他也学着各种鸟儿的叫声，久了之后他模仿出来的声音连鸟儿都分辨不出是真是假，经常能招来许多的鸟儿和他同乐。年过一年，日复一日，柳生也长大了。这一年柳生16岁，唯一和他相依为命的母亲也由于长年的劳累过度病重无法下床，需要较多的金钱来买药，可是家里一直以来都没个劳动主力，母子两人每天辛苦地劳作，只是够他们自己吃个粗饱而已，又哪里省得出些钱来给他母亲看病呢？而以前这个柳生闲下来的时候都会学着好听的鸟叫声给邻居们听，所以柳生的人缘一直很不错。事情又过了两天，邻居看柳生每天上山摘草药，便关心地问他是怎么回事。柳生便把发生的事情都和他们说了，但众人都是穷人，虽然每个人都出了点力，但怎么也是不够。在众人没办法的时候，一个邻居就说了，对面村的一个黄员外要买年轻家丁，只要把自己卖他十年便能得十两银子。柳生看着母亲日渐病重，便只有应征看看。黄员外看他长得还可以，身子骨也算结实，人还算聪明，便把他留了下来，但钱先付一半，另一半只能满了十年之期要回去才能拿。柳生拿了钱，便吩咐同来的邻居先带了回去，自己便留了下来。黄员外便叫他领了下人衣服，以后便负责花园的工作。而这黄员外有一个女儿叫黄莺，长得年轻漂亮，但她却很喜欢养各种的小鸟儿，最喜欢听一只金丝雀的叫声。柳生每次在花园里养花植草

 | 篇四 你叫不全的上古灵兽与凶兽 |

时都能听到各种鸟叫声，便生了好奇心，偷偷去探个究竟。

他正好看到那百鸟群中，一个可爱的少女正痴痴地看着那美丽的金丝雀在唱歌。那金丝雀的优美歌声和黄莺的美丽很快就打动了这少年的心，但是他自己也明白自己的身份，不管他怎么努力，他和她都是不可能的，便只能把她当成了梦，藏在自己的心底深处。转眼间，两年过去了，中间柳生只在他母亲死时能回去一趟，其他的时间便都在黄府里尽心地照顾着这些花草，听着那少女开心的笑声便心满意足了。他希望这些花儿能把它们最美的样子开放在那少女的眼前，就算她不知道有他的存在也没关系，只要能让她开心才是最重要的！可惜那少女始终没在意这些花儿，在她的眼中除了金丝雀外，其他的什么也没有！但鸟儿总有它生命的期限，虽然那金丝雀得到那少女的百般照顾，但最后它还是死了。

看着这心爱的金丝雀死去后，那少女真是痛不欲生，整天便是以泪洗脸，他父亲又帮她买了一只，但也没用，她还是如此伤心。这时候柳生看了，真的是很心痛。他回想着那时候那只鸟儿的叫声，慢慢地想啊，学啊，终于在他百般的努力之下学会了。他便来到这少女的绣楼下，躲在花丛里，慢慢地学着那头金丝雀的叫声叫了起来，那小姐听到这熟悉的声音，便高兴了起来，静静地听着，以为那金丝雀也舍不得她又重生回来了一般。一会儿那少女终于忍不住叫上丫鬟，一起下楼找那鸟儿去了。柳生刚刚开始时，是叫得入神也没注意有人靠近，但当看到他心底那日思夜想的人儿之后，想再跑掉双脚却是不听使唤，一点也移动不了。那少女看那叫声居然是从他的嘴里面传出来的，也大为失望，但更是好奇，便叫这柳生教她，这柳生自然是千百个愿意了，可是这叫声也不是那么容易学的，这黄莺学了一阵子之后，便不学了，就叫那柳生叫给她听，柳生便将以前会的那千百种的鸟叫声合在一起唱起了鸟语，不一会儿便招来了许多鸟儿同乐，那少女见了更是高兴，两人便这般花前月下，日久生情了。过了许久黄员外终于知道了这件事，便叫上众家丁把柳生抓了起来，打了个半死，又叫人把柳生抬到附近的黄河扔进去。

　　那少女听到她的情郎居然遭遇这般的惨事，登时血气攻心，喷出了一大滩的鲜血便晕倒了，一条命也去掉了七分，等医生到来时便一命呜呼了！接着众人看到了一只美丽的单翅小鸟，从那少女的心口跳了出来，那鸟儿并不会叫，只是朝着黄河的方向跑去，这鸟只有右翅也不会飞，一些人看了奇怪便跟了过去。那鸟虽然不会飞，但速度却是很快，不一会儿便追到了黄河边。本来还有一口气的快要被扔下黄河的柳生，看到了这只小鸟也便把双眼合上，接着被众家丁甩了下去。这时候被甩下黄河的柳生也从心口跳出一只和那美丽小鸟一般但只有左翅的鸟儿，从刚要落下黄河的躯体上跳起，和那少女变成的只有右翅的鸟儿合在一起，飞向了天空。那鸟儿唱着属于它们自己的歌，飞向那属于它们的幸福。这小鸟儿的叫声美丽无比，众人都被它的啼叫声吸引了。后来众人便说，那会唱歌的鸟便是柳生的心变的，而那不会唱歌的鸟便是黄莺的心变的，两人真心相爱死后也变化成了鸟儿，人们便把这种鸟儿称作比翼鸟，从此世上便有了比翼鸟；也有人被柳生的毅力打动了，便道："不到黄河心不死。"比喻是下定了决心做某件事。世上便有了这两句话！

篇五
传不完的故事，诉不尽的美丽

上古先民们在神秘而悲喜莫测的日常劳动和生活中，积聚了相当多而强烈的情绪体验，于是人们在对世界进行假想时，用一种不自觉的艺术方式加工了自然和社会形式本身，宣泄了种种的情绪，使难以理解的现实呈现出种种戏剧性的属性，这就是我们今天看到的传说，它在很大程度上表达了上古先民们对于美好的向往。

有巢构木

有巢氏，神话传说中人物，汉族人民想象中的始祖，原始巢居的发明者。相传远古昊英之世，人少而禽兽众，为防御野兽侵害，有巢氏教人构木为巢，白天采摘橡栗，夜晚栖宿树上。《庄子》载："古者禽兽多而人民少，于是民皆巢居以避之。"即有巢氏时代。因居巢得名与有巢氏发明巢居有关，而被视为巢湖人。它与同时出现的燧人氏、伏羲氏、神农氏一样，虽均出自后人虚拟，但也表明了汉族先民坚持生存斗争的光荣历史进程。

史书上说，上古时人类少而禽兽多，人类居住在地面上，经常遭受禽兽的攻击，每时每刻都存在着伤亡危险。在恶劣环境的逼迫下，部分人类开始往北迁徙。他们来到今山西和陕西一带，受鼠类动物的启发，在黄土高原的山坡上打洞，人居住在里面，用石头或树枝挡住洞口，这样就安全了许多。但是北方气候寒冷，许多人宁愿留在危险的南方，也不肯往北迁移。这时候有巢氏出现了，他指导人们用树枝和藤条在高大的树干上建造房屋，房屋的四壁和屋顶都用树枝遮挡得严严实实，既挡风避雨，又可防止禽兽的攻击，人们从此不再过那种担惊受怕的日子。

人们非常感激这位发明巢居的人，便推选他为当地的部落酋长，尊称他为有巢氏。有巢氏被推选为部落酋长后，为大家办了许多好事，名声很快传遍中华大地。各部落的人都认为他德高望重，有圣王的才

 | 篇五 传不完的故事，诉不尽的美丽 |

能，一致推选他为总首领，尊称他为"巢皇"，也就是部落联盟总部的大酋长。

传说有巢氏执政后，迁都于北方圣地石楼山。石楼山就在今山西吕梁市兴县东北，当时有巢氏命人在山上挖了一个洞，他就居住在山洞里处理政务，所以后世人便把石楼山称作有巢氏的皇都。其实有巢氏时期连一座像样的房子都没有，哪里会有都城呢？

燧人取火

商丘城西南三里多处，有一个两丈来高的大坟冢，多少年来一直受人瞻仰。直到现在，过往行人走到那里，仍然望着它肃然起敬。这座坟冢就是历史上有名的燧人氏之墓。书上说燧人氏钻木取火，可是这儿的老百姓，世世代代传说着燧人氏到太阳宫里取火的故事。

很久很久的时候，商丘这地方是一片山林。燧人氏做了皇帝以后，就住在这片山林里。那时候，人保养靠猎取禽兽吃生肉、喝生血充饥。燧人氏常带着人们四处打猎，打来的鸟兽，大家撕把撕把分着吃，鸟兽的鲜血，大家一起分享。

有一次，山里不知道怎么突然失了火，火灭以后，有许多野兽被烧死。兽皮被烧焦了，肉被烧熟了，燧人氏拿起来一尝，真香！于是，他带领大家一下子把熟肉吃个净光。熟肉吃完了，他们只得重新打猎，仍然吃生肉，喝生血，这时候，大家忽然觉得生肉和生血又腥又臭，好难咽啊！他们都盼望着再来一场大火。可是，老天爷却不给这种恩

215

赐了。火成了人们日夜盼望的宝贝。

燧人氏比大家更渴望火呀！他带领人们找遍山南，又找遍山北，找遍山东，找遍山西，可是，再也寻不着火的影子。燧人氏急得吃不下饭，睡不着觉。有一天，他望望太阳，太阳火辣辣的，晒得周围山石冒气。他想：我说怎么再也寻不到火了呢，可能这太阳就是火的家，火烧罢山林就回到太阳上去了。他想到太阳那儿把火找回来，可惜太阳高高地挂在空中，他蹦呀，蹦不上去，飞，没有翅膀。他只好对着太阳呼喊："太阳太阳，你让火搬到地上来吧！……"他喊了一千遍一万遍，嗓子都喊哑了，可太阳一句也不回答。

这时，从空中飞过来一只火鸟，扇着翅膀落在他面前。火鸟说："燧人氏，燧人氏，你那喊声连我听了都掉泪。可是太阳在天空，天和地离得这么远，太阳是不会听见的。我想驮着你飞上天，让你亲自去给太阳说话，你高兴吗？"燧人氏一听非常高兴，感激地说："太感谢啦！"

那大鸟真的驮着燧人氏飞到遥远的太阳宫里。太阳公主非常尊敬燧人氏，说："你是人间的帝王，太阳宫里的东西随你挑，你要什么我就给你什么。"燧人氏说："我别的什么也不要，只要火。你能叫火跟我到人间安家吗？"太阳公主笑了，说："天地之间都是靠这个太阳宫里的火照亮的，你要把火取走，那怎么行？这样吧，我给你一块宝石，你把它带到人间去吧。这宝石会给你火的。"

燧人氏接过那块宝石，骑上大鸟，高高兴兴地回到了人间，人们知道这事后，就不再让燧人氏去打猎了，让他求那块宝石赶快生出火来呀！可那宝石理也不理。

时间一天天地过去了，可他老是不见那块宝石出火，心里真急坏了。这时，突然有一只野兽向他扑来，他焦急地望着宝石说："原来

篇五 传不完的故事，诉不尽的美丽

太阳公主诓人啊！你这宝石既然不能出火，我要你什么用？"他一时捞不着对付野兽的家伙，只好举起那块宝石向野兽砸去。谁知宝石一出手，那野兽突然不见了。宝石砸在一块顽石上，"嘣"的一声，被击得粉碎。宝石的碎片迸发出一簇簇的火星，射向四方。地上干枯的朽木和山林，失火时剩下的木炭，被太阳晒得绷干绷干，一触火星便着了起来。

从此，人便学会了生火，开始把猎取的食物放在火上烤着吃。火灭了的时候，他们就去击石头，让石头迸出火星儿，再把木头燃着。至今，山里还有一种能打出火来的石头，人们把它叫作火石。传说，这就是当年燧人氏从太阳宫里要来的那种宝石的遗迹。

传说燧人氏活了一百岁，死后就葬在商丘。那时商丘是山区。随着自然的变化，久而久之，商丘变成了一片平原，而燧人氏的坟墓，却一直屹立在他生前击石迸火的地方。

夸父逐日

远古时代，在我国北部，有一座巍峨雄伟的成都载天山，山上住着一个巨人氏族叫夸父族。夸父族的首领叫作夸父，他身高无比，力大无穷，意志坚强，气概非凡。那时候，世界上荒凉落后，毒蛇猛兽横行，人们生活凄苦。夸父为了本部落的人能够活下去，每天都率领众人跟洪水猛兽搏斗。夸父常常将捉到的凶恶的黄蛇挂在自己的两只耳朵上作为装饰，引以为荣。

有一年,天大旱。火一样的太阳烤焦了地上的庄稼,晒干了河里的流水。人们热得难受,实在无法生活。夸父见到这种情景,就立下雄心壮志,发誓要把太阳捉住,让它听从人们的吩咐,更好地为大家服务。

　　一天,太阳刚刚从海上升起,夸父就从东海边上迈开大步开始了他逐日的征程。

　　太阳在空中飞快地转,夸父在地上疾风一样地追。夸父不停地追呀追,饿了,摘个野果充饥;渴了,捧口河水解渴;累了,也仅仅打会儿盹。他心里一直在鼓励自己:"快了,就要追上太阳了,人们的生活就会幸福了。"他追了九天九夜,离太阳越来越近,红彤彤、热辣辣的太阳就在他的头上啦。

　　夸父又跨过了一座座高山,穿过了一条条大河,终于在禺谷就要追上太阳了。这时,夸父心里兴奋极了。可就在他伸手要捉住太阳的时候,由于过度激动,身心憔悴,突然,夸父感到头昏眼花,竟晕过去了。他醒来时,太阳早已不见了。

　　夸父依然不气馁,他鼓足全身的力气,又准备出发了。可是离太阳越近,太阳光就越强烈,夸父越来越感到焦躁难耐,他觉得他浑身的水分都被蒸干了,当务之急,他需要喝大量的水。于是,夸父站起来走到东南方的黄河边,伏下身子,猛喝黄河里的水,黄河水被他喝干了,他又去喝渭河里的水。谁知道,他喝干了渭河水,还是不解渴。于是,他打算向北走,去喝一个大湖的水。可是,夸父实在太累太渴了,当他走到中途时,身体就再也支持不住了,慢慢地倒下去,死了。

　　夸父死后,他的身体变成了一座大山,这就是"夸父山",据说,位于现在河南省灵宝县西三十五里灵湖峪和池峪中间。夸父死时扔下的手杖,也变成了一片五彩云霞一样的桃林。桃林的地势险要,后人

 |篇五 传不完的故事，诉不尽的美丽|

把这里叫作"桃林寨"。

夸父死了，他并没捉住太阳，可是天帝被他的牺牲、勇敢的英雄精神所感动，惩罚了太阳。从此，他的部族年年风调雨顺，万物兴盛。夸父的后代子孙居住在夸父山下，生儿育女，繁衍后代，生活非常幸福。

后羿射日

传说尧在位的时候，天空中出现了十个太阳，这种情况一连持续了好多年。

天空成了太阳们的世界，强烈的阳光把土地烤焦了，把禾苗晒枯干了，甚至连铜铁沙石都要被晒化了。人们热得喘不过气来，血液在体腔内几乎要沸腾了。大地上可吃的东西已快断绝，胃里又燃烧起一把饥饿的火，逼得大家几乎都要发疯了。

但祸不单行。由于气候酷热，还有一班怪禽猛兽，像吃榆、凿齿、九婴、大风、封猪、修蛇等从火焰似的森林或沸汤般的江湖里跑出来，逞着它们暴烈的性情肆无忌惮地残害人民，弄得本来已经活不下去的人民更加活不下去了。

十个太阳一齐出现在天空惹出的灾祸使做国君的尧忧愁烦恼，但他除了每天向上帝呼吁祷告以外，简直没有任何办法。

十个太阳，都是东方天帝帝俊的儿子。帝俊身为天帝，对儿子们的胡闹和猛兽作怪也极为不满，于是，就派擅长射箭的羿到民间去为

219

民除害。

羿带着妻子嫦娥来到凡间。尧立即陪伴着羿夫妻俩去巡视人民的灾情。可怜的人民，每天在十个太阳的烤炙下，有的已经不堪忍受而痛苦地死去，不死的也已经是奄奄待毙，只剩下一把黑瘦的骨头。可是当他们听到天神羿下到了凡间要为他们射日的时候，顿时又都恢复了活力。四面八方、远远近近的人民，都赶到王城所在的地方，聚集在广场上，欢呼雀跃，要求羿替他们诛除祸害。

起初，羿只打算虚张声势，恐吓一下太阳兄弟，叫他们不敢再随便出来调皮也就罢了。可他哪里知道这些骄纵惯了的少爷看见羿在下面拈弓搭箭、作势要射的样子，竟满不在乎，只在肚子里冷笑而已。这一来着实惹恼了羿，正直的羿心想就算你们是天帝的儿子，只要你们敢于和人民为敌，我就敢收拾你们。于是他慢慢地走到广场中央，举起神弓神箭，搭上箭拉满弓，对准天空中的一个太阳，嗖的一箭射去。起初似乎看不出什么，过了一会儿，只见天空中一团火球悄无声息地爆裂了，流火乱飞，金色的羽毛纷纷四散，轰的一声落在地上的，是一团红亮的东西。人们跑近前去一看，原来是一只极大的金黄色的三足乌鸦，想来这便是太阳精魂的化身了。再向天上看去，太阳果然只剩下九个，空气也似乎比先前凉爽了一些，人们不由得齐声喝起彩来。

羿心想祸事既然已经闯下了，索性一不做二不休。于是他便又拈弓搭箭，向着天空中东一个西一个战栗而正想逃跑的太阳射去。一支支的箭像疾鸟般地从弓弦上发出，只听得嗖嗖的箭声，紧接着就看到天空中一团团火球无声地爆裂，满天是流火，数不清的金色羽毛四散在空中。

三足乌鸦一只只地坠落下来，人民的欢呼声响彻了大地，羿见自

 篇五 传不完的故事，诉不尽的美丽

己的所作所为正是人心所向，因此射得更加酣畅而高兴。站在土坛上看射箭的尧，忽然想起太阳对于人民来讲也是必不可少的，不能全射下来，于是赶紧命人暗中从羿的箭袋里抽出了一支箭。羿以为十支箭都射完了，就停了下来，因此天空中就只剩下一个太阳了。可怜这顽皮的孩子已经吓得脸色发白，地面上的人们都嚷嚷着冷起来了。

羿射落的九个太阳，作为太阳精魂化身的金色三足乌鸦固然是落到了地面上，至于那些爆裂的火球，却又落到什么地方去了呢？这里还有一个神话传说。据说它们都落到了东洋大海里，变作了沃焦。什么叫沃焦呢？原来在东洋大海里，有一块巨大无比的石头，方圆四万里，厚也是四万里，滚热，发烫，像个大火炭团，海水灌注到上面，一下子就会被吸收进去，烘得焦干，所以称它为沃焦。据说它就是被羿射落的九个太阳的碎壳流浆凝聚起来变成的。大川小河的水都流入海洋，但并没见它涨溢出来，一个重要的原因就在于此。

嫦娥奔月

羿由于射杀了天帝的儿子而得罪了天帝，不能返回天界，也因此殃及了自己的妻子嫦娥。

有一天，嫦娥对他说："别的我都不怪你，就只怨你不该这么鲁莽，射死了天帝的儿子，叫我俩都贬做了凡人。你知道，做了人是会死的，死了以后，就得到地下的幽都去，和那些黑色的鬼魂住在一起，过那愁惨暗淡的生活，你想一想，这是一件多么可怕的事情呀！"

221

"是呀，我也不想到幽都去，可是，那又有什么法子可想呢！"羿闷闷不乐地回答说。

嫦娥想了想，说："听说在昆仑山上，住着一个神人，名叫西王母。西王母那儿藏有不死的灵药。"

"对呀！"羿高兴地说，"王母藏有不死药，吃了以后可以使人长生不死，我先前竟一点也没有想到！明天我就去昆仑山去向西王母求不死之药。"

"去吧，希望你能早点回来。"嫦娥说。

第二天，羿打点好行装，带了些路上吃的干粮，背上弓箭，骑上白马，向昆仑山进发了。

昆仑山是西方的一座大山，西王母就住在那里。山的下面，环绕着弱水的深渊，这弱水，哪怕是一片鸟毛掉在上面都会沉落下去，更不用说是乘船载人了。它的外面，还有一座燃烧着大火的炎火之山包围着，山上的大火长久不息地燃烧着，无论什么东西碰到它都会被焚尽。这大水和大火的重围，又有谁能突破呢？所以，虽然传说西王母藏有不死神药，却始终没有一个人能够得到。

羿来到昆仑山脚下，毕竟他非常人可比，凭借射日除害的剩余神力和不屈意志，他终于通过了水火的包围，攀登上了山顶。

羿见到了他辛苦寻访所要找的神人——西王母。羿将来意向西王母说明之后，西王母非常同情羿的遭遇，于是慷慨地给了他一包足够两人吃的不死药，并且告诉他说，这药是由不死树上采下的不死果炼制而成。不死树三千年开一次花，六千年结一次果，而且所结的果子稀少。西王母剩下的全部仙药都在这里，如果一个人吃了，就有升天成神的希望。

羿得偿所愿，带着不死药高高兴兴地回到家里。他一回家，就把

 篇五 传不完的故事，诉不尽的美丽

不死药交给妻子保管，准备挑选一个吉日，他和妻子一起吃下。

其实，羿并不想再上天，因为天上的情形并不见得比人间好，只要不到地狱去，他就心满意足了。可是他的妻子嫦娥却和他的想法迥然不同。她想她原是天上的女神，如今上不了天，全是受了丈夫的连累，照理他该还她一个女神才是。灵药既然除了有长生之处更有使人升天成神的妙用，那么就算是自私一点，吃下丈夫这一份，也不算亏负他。

思来想去，她最终打定了主意，不再等待什么吉日，趁着羿不在家的一个晚上，把那包神药取出来，自己全部吃了下去。

奇事果然在这时发生了，嫦娥渐渐觉得她的身体轻盈起来，脚和地面慢慢地脱离开，不由自主地飘出了窗口。

外面是空阔静寂的夜空，灰白的郊野，天上有一轮皎洁的明月，被一些金色的小星星围绕着。嫦娥一直飘升上去。自己到什么地方去呢？她思考着，假如到天府，定会被天上的众神嘲笑，说她是背弃丈夫的妻子，看来只有到月宫里去暂时躲藏一下了。打定主意以后，她就一直向月宫飘升而去。

而那天晚上，羿从外面回来后，发觉他的妻子不见了，桌子上却放着不死之药的空包。羿一下子就明白了这是怎么一回事。愤怒、失望、悲哀，好像一条条毒蛇，绞缠着他的心灵。

他闭紧了嘴唇，怔怔地望着窗外，在这星月交辉的天空，他的妻子已经离他而去，独自一人去寻找她的幸福乐园了。

但嫦娥没有想到的是，到了月宫之后，她发现月宫里竟是出奇得冷清。这里除了一只白兔，一只蟾蜍，一株桂树以外，其他的东西都没有。直到许多年以后，才又添了一个学仙有过、被罚到月宫里来砍桂树的吴刚。

223

这景象令嫦娥非常灰心失望。但是既然已经来了，只得暂且住下再说。可是她越住下去，就越觉得寂寞不习惯。她开始思念家庭的乐趣，丈夫的种种优点。她想，如果自己心胸宽阔一点，不这么自私，两人分吃了那不死的神药，大家都永生在世上，岂不胜过冷清清地一个人在这月宫里做神仙吗？

她懊悔不已，想回到凡间去向丈夫承认自己的过失，请求他的原谅。但是药已经吃下肚去，这种愿望也只能是空想。从此，她就只能永远住在月宫里，再也出不来了。

东汉张衡的《灵宪经》中，嫦娥奔月的故事进一步丰富，说到嫦娥在偷服了后羿的长生不老药之后，还没有奔月之前，专门找一个叫有黄的算卦大师打卦，算出来的结论是"吉"，并说现在嫦娥一个人西行奔月，尽管天色阴沉晦明，但不要害怕，只管大胆往前走，后代会大大地昌盛起来。嫦娥听了这番话，就毅然一个人走上了不归路，奔向遥远荒凉的月亮，但后来的结果好像并没有像卦里面说的那般美妙，嫦娥上了月亮，就变成了蟾蜍，即癞蛤蟆。不过，那个占卜师说的可能也不算错，人家说的是后代会大大昌盛，生养众多，癞蛤蟆就是很能生养的，所以蟾蜍在古代被当成生殖力的象征。

巫山神女

瑶姬是炎帝第三个女儿。刚刚到了出嫁的年龄，还没有出嫁，就夭折了。这个满怀热情的少女，她的精魂就去到姑瑶之山，变成了一

 篇五 传不完的故事，诉不尽的美丽

棵瑶草，或者说就是灵芝。天帝哀悼她的早死，就封她到巫山去作了云雨之神，早晨她化作一片美丽的朝云，自由而闲暇地游行在山岭和峡谷之间；到黄昏她又变作一阵萧萧的暮雨，向着这山和水发泄她的哀怨。战国时楚怀王曾经到云梦一带游玩，晚上住在一个叫作高唐的台馆里，这个热情的少女就在大白天亲自跑到高唐来，向楚怀王诉说自己对楚怀王的爱。楚怀王问她何许人。少女说自己是巫山女神，旦为朝云，暮为行雨。楚怀王感到很高兴。两人随后建立了十分亲密的关系，无话不谈，无事不做。楚怀王醒来，回想梦境，又是惆怅，又是奇怪，便在高唐附近为她建了一座庙，庙的名字叫朝云。后来著名诗人宋玉也到这里，当天晚上也做了一个类似的梦。诗人梦醒后，根据自己的梦境和楚怀王的梦境，写了两首诗，即《神女赋》和《高唐赋》。这两首诗均选入《文选》，在中国诗史上十分有名气。

　　关于瑶姬，还有一段神话传说。云华夫人，名叫瑶姬，是西王母的第二十三个女儿。学道功成，带领一帮侍女，从东海遨游归来，经过巫山。见巫山风景奇丽，流连不忍离去。其时正遇大禹治水，驻在巫山之上。忽然刮起一阵大风，吹得山摇地动，木石横飞，制止不住，大禹无法施工。在别人建议下，大禹便请神女帮忙。瑶姬敬佩大禹摩顶放踵以利天下的精神，便传授大禹召神策鬼的法术，又命令手下诸神去帮忙，不久大风平息，巫峡凿通，大禹治水工程顺利进行。大禹跑到山上向她致谢，哪知当他站在高崖张望之际，瑶姬已经化而为石，忽然又散作轻云，忽然又聚为阴雨……总之，千变万化，捉摸不定。神女瑶姬，因为留恋巫山的美景，并且帮助大禹治水，和当地人民结下深厚感情，不再离开巫山。她整天在高崖上凝目眺望，注看着三峡全长七百里的行船，她关心船只和旅客的命运，特地派了几百只神鸦，叫它们飞翔在峡谷的上空，担任迎船护船的工作，让行船随着神鸦的

225

导引,平安地渡过三峡。因为长久地站在高崖眺望,不知不觉地,渐渐地自己也化为许多峰峦中的一座了,就是有名的神女峰。陪伴她的侍女们,一个个也都变成大大小小的峰峦,就是现在的巫山十二峰。她们现在还深情地站在那里,为来往行船指引航向!神女峰高于群峰之上,是一座最早迎来朝阳、最迟送走晚霞的山峰,因此又叫望霞峰。

精卫填海

炎帝还有一个女儿,名叫女娃。女娃16岁了,长成了聪明美丽的小姑娘。她皮肤白皙水嫩,像牛儿挤出的奶汁一样白;她脸蛋红红的,像树上的苹果一样红润有光泽。她喜欢穿红色鲜艳的衣服。她有一颗善良的心,最崇敬她的父亲炎帝,她想能够多为民众造福。有一次,她看到一个可怜的小男孩,已经8岁了,却还不会站立行走,一直瘫倒在床上。她回去向炎帝谈到了这个情况。炎帝说,这是得了软骨病啊。女娃说,有没有治病的办法呢?炎帝说,治病的办法是有的,壮骨草可以治这种病。于是女娃带了壮骨草,到了小孩的家,叫他的父亲熬汤给小孩喝。像这种情况还有很多很多。女娃性格活泼可爱,喜欢体育运动,尤其是登山和到大海里游泳。一天清晨,阳光灿烂,风平浪静,正是出游好时光,女娃驾着一叶扁舟,在碧波荡漾的大海遨游,她玩得十分痛快,在与风浪搏击中充分享受到生活的乐趣,不知不觉离开海岸线越来越远。这时海风刮起来,越刮越大,女娃凭借高超技艺,巧妙与风浪周旋,劈波斩浪。她显然已多次碰到类似情况,

 | 篇五 传不完的故事，诉不尽的美丽 |

但每次都凭借高超技艺化险为夷，这次也不会出大的问题的。忽然，太阳不见了，但海浪越来越高，女娃竭尽全力与风浪斗争，想使自己的帆船恢复平衡。但是风浪不但没有削弱，反而变得更加猛烈。她不屈不挠地与波浪斗争，无奈力气已变得越来越弱。最后，惨剧终于发生了，小舟被巨浪碾成了碎片，女娃被旋涡吸入深渊，喧嚣了波声盖住了女孩求救的呼叫，她永远也不能回去见她慈祥的父亲了。几天过后，一只小鸟在女娃沉溺水域破浪而出，花头颅，白嘴壳，红脚爪，它的名字叫精卫，是女娃不屈的精魂所化就。

精卫栖身于发鸠山上，天天从山上衔着小石子或者小树枝，展翅高飞，直到东海，把石子或树枝往下投，日复一日，年复一年，从不间断。它不停地叫着"精卫"、"精卫"，以激励自己的斗志，它要以锲而不舍的精神将东海填平！东海恼怒了，东海咆哮了："你一天又一天地往我身上扔石块、木枝，是不是想把我填平？你为什么恨我这么深？"天空中传来精卫仇恨的啼鸣："因为你夺走了我的生命，我还年轻，我的人生道路才刚刚开始啊！"东海听后笑了："算了吧，小鸟儿！你没有想过，你的力量是多么微不足道，而我的容量又是多么无穷无尽。你就是填一千年、一万年，也填不平我呀！"精卫说："我要填，我要填，我要一千万年、一万万年地填下去，哪怕直到世界末日，宇宙终结，我也决不停止！"

"精卫填海"的事迹，《山海经》有较详细的记载。千百年来，人们不断赞颂。陶渊明是很喜欢读《山海经》的，曾写了十三首读《山海经》的诗。当他读了"精卫填海"的故事后，他对精卫这种不屈不挠的精神十分地佩服，不禁赋诗："精卫衔微木，将以填沧海，刑天舞干戚，猛志固常在！"

227

嫘祖始蚕

嫘祖,一作"累祖",据说是西陵氏之女,黄帝的正妃。

传说,黄帝战胜蚩尤后,建立了部落联盟,黄帝被推选为部落联盟首领。他带领大家发展生产,种五谷,驯养动物,冶炼铜铁,制造生产工具;而做衣冠的事,就交给正妃嫘祖了。在做衣冠的过程中,嫘祖和黄帝手下的另外三个人作了具体分工:胡巢负责做冕(帽子);伯余负责做衣服;于则负责做履(鞋);而嫘祖则负责提供原料。嫘祖经常带领妇女上山剥树皮,织麻网,她们还把男人们猎获的各种野兽的皮毛剥下来,进行加工。不长时间,各部落的大小首领都穿上了衣服和鞋,戴上了帽子。女人们想了各种办法,做了好多嫘祖平时爱吃的东西。谁知嫘祖一看,总是摇摇头,一点也不想吃。

有一天,这几个女人悄悄商量,决定上山摘些野果回来给嫘祖吃。她们一早就进山,跑遍了山山峁峁,摘了许多果子,可是用口一尝,不是涩的,便是酸的,都不可口。直到天快黑了,突然在一片桑树林里发现满树结着白色的小果。她们以为找到了好鲜果,就忙着去摘,谁也没顾得尝一小口。等各人把筐子摘满后,天已渐渐黑了。她们怕山上有野兽,就匆匆忙忙下山。回来后,这些女子尝了尝白色小果,没有什么味道;又用牙咬了咬,怎么也咬不烂。大家你看我,我看你,谁也不知道是什么果子。正在这时,造船的共鼓走了过来,发现几个女子站在那里发愣,连忙问发生了什么事。女子们便把她们为嫘祖上

 篇五 传不完的故事，诉不尽的美丽

山摘回白色小果的事说了一遍。共鼓一听，哈哈一笑说："当初咱们有火有锅，咬不烂就用水煮。"他这么一说，立即提示了几个女子，她们立刻把摘回的白色小果都倒进锅里，加上水用火煮起来。煮了好长时间，捞出一个用嘴一咬，仍是咬不断。就在大家急得不知该怎么办的时候，有一个女子顺手拿起一根木棍，插进锅里乱搅，边搅边说："看你烂不烂，看你熟不熟！"搅了一阵子，把木棒往出一拉，木棒上缠着许多像头发丝细的白线。这是怎么回事？女子们持续边搅边缠，不大工夫，煮在锅里的白色小果全体变成银白的细丝线，看上去晶莹醒目，异常柔软。她们把这稀罕事告知了嫘祖，嫘祖一听马上就要去看。这些女子为了不让嫘祖走动，便把缠在棒上的细线拿到她身边。嫘祖是个非常聪明的女人，她详细看了缠在木棒上的细丝线，又询问了白色小果是从什么山上、什么树上摘的，然后她高兴地对周围女子说："这不是果子，不能吃，但却有大用处。你们为黄帝立下一大功。"

说也怪，嫘祖自从看了这白色丝线后，天天都提起这件事，病情也一天比一天减轻，开始想吃东西了。不久，她的病就全好了。她不顾黄帝劝阻，亲自带领妇女上山要看个究竟，嫘祖在桑树林里观察了好几天，才弄清这种白色小果是一种虫子口吐细丝绕织而成的，并非树上的果子。她回来就把此事报告黄帝，并要求黄帝下令保护桥国山上所有的桑树林。黄帝同意了。

从此，在嫘祖的倡导下，开始了栽桑养蚕的历史。后来世人为了纪念嫘祖这一功绩，就将她尊称为"先蚕娘娘"。

嫫母磨镜

　　黄帝一生娶了四个妻室：正妃西陵之女，名叫嫘祖，便是养蚕缫丝的发明者；次妃方雷氏、肜鱼氏；最后又娶了丑女，封号嫫母。后世人把西施看作是天下美女的代表，把潘安看作是天下美男的代表，而把最丑的女子则比作嫫母。黄帝为什么要娶一位最丑陋的女子作为自己的妻室呢？原来，在那个时代，已从母系氏族公社末期进入了父系氏族公社初期。黄帝经过连年战争，打败了蚩尤，建立了部落联盟，成为臣民们一致拥护的盟主。为了不辜负臣民对他的信任和尊敬，他处处事事都要以身作则。就在这时，部落之间经常发生暗地抢婚事件。

　　人们纷纷向黄帝报告，要求他设法制止。黄帝虽然想了很多办法，但抢婚事件仍然不断发生。有人提出，如果再这样发展下去，矛盾就会激化，很可能导致部落之间的重新分裂。黄帝和嫘祖、方雷氏、肜鱼氏都经常为此事闷闷不乐。一天早上，黄帝起床后独自一人出外散步，看到一位女子正在河边用尖底瓶汲水。黄帝走到她身边问道："你独自一人到这里汲水，难道不怕有人抢你吗？"这女子不认识黄帝，头也没抬地回答道："我的长相不好，又黑又丑，没有人来抢我。"

　　黄帝又问："你家都有什么人？"丑女说："哥哥和我，还有我们的老母亲。哥哥被抢婚女子抢走了，如今家里只有我母女二人。"黄帝这才知道抢婚不光是男的抢女的，还有女的抢男的。黄帝觉得这个

 篇五 传不完的故事，诉不尽的美丽

汲水女子虽然长得很丑，但她的言谈举止都很大方，便又问她："你是哪个部落的，叫什么名字？"丑女回答说："我是祁部落的，没有名字，别人都叫我'丑女'。"

黄帝听了，再没有说什么，就转身走了。一天黄帝把仓颉、风后、常先、大鸿等大臣召来，商议如何制止部落之间抢婚事件。有人提出用暴力制止，有人主张杀一儆百，黄帝都不同意。他对众臣说："蚩尤无道，经常滥杀无辜，失去民心，最后战败被杀。今天我们应当引以为戒，万不可再走蚩尤的老路，不然也会失去民心。"大家听了，都觉得黄帝说得有理，但谁也想不出什么好办法制止抢婚。这时黄帝便把他早已和三个妻室商量好的主意拿出来，对着众臣说："眼下我有三个妻室，她们各有分工，实在忙不过来，经常都不在我身边。我想再娶一个妻室，请你们帮我找一个合适的女人，但绝不允许抢人婚配。"众臣一听，不加思索地说："这有何难！黄帝功劳这么大，别说再娶一个，就是再娶十个百个也能办到。"

这消息传出后，各部落都给黄帝挑选美女，甚至有人把自己抢来的美女也献了出来。不几天，各部落就选出上百名美貌女子，供黄帝亲自挑选，哪知，黄帝一一过目后，一个也不中意。在场的臣民，谁也摸不透黄帝的心意。当时，黄帝当着众人的面说："重色不重德者，非真美也。重德轻色者，才是真贤。"说罢，扬长而去。人们这才明白黄帝选妻室，并不注重表面的美，而注重的是德才。不久传出消息，黄帝选中祁部落的丑女为妻，封号嫫母。人们听了议论纷纷，有人摇头，有人叹息，都不明白黄帝为什么要这样做。唯有风后、仓颉理解黄帝的用意。仓颉连夜给黄帝造了一"好"字。他说，男子和女子不论长相如何，只要情投意合，天长日久，就是"好"。黄帝成婚这天，各个大小部落都来人庆贺，男女老少，人山人海，喜气洋洋，热闹非

231

凡。仓颉发现黄帝和丑女面对面坐着，嫘祖、方雷氏、彤鱼氏不断给黄帝和丑女敬酒，黄帝和丑女笑得合不住嘴，于是灵机一动，又画了两个口字，上下并起来，当即造了个"喜"字。

他把"喜"字写在一张桦树皮上，高高举起，对着众人说："抢来的女人作妻室，很难相好。强迫成婚的妻子没有喜。只有男女两厢情愿，结成配偶，才是喜中有喜，好上加好；才能和睦相处，白头偕老。"仓颉的这番话，惹得众人哈哈大笑。

自从黄帝娶丑女为妻后，部落之间的抢婚事件就一天天减少了。

相传，人类使用第一面镜子就是嫫母发现制作。那时，黄帝宫里人经常站在水边映照自己的脸面，梳妆打扮。嫫母觉得自己长得丑，轻易不去水边梳妆打扮自己，每逢节日也不随便抛头露面，整天只知道在黄帝身边干活儿。有一次，彤鱼氏叫嫫母和她一起上山挖石板，嫫母二话没说，就随同彤鱼氏一起上山去了。嫫母气力大，挖石板比别的女人都快，不到半天就挖了二十多块。这时，太阳正当中午，阳光普照大地。嫫母突然发现石头堆里有一块明光闪闪的石片，阳光一照非常刺眼。嫫母弯腰用手轻轻从地里刨出来，拿在手中一看，不由得吓了一跳。这是什么怪物，自己丑陋的面孔全照在这块石片上，连她自己也觉得奇怪！她悄悄把这块石片藏在身上，回到黄帝宫里对任何人也没有讲这件事。她乘周围无人，又把石片取出来，发现石片的平面凹凸不平。照映在上面的面孔怪模怪样。嫫母到制作石刀、石斧的厂房，找了一块磨石，把石片压在上边反复磨擦，不大工夫，石片表面上全部磨平了。她用来一照，比刚才清晰多了。只是自己的面貌还是那样丑。她又磨了一阵子，拿起来再一照，自己仍然很丑。嫫母自言自语地叹息说："看来面丑不能怪石片（镜子）。"从此以后，嫫母再也不去河边、水边去梳妆打扮了。每天早上起来，照着石片，收

232

 | 篇五 传不完的故事，诉不尽的美丽 |

拾打扮一下自己，用后又悄悄藏起来。时间一长，嫫母也大意了。有一次嫫母帮助肜鱼氏在石板上烧肉，因火力过大，石板被烧炸了，飞起一块碎石渣，打破了嫫母的脸，血流不止。嫫母赶忙回去，拿出石片，照着自己脸上贴药。谁知，黄帝不知什么时候回来，轻手轻脚走到嫫母身后，发现嫫母一手拿着什么东西照着自己，一手向脸上贴药。黄帝走向嫫母身后，头贴近嫫母的肩膀，刚要仔细观看，不料，嫫母惊呼一声！她发现石片上出现了黄帝的面孔。扭头一看，才知黄帝站在她的身后。黄帝问嫫母："你手里拿着什么东西？"老实忠厚的嫫母一听黄帝问话，知道此事绝不能哄骗黄帝，扑通一声跪在黄帝面前。嫫母把发现这块能照人的石片的经历从头至尾向黄帝诉说了一遍，恳求黄帝宽恕她。黄帝听罢，哈哈大笑，双手搀起嫫母说："这是你的一大发现，你不但没错，还立了一大功！"黄帝说罢，立刻叫来嫘祖、方雷氏、肜鱼氏，把嫫母这块能照见人面孔的石片拿出来，叫他三位妻室见识一番。嫘祖笑着说："黄帝，怪不得很长时间不见嫫母去水边梳妆打扮，原来她有这个照人宝物。"肜鱼氏紧接着说："黄帝，这个发现，应该给嫫母妹妹记一功！"黄帝兴奋地说："当然要记一功！"

人类使用镜子在中华民族的历史上，从此就开始了。

肜鱼石烹

肜鱼氏是轩辕黄帝第三个妻室，她在黄帝宫里专管人们的饮食住行。有一年，黄帝宫里很多人因吃生肉而经常闹肚子。为这事黄帝手下的名医岐伯、俞夫想了很多医治办法，都未治好，还是死了很多人。黄帝为此事经常闷闷不乐。

有一年夏天，黄帝手下的打猎能手于则和肜鱼氏一起上山打猎。因天气热，他们钻进了一片茫茫森林。中午天气突变，一阵狂风过后，紧接着天空劈雷闪电。突然一个炸雷响过，森林起了大火。打猎队所有男女青年惊慌失措，不知如何是好。原始森林积蓄的枯树又多又厚，一旦被火燃着，整个森林就变成火海，连野兽也逃不脱，打猎队更不例外。在这紧急关头，于则因为熟悉地形，突然想起半山腰有个洞穴，他带领所有打猎队人员全部钻进洞穴里。

浓烟滚滚，满山火海，火借风势，风助火力，火焰一跃十几丈高，森林各种树木被大火烧得不断发出噼噼啪啪的响声，还有各种野兽的惨叫声，藏在洞穴里的打猎队男女人员个个听得浑身打战，毛骨悚然，好不凄惨。大火烧了一天一夜，整个森林变成一片灰烬，满山散发着一股腥臭味。于则从洞穴口发现洞外不远一块大石板上，躺着两只野羊，一头野猪，散发出被火烧焦的肉腥味。由于饥饿，于则想冲出洞外看个究竟，被肜鱼氏一把拦住说："大火才过，小心脚下的火灰把你烧死。等火完全消失后，再出洞穴。"

打猎队男女待在洞穴里，忍着饥饿，直等到大火彻底熄灭后，才小心翼翼走出洞外。

由于饥饿，于则首先跑到洞穴外不远的那块大石板上，把烧死的野羊用手一提，野羊全身碎烂，他又提起一只野羊腿，用鼻子闻了闻，除过焦味外，觉得特别油香。他撕下一块放进嘴里一吃，觉得比生肉味道好。于则连忙把两只野羊的前后腿全部撕下来，拿到肜鱼氏面前说："这是烧死在大石板上的野羊，你尝一尝，特别好吃。"肜鱼氏撕了一块，吃到嘴里，觉得味道确实不错。她叫大伙都来尝尝。

 篇五 传不完的故事，诉不尽的美丽

吃完后，彤鱼氏对大伙说："这场大火过后，毁了树林，不知烧死了多少野兽。我们暂且不用去打猎了，分头上山去找寻被火烧死的猎物。"彤鱼氏说完，又把被火烧熟的野羊肉拿起来看了看，闻了又闻，对打猎队的男女青年说："今后凡打回的各种猎物，先不要生吃，都可以先放在石板上烧烙，等烧熟后再吃。"彤鱼氏这次上山打猎，虽然遭受了一次大火灾，人类吃熟食却从此开始了。彤鱼氏回到黄帝宫，什么也不干，整天带领身边所有女子上山挖石板。不几天，大小石板摆了一大堆。彤鱼氏叫把每块石板都支架起来，从下面用柴火烧。等到把石板烧热烧烫后，再把打回来的各种猎物肉用石刀切成薄片，放在烧烫的石板上左右翻动，连烙再炒。开始妇女们都用手翻动，谁知石板烧热后特别烫手，很多妇女把双手指头全都烧烂了。有些石板由于火力过大，有的烧破了，有的烧炸了。彤鱼氏并没灰心。她折了很多竹子，折成短节，用竹子棒棒代替手指翻肉、炒肉，对烧破烧炸的石板经过细心琢磨，对于易烧破、烧炸的石板一律不用，还专门派人上山去挖耐火烧的石板。不多久，所有大小先民点（村落）都采用石板烧肉炒肉吃。

隶首作数

黄帝时代有没有算账先生，用现今的话说，就是有没有能打会算的"会计"，当今人不得知晓。

传说，算盘和算数是黄帝手下一名叫隶首的人发明创造的。至今

235

在农村还流传着隶首当初算账时,发明的字母。有些80岁以上的老人还会写、会用。这十个字母的写法:丨、刂、刜、乄、δ、亠、亖、三、夊、十。比如三斤八两的写法"刜亖";二斗四升写法是"刂乄";十八丈布写法"十亖";三尺四寸木材写法"刜乄"。

传说,黄帝统一部落后,先民们整天打鱼狩猎,制衣冠,造舟车,生产蒸蒸日上。物质越来越多,算账、管账成为每家每户每个人经常碰到的事。开始,只好用结绳记事,刻木为号的办法,处理日常算帐问题。有一次,狩猎能手于则交回7只山羊,保管猎物的石头只承认交回1只,于则一查实物,正好还是7只。为什么只记1只呢?原来石头把7听成1,在草绳上只打了一个结。又有一次,黄帝的孙女黑英替嫘祖领到9张虎皮,石头在草绳上只打了6个结,少了3张。所以出出进进的实物数目越来越乱,虚报冒领的事也经常发生。黄帝为此事大为恼火。

有一天,黄帝宫里的隶首上山采野果,发现一树熟透的山桃。他爬上树边摘边吃,不知吃了多少,只觉得口流酸水,肚内发胀,再没敢多吃,跳下树来,坐在地上休息。他突然发现扔在地上的山桃核非常好看。他一个一个从地上捡起来,一数,正好20个。他想:这10个桃核好比10张虎皮,另10个好比10只山羊皮。今后,谁交回多少猎物,就发给他们多少山桃核;谁领走多少猎物,就给谁记几个山桃核。这样谁也别想赖账。隶首回到黄帝宫里,把他的想法告诉给黄帝。黄帝想了想觉得很有道理,就命隶首管理宫里的一切财物账目。隶首担任了黄帝宫里总"会计"后,他命人采集了各种野果,分开类别,比如山楂果代表山羊;栗子果代表野猪;山桃果代表飞禽;木瓜果代表老虎、豹子……不论哪个狩猎队捕回什么猎物,隶首都按不同野果记下账。谁料,好景不长,各种野果存放时间一长,全都变色腐烂了,

 篇五 传不完的故事，诉不尽的美丽

一时分不清各种野果颜色，账目全混乱了。为这事隶首气得直跺脚。最后，他终于想出一种办法。他到河滩捡回很多不同颜色的石头片，分别放进陶瓷盘子里。这下记账再也不怕变色腐烂了。由于隶首一时高兴没有严格保管，有一天，他外出有事，他的孩子引来一群玩童，一见隶首家放着很多盘盘，里边放着不同颜色的美丽石片，孩子们觉得好奇，你争我看，一不小心，盘子掉地打碎，石头片全散了。隶首的账目又乱了。

他一人蹲在地上只得一个个往回拾。隶首妻子花女走过来，用指头把隶首头一指说："好笨蛋！你给石片上穿一个眼，用绳子串起来多保险！"聪明人就怕人点窍，隶首顿时茅塞大开，他给每块不同颜色的石片都打上眼，用细绳逐个穿起来。每穿够 10 个数或 100 个数，中间穿一个不同颜色的石片。这样清算起来就省事多了。隶首自己也经常心中有数。

从此，宫里宫外，上上下下，再没有发生虚报冒领的事了。随着生产不断向前发展，获得的各种猎物、皮张、数字越来越大，品种越来越多，不能老用穿石片来记账目。隶首好像再也想不出什么好办法了。有一次，他上山寻孩子，发现满山遍野的成熟红欧粟子。每株上边只结 10 颗，全部鲜红色的，非常好看。他顺手折了几枝，拿在手里左看右看，又想利用红欧粟子作算账的工具，但又一想，不行，过去已经失败过。

隶首独自一人坐在地上，越想越没主意了。这时，岐伯、风后、力牧三个人上山采草药，发现隶首手里拿着几串红欧粟子，而人却坐在地上发呆。风后问隶首在想什么？隶首扭头一看，原来是三位老臣，赶忙站起来，把刚才记账、算账的想法告诉了三位老臣。风后是指南车创始人之一，他听了隶首的想法，接过隶首的话说："我看今后记

237

账、算账不再用那么多的石片,只用 100 个石片,就可顶十万八千数。"隶首忙问:"怎么个顶法?"风后叫隶首把红欧粟子全摘下来,又折下十根细竹棒,每根棒上穿上 10 颗,一连穿了 10 串,一并插在地上。风后说:"比如,今天猎队交回 5 只鹿,你就从竹棒上往上推 5 颗红欧粟子。明天再交回 6 只鹿,你就再往上推 6 颗。"隶首说:"那不行!一根棒上只穿十颗,已经推上去 5 颗,再要往上推 6 颗,那就没有红欧粟子可推了。"风后说:"我问你,5 个加 6 个是多少?"隶首说:"当然是 11 个!"风后说:"对呀!你就该向前进一位。从颗数上看,只有两个。实际上是 11 个数。再有,如果猎队交回 9 只鹿,那你怎么记算?再进一位。9 个加 11 个是多少?当然是 20 个。从竹棒上的颗数看;只有两颗红欧粟子,实际上顶 20 个数。就是说,每够 10 个数,每够 100 个数,都要向前进一位。比如,再有猎队交回 80 只鹿,那么怎么记算法?20 加 80,整 100 数,再进位,竹棒子颗数就成为一个红欧粟子,实际上它顶 100 个数。"隶首又问:"进位后,怎么能记得下?"力牧说:"这好办,进位后,应画个记号。比如,10 个数后边画个圈(10);100 个数后边画两个圈(100);1000 个数后边画三个圈(1000);10000 个数后边画四个圈(10000)。这就叫个、十、百、千、万。"隶首明白了进位道理后,信心倍增。回家做了一个大泥盘子,把人们从龟肚子挖出来白色珍珠捡回来,给每颗上边打成眼。每 10 颗一穿,穿成 100 个数的"算盘"。然后在上边写清位数;如十位、百位、千位、万位。

　　从此,记数、算账再也用不着那么多的石片了。算盘,中华民族当代"计算机"前身,5000 年前就这样诞生了。随着时代不断前进,算盘不断得到改进,成为今天的"珠算"。特别是民间,当初认字的人不多,但是,只要懂得了算盘的基本原理和操作规程,多数人都

238

会应用。

所以,算盘在古老中国民间很快广泛流传并被应用起来。

伶伦造律

相传,黄帝主宰世界的时候,就有了音乐这一艺术。音乐在当时发挥着不少作用,在许多场合都派上用场。打仗时,用它鼓舞将士;胜利时,用它来庆功助兴;平常,用它来娱乐、陶冶性情;祭奠时,用它来敬神免灾。然而,那时的乐器是些棍棒、石器、皮鼓、瓦罐之类的东西,互相碰击发出的声音单调、嘈杂。对此,黄帝很不满意因此他特命乐官伶伦来改变音乐这一不良状况,基本要求是两条:制作的乐器应该精美;发出的声音应该旋律和谐。

伶伦领旨后,挑选了一批有才华的乐师,打点行李,带上相关工具,翻越西方的大山,在昆仑山脚下,安营扎寨,选材制作乐器。刚开始,伶伦让乐师各按自己的想法去选取材料,制成乐器。不久,大家就制作了一堆用枝干、叶片、石头、骨头等作材料的千奇百怪的乐器。经伶伦一一辨别后,认为竹管制作的乐器奏出的声音富于变化,清脆悦耳,委婉悠长,便让众人选择竹腔壁薄厚均匀的部分,制成一批长约三寸九分的竹管乐器。但经乐师演奏,其声音仍不理想。

伶伦陷入苦苦思索之中。经过反复试验和琢磨,聪明的伶伦发现同样粗细的竹管,只要长短不同,发出的声音就不同。最后,伶伦和众乐师齐心协力,终于制成了一套由十二根竹管组成的精美乐器,可以说是初战告捷,达到了黄帝的第一个要求。下一步是完成乐律。

伶伦经过千思万想,最后觉得百鸟之王凤凰的啼叫声最美,何不用它确定乐律呢?昆仑山是凤凰出没的地方。于是,伶伦早出晚归,废寝忘食,凤凰叫,伶伦和。凤凰的啼叫千回百转,伶伦的乐声悠扬动听。经过反复选配和推敲,他掌握了乐律的变化之标准。伶伦依据凤凰的十二种啼鸣声,把音从低到高确定为十二律。据说,乐师一旦依据十二律来演奏,纷至沓来的凤凰就会随之翩翩起舞,场面壮观,令人流连忘返,其乐陶陶。至此,伶伦及其乐师完成了黄帝下达的任务。

伶伦带着成功的喜悦,为黄帝表演乐器的美妙之声。黄帝对他的工作相当满意,便封他为全国天地上的最高乐官。据说,黄帝对音乐酷爱至极,他亲自改造过伏羲制作、少昊弹奏过的瑟,使其更完备,声音更动人。

后来,黄帝又传令伶伦造钟之乐器。根据黄帝旨意,伶伦和一位乐师荣将联合铸造了十二口铜钟。此钟和各种乐器相互配合,可演出各种各样的音乐,十分令人陶醉。黄帝亲自欣赏过后,称之为"神乐",并规定,这种音乐在特定时刻方能上演,不得随便演奏,否则,要兴师问罪。

伟大的乐师伶伦不愧为音乐的宗师,他的英名和业绩流芳百世,千古颂扬。

篇五 传不完的故事，诉不尽的美丽

共鼓凿舟

　　黄帝手下有很多名臣和能人，他们每人都有发明创造。其中有两个人，一个名叫共鼓，一个名叫狄货，他们教民造屋，制造生产工具，很受黄帝赏识。有一年，祸从天降，山洪突然暴发。洪水像一头猛兽，横冲直撞，滚滚而下，把半山坡上群民的房屋、生产工具和食物冲得一干二净，连正在山上伐木造房的共鼓和狄货，也被洪水卷走了。臣民们失声痛哭。黄帝也十分悲痛，命大家分头去寻找。

　　却说共鼓和狄货被洪水一直冲下山，卷进一条大河里。他们两人抓住漂浮在水面上的一棵大树，始终没有放开。当他俩缓过劲来发现洪水不论怎样上涨，这棵大树始终浮在水面上沉不下去。这时他俩也顾不上弄清是什么道理，只知道紧紧抓住大树不放，任凭洪水推着前进。忽然一个浪头打来，把大树带人全部打翻在水里。共鼓和狄货奋力从水里钻出来，又爬上这棵大树。原来，这棵大树里面是空的。大浪击来，只把大树翻了个儿，仍照样地浮在水面上，始终没沉下水去。共鼓和狄货坐在空心树的两端，把树身稳住，就这样听天由命地漂呀，漂呀，不知漂了几天几夜，也不知漂到了什么地方。由于没有东西吃，他俩饿得昏了过去。当他们苏醒过来时，洪水不知什么时候已经退了，他们乘坐的大树已被夹在河边一块巨石缝里，他俩又饥饿又疲劳，连说话的力气都没有了。这时幸亏有一个部落打猎的队伍经过这里把他俩救了出来，当听说他俩是黄帝

241

身边的人时，人们对他俩格外热情和照顾，把随身带来的肉食分给他俩吃，使他俩很快恢复了健康。共鼓和狄货问当地的群民："这是什么地方？距离桥国有多远？"当地群民告诉他们："这里是黄河东岸，离桥国很远很远。走旱路得半年时间，走水路得等到冬天封冻后才能过去。"听他们这么一说，共鼓和狄货的心都凉了。他俩望着眼前滔滔黄河水，谁也不知道该怎么办。沉默了很长一段时间，共鼓突然对狄货说："咱俩既然能扒着大树漂流到这里，难道就不能扒着这棵树再漂到黄河西岸？"狄货觉得他说的话很有道理。于是，他俩便动手把夹在石缝里的大树使劲拖出来，又用树皮拧了一条长绳，先把大树一头拴住，然后把大树使劲拖出来，把大树推进河里，共鼓牵着绳子的另一头往前走，大树也顺水移动，共鼓又让狄货坐上去，自己牵着绳子走了一段路，同样证明大树在水里不会沉下去。两人这才借来了刀、斧等工具，把大树两头修理了一番，又从当地群民那里讨了一些吃的东西带在身边。一切准备停当，他们便告别了当地群民，冒着生命危险，登上了这棵空心大树，费了九牛二虎之力，经历千辛万苦，终于横渡黄河，到达西岸，回到了桥国。

　　黄帝和桥国臣民听说共鼓和狄货安然回来了，都赶来问长问短。共鼓和狄货向大家讲述了他们的遭遇，大家都很敬仰和佩服。黄帝专门为共鼓和狄货举行了一次庆祝宴会。在宴会上，共鼓对黄帝说："我们两人虽然遭受了这次灾难，但在灾难中又发现了水上的交通工具！"接着，他俩便把凿木为舟、打通水路的设想，详细地向黄帝作了汇报。黄帝听了觉得很有道理，连说了三个"好"，并对大臣们说："看来，世上有很多事物都是从艰险中创造出来的，也有一些东西是无意中发现的。你们作大臣的，今后做事都应该处处留心，多动脑子。"大臣们都很同意黄帝的看法。

从此"凿木为舟"的这一设想终于实现了。它开拓了水上的交通，现代各种船只也许就都是从共鼓、狄货乘坐空心树这个原理上发展起来的。

杜康酿酒

传说，黄帝命杜康管理生产粮食，杜康很负责任。由于土地肥沃，风调雨顺，连年丰收，粮食越打越多，那时候由于没有仓库，更没有科学的保管方法，杜康把丰收的粮食堆在山洞里，时间一长，因山洞里潮湿，粮食全霉坏了。黄帝知道这件事后，非常生气，下令把杜康撤职，只让他当粮食保管员，并且说，以后如果粮食还有霉坏，就要处死杜康。

杜康由一个负责管粮食生产的大臣，一下子降为粮食保管员，心里十分难过。但他又想到嫘祖、风后、仓颉等人，都有所发明创造，立下大功，唯独自己没有什么功劳，还犯了罪。想到这里，他的怒气全消了，并且暗自下决心：非把粮食保管这件事做好不可。有一天，杜康在森林里发现了一片开阔地，周围有几棵大树枯死了，只剩下粗大树干。树干里边已空了。杜康灵机一动，他想，如果把粮食装在树洞里，也许就不会霉坏了。于是，他把树林里凡是枯死的大树，都一一进行了掏空处理。不几天，就把打下的粮食全部装进树洞里了。

谁知，两年以后，装在树洞里的粮食，经过风吹、日晒、雨淋，慢慢地发酵了。一天，杜康上山查看粮食时，突然发现一棵装有粮食的枯树周围躺着几只山羊、野猪和兔子。开始他以为这些野兽都是死的，走近一看，发现它们还活着，似乎都是睡大觉。杜康一时弄不清是什么原因，还在纳闷，一头野猪醒了过来。它一见来人，马上窜进树林去了。紧接着，山羊、兔子也一只只醒来逃走了。杜康上山时没带弓箭，所以也没有追赶。他正准备往回走，又发现两只山羊在装着粮食的树洞跟前低头用舌头舔着什么。杜康连忙躲到一棵大树背后观察，只见两只山羊舔了一会儿，就摇摇晃晃起来，走不远都躺倒在地上了。杜康飞快地跑过去把两只山羊捆起来，然后才详细察看山羊刚才用舌头在树洞上舔什么。不看则罢，一看可把杜康吓了一跳。

原来装粮食的树洞已裂开一条缝子，里面的水不断往外渗出，山羊、野猪和兔子就是舔了这种水才倒在地上的。杜康用鼻子闻了一下，渗出来的水特别清香，自己不由得也尝了一口。味道虽然有些辛辣，但却特别醇美。他越尝越想尝，最后一连喝了几口。这一喝不要紧，霎时，只觉得天旋地转，刚向前走了两步，便身不由己地倒在地上昏昏沉沉地睡着了。不知过了多长时间，当他醒来时，只见原来捆绑的两只山羊已有一只跑掉了，另一只正在挣扎。他翻起身来，只觉得精神饱满，浑身是劲，一不小心，就把正在挣扎的那只山羊踩死了。他顺手摘下腰间的尖底罐，将树洞里渗出来的这种味道浓香的水盛了半罐。

回来后，杜康把看到的情况向其他保管粮食的人讲了一遍，又把带回来的味道浓香的水让大家品尝，大家都觉得很奇怪。有人建议把此事赶快向黄帝报告，有的人却不同意，理由是杜康过去把粮食霉坏了，被降了职，现在又把粮食装进树洞里，变成了水。黄帝如果知道了，不杀杜康的头，也会把他打个半死。杜康听后却不慌不忙地对大伙说："事到如今，不论是好是坏，都不能瞒着黄帝。"说着，他提起

 篇五 传不完的故事，诉不尽的美丽

尖底罐便去找黄帝了。

黄帝听完杜康的报告，又仔细品尝了他带来的味道浓香的水，立刻与大臣们商议此事。大臣们一致认为这是粮食中的一种元气，并非毒水。黄帝没有责备杜康，命他继续观察，仔细琢磨其中的道理，又命仓颉给这种香味很浓的水取个名字。仓颉随口道："此水味香而醇，饮而得神。"说完便造了一个"酒"字。黄帝和大臣们都认为这个名字取得好。

从这以后，我国远古时候的酿酒事业开始出现了。后来世人为了纪念杜康，便将他尊为酿酒始祖。